下笨功夫，做真学问；存大志向，干小事情。
踩在脚下的学问才是真学问！

——作者手记

红军长征过雪山行军路线详考

策　　划： 朱丹枫　张　京　周　军

先后参加过考察的人员（按姓氏笔画排序）：

丁　力	马福文	方小军	王　昇	王　旭	王　林	王艺森
邓玉平	冯光瑞	卢家荣	叶光伟	头登格拉	刘　俍	刘建伟
何闫龙	吴　蕾	张　吉	张　帆	张　严	张　林	张　莉
张品成	张晓龙	李　力	李　巍	李肖伟	李晓彤	杨　立
杨　亮	杨　潇	杨茜瑛	杨燕春	肖　津	肖逢春	阿旺·丹贝降参
陈　鸿	陈立科	陈晓明	陈南均	陈敏锐	陈智伟	周　军
孟传淦	杰　太	欧阳蜀勇	胡旭辉	赵文捷	唐　皓	徐　鑫
徐成富	曹　刚	黄　林	彭继欣	童小兵	谢　雪	蓝　锦
虞　彬	赖胜利	廖林科	熊文权	裴宏信	谭昌林	魏　京

地图绘制： 周　军　赵文捷　刘　鹤

出 品 人： 黄立新

国家出版基金项目
NATIONAL PUBLICATION FOUNDATION

HONGJUN CHANGZHENG GUO XUESHAN
XINGJUN LUXIAN XIANGKAO

红军长征过雪山
行军路线详考

周军 著

四川人民出版社

图书在版编目（CIP）数据

红军长征过雪山行军路线详考 / 周军著. –成都 :四川人民出版社, 2018.6（2021.3重印）

ISBN 978-7-220-10703-0

Ⅰ. ①红… Ⅱ. ①周… Ⅲ. ①中国工农红军长征–行军路线图–研究 Ⅳ. ①K264.407

中国版本图书馆CIP数据核字(2018)第036907号

HONGJUN CHANGZHENG GUO XUESHAN
XINGJUN LUXIAN XIANGKAO

红军长征过雪山
行军路线详考

周军 著

责任编辑	谢 雪
封面设计	张 妮
版式设计	戴雨虹
责任校对	袁晓红 舒晓利
责任印制	李 剑
出版发行	四川人民出版社（成都槐树街 2 号）
网 址	http://www.scpph.com
E-mail	scrmcbs@sina.com
新浪微博	@四川人民出版社
微信公众号	四川人民出版社
发行部业务电话	（028）86259624 86259453
防盗版举报电话	（028）86259624
照 排	四川胜翔数码印务设计有限公司
印 刷	四川新财印务有限公司
成品尺寸	170mm×240mm
印 张	26.75
插 页	2
字 数	370千
版 次	2018年6月第1版
印 次	2021年3月第2次印刷
书 号	ISBN 978-7-220-10703-0
定 价	128.00元

目录

序

◎刘　统[1]

我与双石（周军）的交往，缘于对红军长征的研究。

十几年前，我在军事科学院工作期间，写了一本《北上：党中央与张国焘斗争纪实》。说实在话，我研究长征，属于“纸上谈兵”。红军长征经过的雪山草地，我都没有去过，只是依靠历史档案资料，写了这部著作。后来听说成都有位军史研究者周军，多次深入川西北的雪山草地，进行实地考察，引起我的关注。当我们第一次会面时，他滔滔不绝地对我讲述考察的见闻，使我深为感动。我劝他把考察的成果写成研究著作，他历时数年，做了大量艰苦细致的工作，终于完成了这两部专著：《红军长征过草地行军路线详考》及《红军长征过雪山行军路线详考》。我读后的第一感觉：这是红军长征历史的原创性研究成果，是红军长征史研究的重大突破。

长征是中国共产党历史最光辉的历史篇章之一，多年来为人们传颂。但是，长征历史的研究却一直停留在宣传的表面上，很少深入细致的研究。特别是过雪山草地，我们都知道艰苦卓绝，但却不了解其中的

① 刘统：历史学博士。原为中国人民解放军军事科学院军事百科研究部研究员，现为上海交通大学人文学院历史系教授。

详情。作为一个历史地理专业的学者，我也长期为此困惑。过去绘制的长征路线图，只是一个粗略的示意图，历史文献中的诸多地名，不知今为何地。本书作者根据历史档案文献、地方志、历史地图、亲历者的行军日记、回忆录和地方民众的口述资料，作了大量的准备，先后七次穿越草地，数十次登上雪山，沿着当年的红色轨迹进行实地考察。在考察过程中，他证实了许多历史地名的当今位置，考订了许多过去不清楚的史实，还解决了许多历史疑难问题，可谓成果丰硕。

例如，红军过雪山草地究竟是怎么走的？他的考察证明：川西北藏族聚居区当年地广人稀，粮食极其缺乏。雪山草地的复杂地貌和多变的气候，给红军造成了极大的困难。因为饥饿和体力衰弱，在高海拔的雪山草地行军，极易造成死亡。因此红军的行动必须遵循两个条件：第一，需要沿着藏族聚落行军，以便取得粮食补给。第二，雪山海拔高而且寒冷，行军困难。为避免伤亡，红军往往沿着山脚，选择平地行军，这样就要多走很多路程，而且行军路线要绕很大的圈子。因此，红军行进过程中，一是多路行进，二是路线迂回。以往画的单路行军和近便的直线，是不符合历史事实的。作者根据实地考察，绘制了现代意义上的红军长征行军路线图，将一、二、四方面军的行军路线分别还原，特别是对红四方面军三过雪山草地，第一次给予了详尽的再现。

再如，原始文献中记载的许多地名，过去长期搞不清楚是什么地方。如在红一方面军长征记录中，有“色既”和“色既坝”（今色迪坝）这两个地名。我们过去误以为是一个地方。类似地名，多数都是藏语的音转。红军听了藏语，把它变成汉字，但是地图上却没有相应的记载。经过实地考察，作者告诉我们：“色既”是今天的色地乡，一个藏族牧民聚落。而“色既坝”则是由色地乡到尕里台一带的高地，是一个地理区域。在实地考察中，许多历史上的地名第一次得到了准确的今注。这些疑难的解决，无疑是为今后长征史的研究提供了宝贵的基础资料。

又如，历史文献中一些困惑多年的问题，作者通过考察得出了结论。如1935年9月8日，张国焘命令驻马尔康的红四方面军三十一军军长詹才芳，要他转告红一方面军军委纵队负责人蔡树藩向三十一军靠拢。“如其听则将其扣留。”张国焘要对中央“彻底开展党内斗争”的密电，我们没有找到。而詹才芳接到的这个电报是张国焘要危害中央的重要证据。长久以来，我以为电报文字有错误。“如其［不］听则将其扣留”是说得通的，怎么会“听”反而将其扣留呢？作者通过实地考察后解释：红三十一军当时驻马尔康、马塘及附近地区，而军委纵队当时在右路军序列的后尾，地处巴西一带。如果服从命令南下，还要再次经过草地和三座雪山，需要十天左右的时间才能回到马尔康。所以，蔡树藩“听”命令，才能将其扣留；如果不听，红三十一军是控制不了军委纵队的。

从司马迁开始，历史研究就讲究“读万卷书，行万里路”。特别是红军长征经历了许多人迹罕至的地区，实地考察就更为重要。即使是当年红军的回忆和记载，也有很多抵牾和错讹之处。经过作者的实地考察以及与文献的比对，澄清了许多历史遗留的问题，把红军过雪山草地的行军路线，首次清晰准确地再现出来。所以，其著作有许多闪光之处，对我们今后的研究具有重要的参考价值。

在《红军长征过草地行军路线详考》一书中，专门附了作者和他的考察团队的考察日志。读完七次考察的记录，使人深受感动。一群青年人，既不是专职研究人员，也没有半点公家提供的经费和资助，用自己一年中最宝贵的两次长假，到艰苦的环境中进行考察。他们骑着摩托车，跋山涉水，经历许多艰难险阻。有陷入沼泽的危急，有遭受草地多变气候的折磨，在藏民家里借宿，在学校教室里席地而卧。草地中没有路，只有牧民骑马走的“马路”，他们却奇迹般地闯了过来，连当地藏民都难以相信。在考察中，大家互相救助，从泥沼中拖出摩托，扶起倒在河流中的同伴，冒着黑夜和迷路危险寻找同伴遗失的物品。在历尽艰难的过程中，形成了一个坚强的集体。这是什么精神？是怀着对红军的崇高敬意和重写长征的责任感，才能做出这些常人做不到的事情。面对这些艰苦，他们没有退缩和畏惧，而是充满了自豪。“创造历史的人伟大，见证历史的人幸运，追寻历史的人也很牛。”这是他们说的话，也只有他们才有资格说这样的话。

当然，这两部专著也还有待商榷之处。例如，也许是出于严谨而追求信息完整的动机，在叙述红军长征路线的时候，引用了大量当年的电报和文献，使人读起来不够连贯。是否可以考虑只引必要的文字，既精练了篇幅，也不会打断读者的思路？另，在叙述过程中，有时插进了一些纪实文学的笔法，显得不够规范。但是，我们不应苛求作者，他已经取得了很出色的成绩。我们这些拿着国家科研经费的专业研究人员，扪心自问，难道不应该向他们学习吗？

于上海交通大学

概 述

一、对红军翻越过的雪山的界定

一说起红军长征，人们首先想到的就是“爬雪山过草地”，这几乎成了关于红军长征约定俗成的认知。这是因为：“爬雪山过草地”是专属于“长征”的标志性历史事件，“雪山草地”是长征中最为艰难困苦的自然环境，“爬雪山过草地”又集中展现了中国共产党领导的中国工农红军这支坚强的革命团队英勇顽强一往无前的意志品质，这样的传奇迄今仍然放射出夺目的光彩，那也是理所当然的。

那么什么样的山才可以被称作雪山呢？在人们一般的认知中，雪山当然指有积雪覆盖的山峰。但这个认知实际上是有问题的。冬季积雪的山峰很多，如我国东北地区的许多山岭，冬季都有积雪覆盖，但这些山却不能简单地称作雪山，因为这些地区的山岭海拔很低，积雪时间也仅限于冬季。而我们通常所称的雪山，实际上必须达到一定的海拔高度，而且积雪时间又不仅仅限于冬季，故而又有人把海拔高度在雪线以上的山峰称作雪山。

然而，如果以雪线作为标准来划分雪山，又产生了一个问题。从地质地理学上的概念来说：“雪线是冬季积雪到冰川消融期存在的下限高度。”① 而这个“下限高度”又是一个变量，这个变量因纬度、温度

① 杨针娘：《中国冰川水资源》，甘肃科学技术出版社 1991 年版，第 45 页。

及其他气候变化而有所不同。一般而言，以赤道为界，随着纬度线向地球两极延伸，这个“下限高度”大体上呈下降趋势。极端的情况是地球的南北两极：那里的“下限高度”是零。

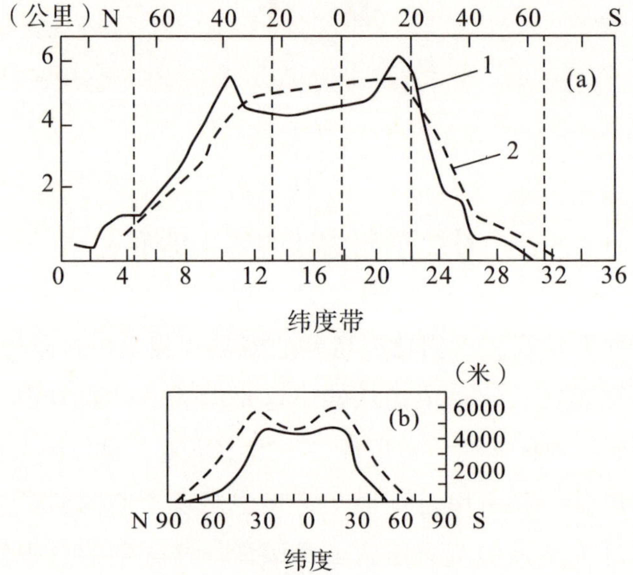

全球雪线高度分布

(a) 按纬度带（1）和按纬圈（2）的雪线高度分布；
(b) 雪线高度按纬圈分布的最高值与最低值。①

从以上图表可以看出，大体上位于北纬20°~50°之间的我国大陆，“雪线”的变化区间也是很大的：在北纬36°~39°附近地区（如河西走廊的祁连山地区），有个突起，大致在海拔4400~5400米区间，而后急剧下降，在北纬48°附近的阿尔泰哈巴河地区，降至海拔2850米。② 而红军长征经过的川西北高原地区大体上位于北纬27°30′~33°区间，这个地区的雪线，一般都在海拔4000米左右。

---

① 图表来源：中国科学院地理研究所气候变化组编译《气候变化若干问题》，科学出版社 1977 年版，第 24 页。

② 杨针娘：《中国冰川水资源》，甘肃科学技术出版社 1991 年版，第 45 页。

这里还需要厘清一个概念："雪线是冬季积雪到冰川消融期存在的下限高度"，并不一定就是"终年积雪不化"。实际上，红军在川西北高原翻越过的大部分雪山也都不是"终年积雪不化"，而是季节性积雪或即时性积雪，红军翻越这些雪山时，也不一定都能见到积雪。但这些地区的雪山有一个共同的特点，那就是即时性和随时性积雪的现象：哪怕是在夏季，随时可降的一场雪雹也可以在瞬间就让其积雪覆盖。比如中央红军在1935年6月翻越的夹金山，垭口海拔高度为4114米——在红军翻越过的雪山中属于"小兄弟"，通常在这个季节是见不到雪的，但红军翻越时恰恰降了一次"六月雪"，从而给翻越此山的红军战士和尾追而来的国民党军形成了"白雪皑皑"的认知。再如红二、六军团1936年4月在渡过金沙江后翻越的第一座雪山雅哈山（又名"雪茶梁子"，实际上是一座亚雪山），在这个季节通常也是不积雪的，但那个时候恰好有一次大降雪，这给来自南方地区很少见过雪山的红军战士们也形成了很强烈的印象，乃至长期将这座海拔高度很接近4000米的亚雪山误认作海拔5000米以上的哈巴雪山。

根据我们跋涉的体验，在川西北高原地区，海拔4000米的"雪线"是很容易辨识的：除了一些傍河谷生成而受暖气流影响的山峰外，一般来说，在这个海拔高度以下的山体有高山草甸、灌木丛和高木杉、松类林带，而在这个海拔高度以上，则基本上只有苔草生成甚至寸草不生。

如此，我们为本书的考察课题作了这样的界定：

（1）本书研究考察课题所指的雪山，是特指海拔高度在4000米以上的山峰。

（2）红军长征是作战行动，"红军爬雪山"与现代体育竞技中的登山运动是两个完全不同的概念。红军爬雪山是选择雪山最低处（往往是"鞍部"或垭口）翻越，而登山运动则是登顶，所以，本书研究考察课题所言"红军翻越的雪山"，是指红军翻越时跨越高度超过海拔4000米的垭口，并不是指山体主峰。比如红军翻越过的有些山体主峰虽然超过了海拔4000米，但跨越垭口的高度没有超过海拔4000米，则不予计入。

（3）许多雪山垭口红军跨越的季节不一定有积雪覆盖，跨越者未必有翻越雪山的感受因而不一定能载入回忆文字，但本书研究课题只要有充分证据给予了确证，仍然计入红军翻越的雪山。

（4）红军走过的川西北高原和青海部分地区，本身平均海拔高度就在3500米以上，相较于其他地区，这里的许多雪山的相对高差较低，跨越者未必有跨越其他雪山时的感受而载入回忆文字，但本书研究考察课题只要有充分证据给予了确证的，仍然计入红军翻越的雪山。

（5）本书收入的相当一部分雪山垭口，并没有红军翻越的史志和回忆文字的记录——红军是长途行军作战，并不是测绘考察，不可能也没有条件去测绘他们翻越的每一座山峰。但本书研究考察课题根据有关红军作战行动的文献资料、地图作业、实地踏勘和当地群众口碑资料予以“红军必然跨越”之充分证明，仍然计入红军翻越的雪山。

（6）在因历史资料缺乏而难以确保实地踏勘的“精准性”（比如难以确认红军翻越某一座雪山具体是哪一个垭口）时，就按“代表性”原则，如选择“就近就捷易于通行”的雪山垭口以作为“红军翻越这座雪山”的代表。

本书收入的“红军翻越的雪山”，都是根据精确性、必然性和代表性这三个原则去踏勘、考据和确认的。

二、为什么要考察确认红军翻越过的雪山

长期以来，由于种种主客观原因，我们对于红军翻越的雪山的认知，是相当有限的。比如，在各种长征的史籍乃至红军长征的原始文献、史志资料和回忆文字中，都没有对红军翻越的雪山进行过核实和确认，也没有统计过数量——有些雪山还疏于记录。人们能够知道的红色雪

山，都没有超过“十个指头就能数过来”的范畴。比如，中央红军翻越的第一座雪山夹金山（垭口海拔4114米）是人们知道得最多的雪山，还编入了小学课本，大量长征史籍乃至地方政府的史志，都将这座雪山称为“红军翻越的第一座雪山”。实际上，这座雪山在红军三大主力翻越过的70余座雪山中只能算作“小兄弟”，而且并不是红军翻越过的第一座雪山。红军翻越的第一座雪山，是1935年5月红四方面军进入岷江峡谷后为夺取松潘，经茂县松坪沟翻越的“红军棚子”。这座因群众口碑而得名的雪山垭口海拔4097米，红四方面军翻越的时间为1935年5月下旬。之后，红四方面军为接应中央红军，又相继翻越了虹桥山（垭口海拔4556米）、巴朗山（垭口海拔4484米）、鹧鸪山（垭口海拔4243米）。

也就是说，在中央红军翻越夹金山之前，红四方面军已经翻越了4座雪山。

这也是笔者萌发要考察“红军翻越的雪山”的动因之一。历史需要把一笔清爽的账目留给后人。红军长征是人类历史上最伟大的长途行军，也是20世纪最重大的历史事件之一！从这个重大历史事件中，诞生出了被世人称作是“长征精神”的文化图腾。这个文化图腾是中华民族独有的，也是全人类共享的精神文化财富。而承载这笔财富的载体是由诸多有机或无机、有形或无形的要件构成的。比如，中国共产党领导的中国工农红军这支团队，围追堵截这支团队的国民党军的强大力量，严酷而复杂的自然环境和人文环境，实际上都是这个精神文化财富的载体——从辩证唯物主义的意义而言，除了这支团队以至高信念所驱动的求新生、不苟活的英勇奋斗外，这支团队内部关于战略方针选择上的争议以及由此而产生的内部斗争，乃至他们后来完成整合实现团结的过程，来自强大对手的围追堵截，乃至严酷冷峻的自然环境和人文环境的强烈挑战，等等，这些看似相互矛盾甚至冲突的要素实际上都与这次伟大远征共生共存，而且在各自不同的层面承载着历史留给后人的这个巨大宝库。

从史学研究的角度来说，这样的实地踏勘和考察也是必须和必要的：长征中诸多影响乃至决定历史进程的关键性的事件就发生在“雪山草地”间。这片地域当年人烟稀少，民族隔阂很深，新中国成立前的历届中央政府都没有对这片区域进行过现代手段的详勘，红军过境时又没有大比例尺的详图可供参照，只能靠侦察询问当地群众来确定方位和行军路线，他们自绘的行军作战图上标注的地名多是从群众口中音译而来——有些甚至就是他们自己的命名，与现在的地名差异很大，辨析起来非常吃力，当然也就影响到了对相关历史的判读和深入认知。因此，对红军长征经过地区的自然环境中诸多要素特别是如“雪山草地”这样的标志性要素，应该本着对历史负责对后人负责的态度，进行认真的辨析和梳理。而这样的辨析和梳理，是不可能在图上完成的，因此必须在充分判读和辨析各种史料的基础上，辅以实地踏勘，对其间的地理要素予以标示和确认，从而使长征研究更加可靠、更加严密因而也更加坚实。

三、踏勘红军翻越过的雪山的依据

本书对红军翻越过的雪山的校核和考证的依据为：

一是敌我双方的电报、部署、命令、行军计划、文件等原始文献，以及有关亲历者的原始记录文字（日记、笔记等）；

二是当地的史志资料；

三是当时的地图；

四是有关亲历者的回忆文字；

五是当地群众的口碑资料。

这些资料来源应该说各有其优缺点，都不能保证绝对可靠，都有可能出现谬误，只能通过交叉对比和分析来作相互间的互证和补充推断，使结论尽量清晰准确。另外，对所有的历史资料，都必须在经过鉴别、判读和辨析后，才能谨慎采信和引证。这是因为：

其一，由于种种原因，这些资料很有可能是不完备的，有缺失的

（比如当年电文就不一定能搜集完备），这些“不完备”或“缺失”，也很可能造成误判及误读。所以，在现有条件下，校核和考据还应有实地踏勘方式的补充，并结合当时当地的敌情我情及地理要素等客观因素，进行合理的补充性分析推理。

其二，文献本身也可能有错讹。虽然当年红军的侦察和情报工作是公认的“非常出色”，但他们匆匆过境，很多时候没有大比例尺地图参照，只能靠侦察询问当地群众来确定路线，而因为各地口音不同，这种口译地名与现有地名很可能差异很大。再加上数十年来各地因行政区域变化等原因，还多有更名、迁徙，红军自绘的路线图也会因此而出现错讹或产生误导，这就更增加了后人考据的困难。

其三，新中国成立以来，各地的史志部门对调查红军长征过境情况做过大量工作，整理出了许多很有价值的史志资料。如中共四川省委党史工作委员会（中共四川省委党史研究室前身）编撰的《红军长征在四川》（四川省社会科学院出版社1986年出版），如阿坝、甘孜两州州志及各县的县志，都是非常重要的参照资料。但这类资料的缺陷也不少：受地域辖地的限制，对于系统而又连贯的政治军事行动来说，信息量就偏小；由于年代和获取文献资料的限制，信息量往往失之于不完整不准确，数十年间又因各种原因疏于考证和修订，所以仍然必须进行判读才能采信；各地修志撰史人员的水平素养参差不齐，在受多种因素影响干扰的情况下，凭想象凭推测臆断的内容亦有，这也需要判读和鉴别。

其四，相关亲历者的回忆也是很容易出现问题的。当时在紧急行军的情况下，很难有人系统无误地对行军途中的各种地理要素作出详尽完备的记录，加之红军是一支主要由工农群众组成的军队，文化程度普遍偏低。许多长征幸存者一生转战千万里，身经数百战，除少数干部能以日记方式来记录征程外，大多数人只能靠记忆来回溯历史。而人的记忆经历了岁月洗磨，也是很容易出现如时空错位、彼此混淆等问题的。有些已出版的红军日记，很明显是后来补记甚至编撰过的，当然也就大大降低了其史料价值。

就是留下了日记的亲历者，也常常会有对其所跨越的雪山等重要地理要素疏于记录的情况。“翻越雪山”对于今天的人们来说，有可能是值得炫耀值得自豪的经历，但对于当年那些走过万水千山跨越无数艰险的人们来说，就有可能因“曾经沧海难为水”的感受而疏于记录。比如两河口会议后李富春、刘伯承和林伯渠率中央慰问团翻越虹桥山到理县杂谷脑慰问红四方面军将士，之后又翻越鹧鸪山、长坂山到芦花与中央会合，在林的日记中除了记下里程，对这些雪山就几乎没有提及。[①] 又如红二、四方面军甘孜会师后，陈伯钧率红六军团向阿坝进军途中记录的一些“小山”，实际上都在海拔4200~4500米之间。[②]

其五，按理说，当地群众的口碑资料原本可以在一定程度上弥补一些资料的欠缺，毕竟红军过境对那些偏僻地区的群众来说是从未遇见的大事。但这个地区由于自然环境的原因，平均寿命偏低，亲历和见证过红军过境的老人们差不多都已故去，群众口口相传下来的信息也非常简略，且需要进行判读和鉴别。当然，这类口碑信息对我们的帮助还是相当大的——至少能够提供考证的线索。

四、红军翻越过的雪山考据与叙事

本书课题的考据与叙事基本上按“时经事纬”的原则，按经过川滇青三省及红军建制序列在各个军事行动时期来进行考据和叙事，分为以下四个时期：

---

① 《林伯渠日记（1935年5月~11月）》，中共党史资料征集委员会：《中共党史资料》第64辑，中共党史出版社1997年版，第1~34页。

② 《陈伯钧日记·文选》，中国财政经济出版社2002年版，第267~269页。

（一）红一、四方面军会师前后及红四方面军南下川康边时期

这个时期，红一、四方面军有如下重要军事行动：

（1）红四方面军西进岷江峡谷，一打松潘（1935年5月中旬~5月底）；

（2）红一方面军脱离大渡河峡谷经天（全）、芦（山）、宝（兴）向懋功前进，红四方面军从茂县、理番南下前来接应；

（3）红一、四方面军会师后为实现两河口会议制定的北出陕甘战略方针，发起松潘战役；

（4）松潘战役流产后，红一、四方面军为继续贯彻北上方针，分左、右路军北上穿越草地，准备实施《夏洮战役计划》；

（5）张国焘率红四方面军南下执行《绥（靖）崇（化）丹（巴）懋（功）战役计划》及《天（全）芦（山）名（山）雅（安）邛（崃）大（邑）战役计划》。

时间区间为：1935年5~12月。

（二）红四方面军西进康北和南下康南接应红二、六军团时期

这个时期红四方面军有如下重要军事行动：

（1）西进康北和发起康（定）道（孚）炉（霍）战役；

（2）夺取瞻化和甘孜；

（3）战斗准备和筹粮；

（4）红四军、红三十二军南下雅江、理化准备接应红二、六军团。

时间区间为：1936年2~5月，在红四方面军战史上统称为“战斗准备时期”。

（三）红二、六军团从金沙江畔北进甘孜期间

这个时期红二、六军团有如下重要军事行动：

（1）强渡金沙江进至云南中甸；

（2）红二军团沿金沙江东岸北进甘孜；

（3）红六军团经定乡（今乡城）、稻城进至理化（今理塘）地区与前来接应的红三十二军会师，经瞻化（今新龙）继续北上；

（4）红二、六军团在甘孜与红四方面军主力会师。

时间区间为：1936年4月底~7月初。

（四）红二、四方面军会师北进期间

这个时期红二、四方面军有如下重要军事行动：

（1）徐向前率红四方面军一部，率先启动北上行程；

（2）红二、六军团和红三十二军合编为红二方面军；

（3）红二、四方面军分三路纵队，经川青边境和大小金川地区进至草地西缘和南缘，准备继续北上。

时间区间为：1936年6月中旬~7月下旬。

需要说明的是，凡经笔者考据后确认的红军翻越过的雪山，都将在本书中根据各种史料给出翻越雪山的部队番号和时间、给出雪山垭口的三维坐标和地理环境信息、给出图测与实地踏勘的对比资料。

第一章　红一、四方面军会师前后（含红四方面军南下川康边时期）翻越雪山的行军路线

1935年5月中旬，红四方面军主力经江油、北川冲向岷江峡谷，进入川西北高原，相继占领茂县、汶川、理番（今理县），之后分别向松潘、理番发展，迎接正从金沙江畔向大渡河畔北进，准备前来会合的中央红军。

6月12日，红一方面军先头部队翻越夹金山，在北麓的懋功（今小金）的达维与红四方面军接应部队会合。6月26~28日，中共中央政治局在懋功的两河口召开政治局扩大会议，确立了“北出陕甘”的战略方针。根据这个战略方针，红军总部制订了《松潘战役计划》，准备首先夺取松潘，打通北出陕甘的通路。但因各种主客观原因，红军在卓克基、黑水地区辗转月余，《松潘战役计划》仍然没能实现。8月初，鉴于国民党军胡宗南部主力已集结松潘的敌情，中共中央政治局决定放弃《松潘战役计划》，由红军总部另拟《夏洮战役计划》，准备以红一方面军和红四方面军分左、右路军穿越草地，进至甘南之夏河、洮河地区寻机与敌决战。党中央和徐向前为总指挥、陈昌浩为政治委员的前敌总指挥部指挥红一方面军第一、第三军，红四方面军第四、第三十军主力以及红军大学为右路军；朱德为总司令、张国焘为总政治委员的红军总部指挥红一方面军第五、第三十二军以及红四方面军第九、第三十一、第三十三军为左路军，两路分途北上，直出夏、洮。但红四方面军主要领导人张国焘对执行这个计划三心二意，在进至阿坝时，先是欲从求吉玛渡黄河西进青海，渡河不成后，继而又打起了南下川康边的主意，还想要党中央率右路军一起“南下”，并令已到达噶曲河西岸的左路军先头部队返回阿坝。9月9日夜，中共中央政治局在牙弄村周恩

来住地召开紧急会议，决定单独率右路军中的红一、三军北上。

党中央率红一、三军单独北上后，张国焘即率军大举南下，先后发起了绥（靖）崇（化）丹（巴）懋（功）战役、天（全）芦（山）名（山）雅（安）邛（崃）大（邑）战役，红军将士们克服水湍流急的绰斯甲河、大金川河、沃日河、青衣江等江河天险，在崇山峻岭中连续转战两个多月，付出了重大牺牲，取得了一些胜利，但终不能挽救战略失策带来的恶果。战至1935年底，红四方面军主力不得不退至天（全）、芦（山）、宝（兴）地区，陷入非常被动的态势。

这个时期前后达五个月，是红军翻越雪山最多的时期。

第一节　红四方面军翻越红军棚子及松坪沟雪山群的行军路线

松坪沟位于茂县（四川最大的羌族聚居地）西北叠溪镇松坪沟乡境内，是一条三面雪山环绕的秀丽山川。2013年，被批准为国家AAAA级旅游景区。

当年红军进入这条山沟后，无论向哪个方向转移运动兵力，都必须要翻越雪山：经红土坡、小姓沟向松潘方向转移运动兵力，要翻越红军棚子或大神台垭口；经石碉楼、洛多、龙坝向黑水河或小黑水河（今卡龙沟）流域转移运动兵力，要翻越或易利河卡子、或日多沃山垭口、或木梳寨卡子。这些垭口、卡子，都是海拔4000米以上的雪山。而现有的红军文电均可证明，从进入岷江峡谷的5月底到松潘战役发起又流产的8月初的两个多月中，红四方面军有多支部队进出过松坪沟[①]，

---

① 《中革军委关于松潘战役的计划（1935年6月29日于懋功属两河口）》，中国人民解放军历史资料丛书编审委员会：《红军长征·文献》，解放军出版社1995年版，第546~550页。该计划中右路军右支队的集结和出发地域就是松坪沟。7月3日，朱德总司令还在致林彪、聂荣臻电中称“已严催四方面军速集六个团于松坪沟，便与中路协作（红土坡已为我攻克）”见《朱德关于进攻毛儿盖的部署致林彪、聂荣臻电（1935年7月3日13时）》，中国人民解放军历史资料丛书编审委员会：《红军长征·文献》，解放军出版社1995年版，第556页。

且经松坪沟向各方运动兵力，转运伤员。[①]在这些文献文电中，除大神台[②]外，都没有直接言及这些垭口或卡子的文字，但从相应的描述中，还是可以判读出这些雪山垭口来，如“红土坡要点松坪沟北震岩埚路难走，一天只难［能］过一团”[③]，“扣红土坡南之高山”[④]，如“到松坪沟扣通坝、黑水之垭口”。[⑤]

一、红军棚子

笔者开始关注红军棚子及其所在地域，缘于21世纪初偶然见到的一张地图。

这幅地图是20世纪80年代四川省组织普查和编撰的《茂汶县地名录》的附图，在这张1965年版的地图上，茂县东北方向的松坪沟西北

① 《朱德、张国焘关于后方医院转移致各军电（1935年8月3日）》中称“松坪沟、瓦布梁子、芦花、侧格一带伤病员约三千三百名，除在十至十五日内能愈的，属于一方面军交三军收编，四方面军的由四军政治部收编外，其余约千五百名，由军区政治部及四军政治部负责运到马河坝总卫生部医院”，松坪沟的伤员转运到黑水河流域，只能翻越通向黑水的雪山垭口，不可能舍近求远从叠溪海子东岸西岸往返辗转。中国人民解放军历史资料丛书编审委员会：《后勤工作·文献》（一），解放军出版社1997年版，第453~454页。

② 《徐向前、陈昌浩关于进攻红土坡敌之部署致中革军委电（1935年6月30日）》中称“北（七十五团）茂（七十三团）待黑水部队到相当地点，即由松坪沟、大神台向红土坡夹击”。中国工农红军第四方面军战史编辑委员会：《中国工农红军第四方面军战史资料选编·长征时期》，解放军出版社1992年版，第81页。

③ 《陈昌浩、徐向前为速占黑水、进攻松潘致张国焘电（1935年6月26日12时）》，中国工农红军第四方面军战史编辑委员会：《中国工农红军第四方面军战史资料选编·长征时期》，解放军出版社1992年版，第67页。文中“松坪沟北震岩埚路”指的就是红军棚子。

④ 《陈昌浩、徐向前关于增兵固守红土坡致张国焘电（1935年6月27日8时）》中称“现增加八十三团两连及二九四团之一营扣红土坡南之高山”。中国工农红军第四方面军战史编辑委员会：《中国工农红军第四方面军战史资料选编·长征时期》，解放军出版社1992年版，第72页。这里的“红土坡南之高山”，就是红军棚子。

⑤ 《陈昌浩、徐向前关于部队抽调意见致张国焘电（1935年6月29日15时）》，中国工农红军第四方面军战史编辑委员会：《中国工农红军第四方面军战史资料选编·长征时期》，解放军出版社1992年版，第80页。通坝系龙坝之音译，扣通坝、黑水之垭口是指日多沃山、木梳寨卡子、易利河卡子等雪山垭口。

红军棚子

角，有一处标高为海拔4202米的“红军棚子”。这个地名马上引起了笔者的兴趣：一个以“红军棚子”冠名的地名，那一定是有来历有故事的。可是笔者翻遍这本地名录的地名注释，竟然对这个地名没有任何解读。再找来当地党史部门编撰的《阿坝州志之红军长征在阿坝》[①]，也没找到关于这个地名来由的信息。

［参见图1-1：1965 年版茂汶地图上标注的红军棚子］

为了弄清这个问题，笔者又详阅了红军长征在此转战期间的有关文电和史志资料，发现了多年来没有多少人关注的信息。

（一）史实依据

目前在文献和史志资料中，都没有直接言及“红军棚子”的文字。

这也难怪，因“红军棚子”并不是原来的地理名称，而是因红军经过后在当地群众的口碑中生成的、有着特殊意义的地名。这一点，可以由与此相关的且有着交叉印证作用的间接证据，形成有效证据链。

中国人民解放军历史资料丛书《红军长征·图片》中，有这样一段叙述和图示：

---

① 中共阿坝州委党史研究室、阿坝州地方志办公室编：《阿坝州志之红军长征在阿坝》，四川大学出版社 2007 年版。

图 1-1　1965 年版茂汶地图上标注的红军棚子

……红四军、红九军、红三十军各一部撤出中坝、江油，经桂溪、平通、豆叩、同兴、片口等地进入白草场（今白羊场）；到松潘白羊场的红军继续西进，本拟与从茂县北上的红九军第七十三、第七十五团占领松潘县城，但胡宗南部抢先占领该城，红军攻击未克，遂退至镇江关东、西一线，与胡宗南部对峙。①

[参见图1-2：西进岷江地区要图（1935年5月）]

图中绘出了从茂县北上的红九军第七十三、第七十五团的进军路线，这条路线并不是沿岷江江岸上行的路线，而是从较场经松坪沟北进。

其缘由为：这个地区1933年刚经历过一场著名的松潘大地震，地震的后果之一，就是在松潘镇坪和茂县石大关之间的岷江河谷中，形成了一个今天被人们称为“叠溪海子”的巨大堰塞湖，从而在相当长的一个时间段里，阻断了两岸和镇坪—石大关之间的交通。因此，由茂县北进的红军，不得不从岷江东岸扎筏渡过叠溪海子，然后经松坪沟绕道进入松潘的小姓沟、热务沟河谷，向松潘进击。

也就是说，由于自然环境的改变，松坪沟成了当年红军在此间活动的一个枢纽。

中共四川省委党史工作委员会编撰出版的《红军长征在四川》关于“争夺松潘”一节中，简述了1935年5月红四方面军主力进入岷江峡谷沿岷江北进争夺松潘的战况。从这段文字可以看出，红四方面军一部由镇坪、白羊一带的羌族头人安登榜带路，从北川的片口出发，“五月十四日，红军占领镇坪，继而占领松南重镇镇江关。不久，由茂县北上的红九军七十三、七十五团也先后赶到，红军即由岷江东西两岸向松城进攻。”②

---

① 中国人民解放军历史资料丛书编审委员会：《红军长征·图片》，解放军出版社1993年版，第104~105页。

② 中共四川省委党史工作委员会：《红军长征在四川》，四川省社会科学院出版社1986年版，第165页。

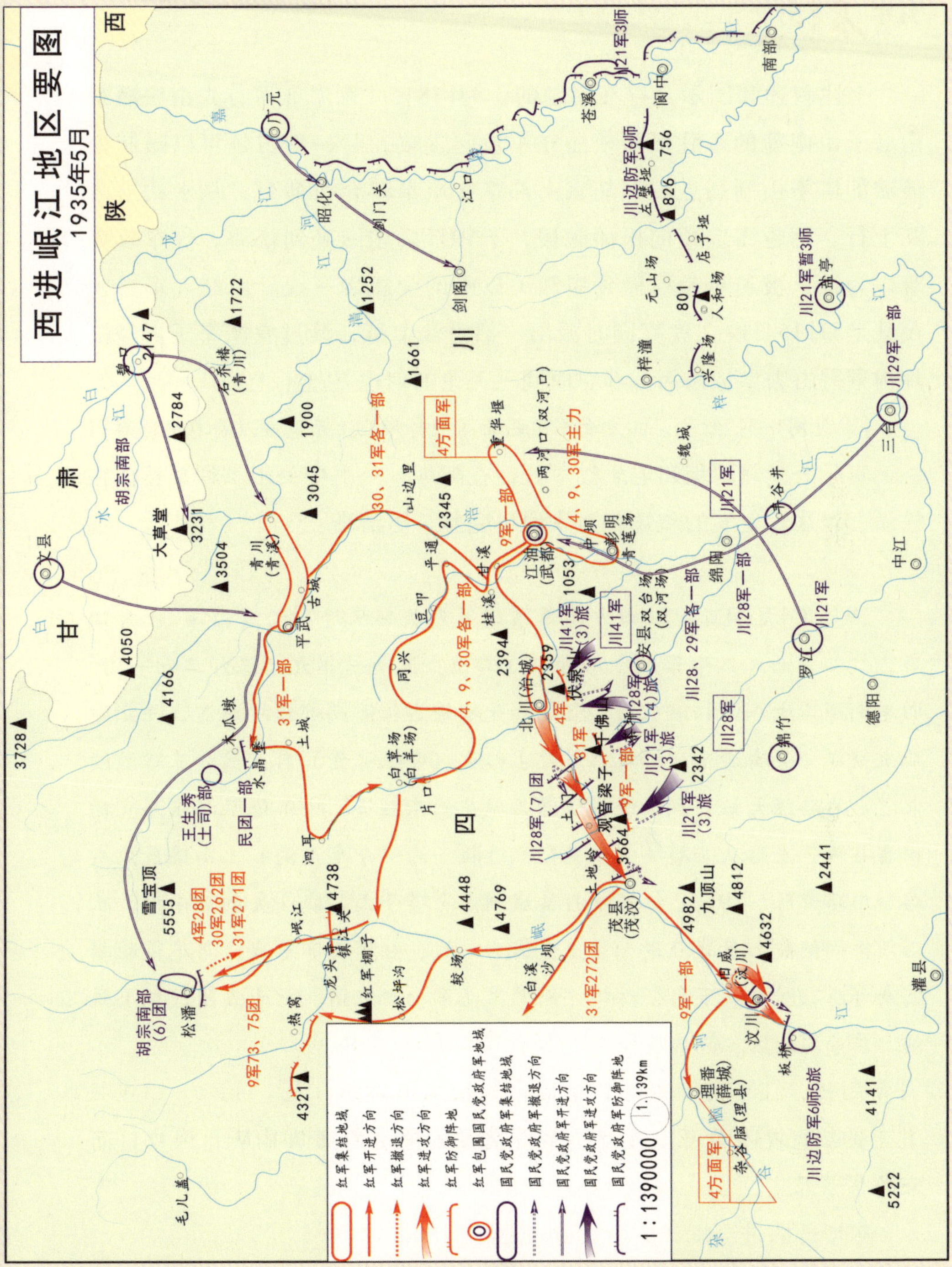

图 1-2　西进岷江地区要图（1935 年 5 月）①

---

① 中国人民解放军历史资料丛书编审委员会：《红军长征·图片》，解放军出版社 1993 年版。修订：周军；重绘：刘鹤。

上述叙述和图示是存在问题的：5月18日，东岸红军首先由松潘东南塔子山南麓的东胜堡向松潘守军发起进攻，并一度占领可以瞰制松潘城的塔子山制高点。但胡宗南部李文旅奉蒋介石命令，从平武沿涪江上行，翻越雪宝顶向松潘驰援，于19日后相继赶到松潘，红军攻势难以为继，被迫步步后撤到镇江关以南的金瓶岩一线。而红九军占领茂县是5月15日晚，就算同时派出一部沿江上行，渡过叠溪海子再经松坪沟翻雪山去参加松潘战斗，时间上无论如何也是赶不上的。

[参见图1-3：红一、四方面军川西北高原会师北上示意图及存在的问题]

实际上，《阿坝州志之红军长征在阿坝》一书中关于“红军长征在松潘”对这段史实的叙述相对来说更完整、更清晰：

1935年4月24日，红四方面军第四军先头部队进占松潘白羊。5月14日，红四方面军三十军八十八师二六二团、三十一军九十三师二七一团、四军十师二十八团相继从白羊翻越桦子岭进占松潘南部镇坪地区，并立即北上镇江向县城进军。15日红军攻占归化（今岷江村）后，兵分三路继续北进。右路经大姓沟翻山进抵松潘县城东的东胜堡，中路沿岷江东岸直插松潘县城，左路从安顺关（今安定）进牦牛沟（今牟尼沟）上山梁策应右路和中路部队。19日，红军攻打县城制高点塔子山。战斗失利后南撤，从石河桥向纳坡山且战且退，直至金瓶岩一线，红军固守备战，与尾追的胡宗南部队相对峙。下旬，红四方面军第九军七十三团、七十五团进抵小姓沟、热务沟地区。①

从以上叙述中可以看出，第一次进攻松潘的部队是从北川片口而来的东岸部队。

东岸部队进至岷江关后兵分三路：

① 中共阿坝州委党史研究室、阿坝州地方志办公室编：《阿坝州志之红军长征在阿坝》，四川大学出版社2007年版，第190~191页。

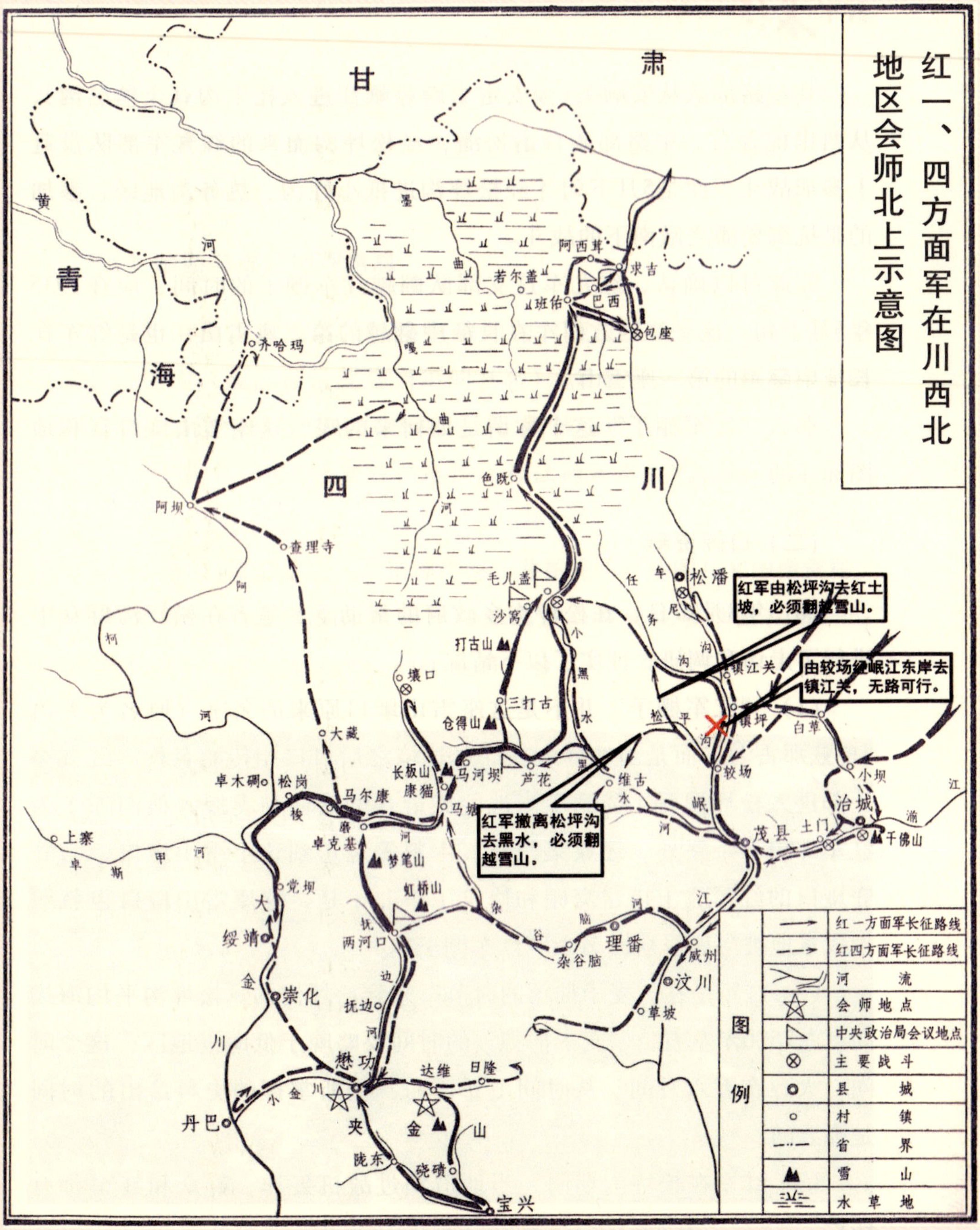

图1-3 红一、四方面军在川西北地区会师北上示意图及存在的问题[①]

① 中共四川省委党史工作委员会：《红军长征在四川》，四川省社会科学院出版社 1986 年版。

从木梳寨卡子前往日多沃山垭口

“这里就是木梳寨卡子了。卡子过去就是黑水……”

木梳寨卡子实测海拔高度为4312米，仍然高于我们的想象。

踏勘完木梳寨卡子后我们拟按计划前往日多沃山垭口，孰料向导们说木梳寨两翼各有一个垭口都叫日多沃，而行前笔者根据《茂汶县地名录》所附地图的标注判断，日多沃山垭口应位于木梳寨卡子的西北侧，看来地图的标注并非当地群众约定俗成的认知。

商量一番后，我们决定下行经黑水境内绕行到向导们认知的日多沃山垭口。这个垭口实际距木梳寨卡子非常近，我们上行又下行到达也没有超过一个小时。很认真的赵文捷因此对这个垭口是不是日多沃山垭口表示怀疑。但上山后根据向导们的描述，环绕松坪沟周边的山脊上垭口很多，处处可通黑水，处处都是雪山。而笔者根据现有史料和地理信息，也很难准确认定红军一定是翻的这个垭口而不是那个垭口。在没有条件追求精确性的情况下，就只有选择代表性：只要能够代表这一线山脊地理状况和红军的基本行军路线，就可以视作或用作有着概括性、代表性的地理标识。

这个日多沃山垭口的高度为海拔4360米。

下山前，向导告诉我们，这个垭口与我们刚绕行过来的木梳寨卡

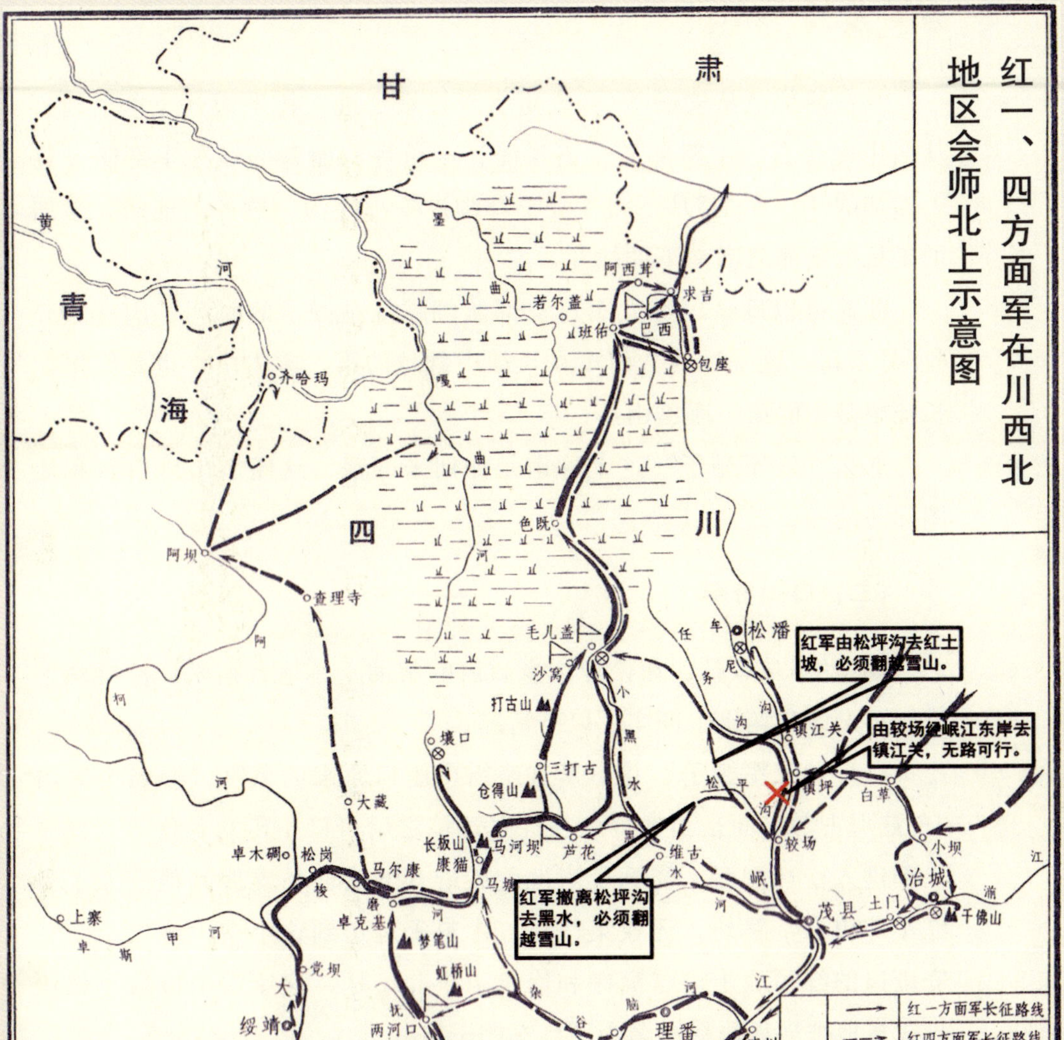

图1–3 红一、四方面军在川西北地区会师北上示意图及存在的问题①

① 中共四川省委党史工作委员会：《红军长征在四川》，四川省社会科学院出版社1986年版。

其左路部队从安顺关(今安定）跨过岷江进入牦牛沟（今牟尼沟），从西岸配合右、中路部队合击松潘，经松坪沟而来的红九军部队没赶上参加战斗，而是5月下旬才经松坪沟进抵小姓沟、热务沟地区，参加的是抗御松潘之敌南下的战斗。

如此可以确认，红九军这支部队翻越红军棚子的时间，应在1935年5月下旬。这是红四方面军在长征中翻越的第一座雪山，也是红军在长征中翻越的第一座雪山。

那么“红军棚子”这个称谓是如何来的呢？这座雪山垭口真和地图标注的一致么？

（二）口碑资料

2013年8月27日，在松坪沟乡政府的帮助下，笔者在松坪沟群众中进行了走访和调研，证实了以下情况：

（1）“红军棚子”并不是这座雪山垭口原来的名字（原名为羌语“鲁兹那古”），而是当地群众在红军过境之后口口相传的名称。红九军一部进入松坪沟后，受到了当地羌族群众的欢迎与支援。他们除了为红军筹粮、带路外，还收集门板、木料等运送到这个雪山垭口，为驻守垭口的红军战士搭建窝棚和修筑工事。于是，这座雪山垭口也就顺理成章地被当地群众命名为“红军棚子”。

（2）红军是在“麦子抽穗的时节”来到松坪沟的。松坪沟平均海拔高度在2500米左右，“麦子抽穗”的时间要略晚于低海拔地区，这个时间，大致在五六月间。从时间上看，与我们所掌握的史料给出的时间是吻合的。

（3）红军在松坪沟期间，当地遭到过敌机轰炸，群众和红军都有伤亡。

（4）在红军棚子附近，红军与国民党军发生过激烈战斗。红军在撤离松坪沟时，还埋藏了一些无法带走的武器（新中国成立后的1952年由剿匪部队取出）。20世纪八九十年代，当地群众在这个垭口附近以及相邻的山垭上，还刨出过大量的弹壳，甚至还挖出过驳壳枪的残骸。在红军棚子附近的一块石板下，还挖到过尸体遗骸（但无法判明是红军还是国民党军的）。

（三）踏勘与确认地理信息

1983年由茂汶县地名领导小组编印的《茂汶县地名录》中所附的茂汶县地图中（茂汶县是茂县当年的县名），曾经标注出了红军棚子的位置与海拔高度：松坪沟岩窝寨西北方，海拔高度为4202米。

［参见图1-1：1965年版茂汶地图上标注的红军棚子］

为了确认这个位置与海拔高度，2013年10月，我们进行了一次实地踏勘①，记录了红军棚子垭口的地理坐标，并拍摄了一些图片和图像资料。

［参见图1-4：红军棚子及松坪沟红色雪山群的地理位置；图1-5：2013年10月24日笔者实地踏勘红军棚子的往返路线］

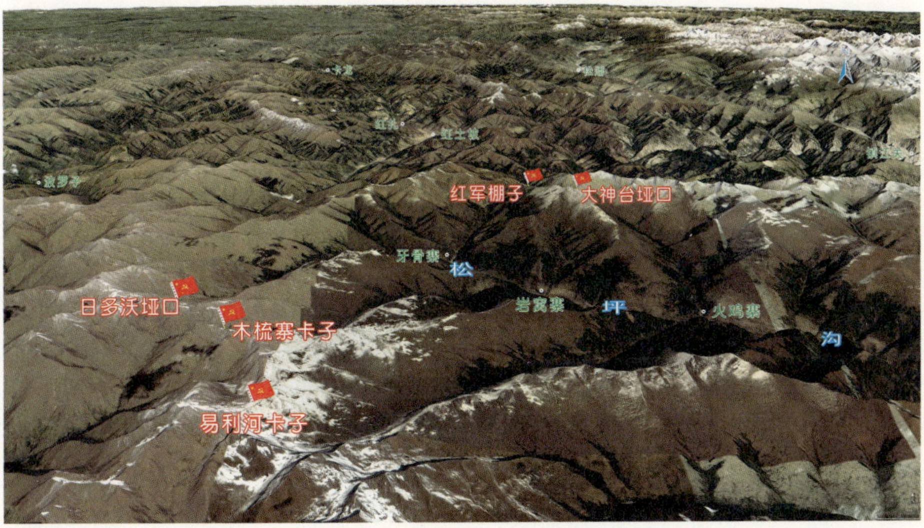

图1-4　红军棚子及松坪沟红色雪山群的地理位置

---

① 参加这次踏勘的成员除笔者外，还有志愿者张帆、赵文捷、张莉和时任松坪沟乡人大主席徐成富。

图 1–5　2013 年 10 月 24 日笔者实地踏勘红军棚子的往返路线

10月23日，我们赶到松坪沟乡，在乡政府正好遇到时任松坪沟乡人大主席徐成富同志，老徐在得知我们的来意后，说红军就是从这里经过的，当地人都知道，并和笔者聊起了当年红军在松坪沟发生的事。随即老徐与当地村民联系了马匹和上山事宜，并表示第二天亲自带我们上红军棚子垭口。

10月24日一早，我们从松坪沟乡政府出发，开车到岩窝寨。岩窝寨是离红军棚子最近的一个寨子，我们到达时当地五位村民已经牵着马在那里等我们了。

上红军棚子垭口有两条路可以走：一条路是沿松坪沟走到老牙骨寨岔口，再向北到红军棚子山脚再开始上山，这条路路程近一些，但后半段山路很陡，还会经过一大片林带，这一段几乎不能骑马；另一条路是从岩窝寨往北，然后沿山脊到垭口，这条路要远一些，虽然前半段还是有些陡坡，但相对第一条路坡度缓多了，大部分路程可以骑马。

老徐建议我们上山走那条较缓的路，然后从另外一条路下山。

前往红军棚子垭口

我们一行人按老徐的建议开始上山。一出寨子就是一个陡坡，骑马时身子必须尽量往前俯。快到山脊前的一段特别陡，大家只能下马徒步前行。山上气温很低，头天才下过大雪，但人人却是满头大汗。来自上海的张莉是个女同志，体力稍差，但还是坚持往上爬。有些地方实在太陡，人就拉着马尾巴，再往上爬。

上得山脊后坡度就变得很缓了，大家继续上马前行，在中午1点过的时候，我们登上了红军棚子垭口。

垭口上白雪皑皑，在背风处有红军当年驻守垭口时搭建的窝棚遗迹，还有用石头垒的战壕挡墙。老徐说过了这道梁子，继续往西北方向走，就是松潘境内的红土乡。

我们在垭口作了GPS定位，进行了影像拍摄后便开始从另一条路下山。

下山的路过于陡峭，一直无法骑马，只能步行，直到下到沟里，才重新上马，之后顺利回到岩窝寨。

经过实地踏勘可以确认：

红军棚子上红军所筑工事遗迹

红军棚子上红军当年搭的窝棚遗迹

（1）红军棚子实测海拔高度为4097米，确认是一个雪山垭口。

（2）红军棚子的实际位置与《茂汶县地名录》中所附图中的标示位置有很大差异：红军棚子位于松坪沟岩窝寨的东北方向，而不是西北方向——估计是由于当年绘制地图者并没亲临现场实地踏勘的缘故。

（3）红军棚子垭口上尚有红军所筑胸墙工事、战壕、窝棚围墙等遗迹。

(4) 红军从红军棚子进入松潘的红土坡一线，有两条路线：一条是沿山脊向西行进一段距离后再顺坡下山，经俄里等村寨，沿热务沟进至红土坡、小姓沟地区；一条是从垭口直接下山，或绕道俄里，或经寨溪进入松潘的红土坡地区。

经过实地踏勘确认的红军棚子地理信息如下：

表1–1 红军棚子的地理信息

垭口	东经（E）	北纬（N）	海拔（H）	红军首次翻越时间
红军棚子	103°30′48.22″	32°14′31.84″	4097米	1935年5月下旬

二、松坪沟雪山群
——易利河卡子、木梳寨卡子、日多沃山、大神台

除了红军棚子外，松坪沟东南侧，还有三个通往黑水的雪山垭口，即：易利河卡子、木梳寨卡子、日多沃山垭口。进入松坪沟的红军一部，经这三个垭口或卡子撤离松坪沟，进入黑水的慈坝、洛多、石碉楼地区。

另外，还有一部分红军沿松坪沟翻越大神台雪山垭口前往红土坡。

据当地群众称，在这些山的垭口附近，曾挖出过大量弹壳，这说明，这些地方曾发生过战斗。这些情况，都与我们目前掌握的史料相吻合：红军首攻松潘不果后，红土坡、镇江关一线阵地也相继失守，从松坪沟进入红土坡的红九军一部，也一度退至红军棚子一线与国民党军对峙和激战。1935年7月松潘战役发起前后，红军再次收复红土坡、镇江关一线阵地。驻松坪沟的红军除一路从红军棚子、大神台等雪山垭口经红土坡，沿热务沟、小姓沟进至卡龙地区向草地前进外，其余则翻越日多沃山垭口、易利河卡子及木梳寨卡子，向黑水、芦花地区集结。

由此可见，红军在松坪沟地区翻越的雪山垭口，不止红军棚子一个，至少还有易利河卡子、木梳寨卡子、日多沃山垭口和大神台垭口。而从时间上来说，可以确认：红军棚子是红军在长征中翻越的第一个海拔4000米以上的雪山垭口，也就是万里长征第一雪山。至于易利河

卡子、木梳寨卡子、日多沃山垭口以及大神台的翻越时间，目前已难以详考，但根据红军方面相关的档案文献，可以确认的时间范围为：1935年6月至8月。

2016年10月9日，我们来到松坪沟，准备对松坪沟雪山群也即我们考察计划中的最后4座雪山——易利河卡子、木梳寨卡子、日多沃山、大神台进行实地踏勘。①松坪沟乡党委书记黄成俊、党委副书记祁洪彪及乡长刘继生等同志热情接待了我们，具体为我们接洽上山事宜的还是我们的老朋友，原乡人大主席徐成富同志。

然而十分不巧，那几天松坪沟天气很不好，连续降雨，雾气沉沉。我们等了两天都无法上山。更不幸的是赶来慰问我们的四川新华发行集团董事长朱丹枫同志刚到就染上了风寒，加上高山反应，突发高烧，被迫于到达当天就连夜赶回成都。在连续两天的等待后，老徐终于告诉我们：可以上山了。

我们跟老徐商量了上山的日程：决定第一天先去山势最为平缓的易利河卡子。

（一）对易利河卡子的考察踏勘

10月12日一早，我们一行驱车从乡政府出发，来到海拔2900米处的一处平坝停下车，老徐为我们联系的马匹与向导已经在那里等候。这次考察可以说是历次考察参与者最多、队伍最庞大的一次，除了笔者、赵文捷、魏京、张严、马福文、谢雪、陈鸿、张品成、徐成富等9位正式参与者外，另有六开姐、陈进友、黄志同、龙初、热巴、黄福超、罗仁华、路长等8名火鸡村村民，一共17人。

① 参加这次踏勘的成员除笔者外，还有志愿者赵文捷、魏京、张严、马福文、陈鸿，以及海口市作家协会主席张品成、新华文轩出版传媒股份有限公司原总编辑张京夫妇、四川人民出版社编审谢雪。

马队前往易利河卡子

易利河卡子可通往黑水的龙坝、洛多、石碉楼等地，1935年7~8月的黑水战役期间，石碉楼是黑水河畔的一个要点。这里地势极为险要，沿黑水河上行的红四方面军右路军部队必须攻克这个要点，才能在上游与红一方面军主力及红四方面军一部组成的左、中路军部队会合。扼守这个要点的不是国民党军正规军，主要是当地的土头武装，但他们得到了国民党军空军的支援。而沿黑水河河谷仰攻石碉楼的红四方面军因运动困难且缺乏炸药等攻坚利器，苦战多日而仍未得手。据笔者研判，在松坪沟的红四方面军右支队一部，有可能和有必要跨越易利河卡子，居高临下配合沿河上行的右路军主力，上下合击在石碉楼顽抗的当地土头武装，从而于7月16日彻底拿下这个要点，打通黑水河流域。虽然这个研判迄今尚缺乏文献方面的证据，仍然未能脱离“推测”的范畴，但红军在松潘战役前后曾经经过这个垭口或其他垭口向黑水方向转移兵力，那还是可以从文献和群众口碑中得以确认的。

易利河卡子垭口合影。这是历次雪山考察人数最多的一次

从易利河谷前往易利河卡子的山势虽然平缓，行程却很漫长——大约有十余公里，因连日雨雪的缘由，道路泥泞且有积雪，马匹行进十分困难，加之人员较多也快不起来。我们从上午10时左右出发，14时左右才到达目的地。而且因雨雾弥漫，能见度很低，以致我们抵达目的地，航拍器都无法工作，我们始终未能得窥这座雪山垭口的全景。

易利河卡子的实测海拔高度为4303米——比我们想象的要高。从易利河卡子返回乡政府的大部分行程可以骑马，所以我们赶在天黑前顺利返回。

（二）对木梳寨卡子和日多沃山的考察踏勘

10月13日10时左右，笔者与赵文捷、张严、马福文及向导王强、王军、王保扎西、王友全一行八人六骑，从岩窝村出发，沿木梳寨沟前往木梳寨卡子和日多沃山垭口进行踏勘考察。据老徐介绍，这两个垭口相距不算远。加上上山人员较头天有所精减，行进速度也快，时间上能够保证当天返回。

前往木梳寨卡子的道路比日前困难了许多，我们出寨子没几步就开始连续上坡，坡度都很大，以致一匹年龄较小的马体力不支，走了不到一半就罢工不让人骑了。上山坡没多久就能看见木梳寨老寨子，这里的村民如今都已迁徙到山下集中居住，老寨子实际上只剩下一些断垣残壁。向导中有人就曾在老寨子中居住过，据他们说这个寨子当年有18户人，大都是靠游猎、放牧和种植鸦片为生，红军也曾在寨中居住和筹粮。

过了木梳寨老寨子，道路越来越泥泞，而且显得很漫长，山峦过了一道又一道，始终都还看不见木梳寨卡子的影子。这天仍然雨雾蒙蒙，能见度很低。不知道绕过了几重山峦，终于看到笼罩在迷雾中积雪覆盖的一道山垭……原以为“总算到了”，向导们却兜头一盆冷水浇来：还早还早，卡子还离得远哦！这种希望和失望接下来至少反复有三次以上：看见垭口——不是——再看见垭口——不是——又看见垭口——还不是……直到13时40分，我们来到一个垭口，向导终于说：

木梳寨卡子

从木梳寨卡子前往日多沃山垭口

“这里就是木梳寨卡子了。卡子过去就是黑水……”

木梳寨卡子实测海拔高度为4312米，仍然高于我们的想象。

踏勘完木梳寨卡子后我们拟按计划前往日多沃山垭口，孰料向导们说木梳寨两翼各有一个垭口都叫日多沃，而行前笔者根据《茂汶县地名录》所附地图的标注判断，日多沃山垭口应位于木梳寨卡子的西北侧，看来地图的标注并非当地群众约定俗成的认知。

商量一番后，我们决定下行经黑水境内绕行到向导们认知的日多沃山垭口。这个垭口实际距木梳寨卡子非常近，我们上行又下行到达也没有超过一个小时。很认真的赵文捷因此对这个垭口是不是日多沃山垭口表示怀疑。但上山后根据向导们的描述，环绕松坪沟周边的山脊上垭口很多，处处可通黑水，处处都是雪山。而笔者根据现有史料和地理信息，也很难准确认定红军一定是翻的这个垭口而不是那个垭口。在没有条件追求精确性的情况下，就只有选择代表性：只要能够代表这一线山脊地理状况和红军的基本行军路线，就可以视作或用作有着概括性、代表性的地理标识。

这个日多沃山垭口的高度为海拔4360米。

下山前，向导告诉我们，这个垭口与我们刚绕行过来的木梳寨卡

日多沃山

下日多沃山的道路又陡又滑

翻山梁返回木梳寨沟

子隔着一道山梁，我们还得翻过那道山梁才能返回岩窝村。如果要顺着这个山沟下去，那就会绕行很远。这个情况与我们行前案头准备和图上作业了解的情况大体相符：这道山沟叫牙骨寨沟，与木梳寨沟、易利河等几道山沟呈扇面收敛地指向易利河卡子、木梳寨卡子、日多沃山。或者换句话说，易利河卡子、木梳寨卡子、日多沃山这些有着代表性的且比较集中的雪山垭口，沿易利河、木梳寨沟和牙骨寨沟呈扇形辐射状指向当年的翻越路线。

回程中翻越木梳寨沟的那道山梁时着实让笔者受了一回惊吓：这道山梁相对高差不大，但异常陡峭，全是坚硬的岩石，几乎是直上直下，而且看不到行走痕迹，所有的人都不得不下马步行攀缘。根据笔者自己的经验和体验，如果是正常天气，这种攀缘还不算太大的事。但麻烦就麻烦在天气上：岩石上都是积雪，又溜又滑，一脚踩上去都不知道是否牢靠。笔者憋住气，根本不敢往山下看，喘着粗气手脚并用，加上同伴们又拖又拽，折腾了好久，才算战战兢兢迈过了这道要命的山梁。

越过这道山梁后只能徒步下山。

这一天的回程相当辛苦，折腾到天已黑尽，快21时了才回到岩窝村。

（三）对大神台的考察踏勘

徐向前、陈昌浩在1935年6月30日关于进攻红土坡敌之部署致中革军委电中称“北（七十五团）茂（七十三团）待黑水部队到相当地点，即由松坪沟、大神台向红土坡夹击”，经过图上作业和研判，我们把“大神台”视作除红军棚子之外的另一个雪山垭口，并拟定了实地踏勘考证计划。

10月14日，笔者与赵文捷、魏京、张严、马福文、陈鸿等一行六人，与向导王兵、王保扎西、王大勤、杨晓芳、李艳等五名岩窝村村民，于上午10时左右从岩窝村出发，前往大神台。行前从徐成富同志处得知，去大神台的路比木梳寨沟和易利河的路好走，但上行的路比较

云雾缭绕的大神台

陡，建议下山走另一条路。但实际上那条路更陡，大部分不能骑马。

大神台的踏勘考察过程比较跌宕起伏：当村民们把我们带到他们认知中的“大神台”时，我们才发现这个大神台实际上是建在一个坡顶上祭祀活动的标志点，海拔高度才3800米左右，称不上是什么雪山，也不是垭口。

那么当年徐向前总指挥为什么会把这个标志点作为一个重要的地理标志写进电报呢？这至少说明了在当年松潘战役夺取红土坡的部署中，这个地理标志点非常重要，而红四方面军经过这个标志点去红土坡夹击敌人，那就必须再翻山垭。从行前的图上作业的情况来看，这一线的山垭都在海拔4000米以上，肯定属于“雪山”无疑。

掌管GPS的赵文捷是个很执着、较真的人，他一定要找到这个山垭方得罢休。

根据对周边地形的观察，要继续前进去小姓沟，只能沿西北方向顺山脊继续上行。

在大神台上进行航拍

那天山上有雾，看不见山体全貌的寻觅实际上很困难。我们向西北方向登上了一个较高的垭口后，发现下边那条沟并不是想象中的小姓沟，而是一条前头有山梁阻道的死沟，但去那道山梁不需要下到沟底，只需要从现地绕北侧山脊前行不远即可。

由于时间关系，我们在现地测定了地标——海拔4070米。

回到成都后，我们根据Google地图对这个地域再度进行了判读：从大神台去小姓沟，只能沿我们向西北方向去的山脊继续前行。之后，可有两个选择下山去小姓沟：一是一直沿山脊南侧前行，进至红军棚子，然后下山去小姓沟——这是我们已经踏勘并确认的路线；二是继续沿山脊西北侧绕行至挡住那条死沟的山梁（与红军棚子只隔着一道山岭），然后下山去小姓沟。

由于难以确认经过大神台的红军是从这两条路线中的哪一条下山的，我们对红军棚子之外的另一道山垭进行了图测标定，暂且将其标定命名为“大神台垭口”，以与大神台的祭祀标志区别开来。

大神台垭口高度为海拔4180米。

经过实地踏勘确认的易利河卡子、木梳寨卡子、日多沃山、大神台地理信息如下：

表 1–2　易利河卡子、木梳寨卡子、日多沃山、大神台的地理信息

垭口	东经（E）	北纬（N）	海拔（H）	红军首次翻越时间
易利河卡子	103°26′28.55″	32°06′45.96″	4303 米	1935 年 7 月~8 月
木梳寨卡子	103°25′18.57″	32°07′57.35″	4312 米	1935 年 7 月~8 月
日多沃山	103°24′47.07″	32°08′17.76″	4360 米	1935 年 7 月~8 月
大神台	103°31′34.96″	32°14′09.07″	4180 米	1935 年 7 月上旬

第二节　红四方面军南下懋功接应中央红军翻越雪山的行军路线

一、虹桥山

虹桥山　亦称红桥山，位于今小金县（当年为懋功县）东北两河口镇与理县夹壁乡的交界处，是南北走向的邛崃山脉之一段。据传清乾隆年间大小金川之役时，有统兵将领在虹桥山东麓（今理县境域）一侧的山沟筑一木桥，为多索金银，向朝廷谎称架设的是一座长虹式的大桥，故得名虹桥山。

虹桥山山岭延绵，重峦叠嶂，异峰突起，主峰海拔高度5200米，终年积雪，巍峨壮观。因地势较高，气候严寒，故东西山麓几十里以内没有人烟。西侧山脚距小金县两河口镇60华里，东侧山脚距理县猛古村亦有60华里，发源于东西山麓的山沟，均称虹桥沟：西麓的虹桥沟在小金

雾中虹桥山垭口

县两河口汇于抚边河，东麓的虹桥沟在理县的芦秆桥汇于杂谷脑河（又名来苏河）。20世纪中叶之前，这里是懋功通往茂县、汶川、灌县（今都江堰）的主要通道，垭口海拔高度4556米。因山势陡峭险峻，这条通道曲折盘旋，崎岖难行。史载乾隆年间清军初征金川时，这是主要进兵道路之一。

（一）史实依据

红军翻越虹桥山的记录见诸各种长征史籍和回忆文字。

首次翻越的时间及部队番号相对来说也很确定。奉红四方面军领导人的命令，为接应中央红军，红九军二十五师师长韩东山率红九军三个团为先遣队，先头团第二十五师七十四团于1935年6月4日从理番（今理县）米亚罗经芦秆桥沿虹桥沟向懋功进发，当天翻越虹桥山并于当夜在西麓阎王桥附近与川军邓锡侯部二十八军谭团展开激战，击溃了该线守军。从威州（今汶川县城）赶来的红二十七师八十团、八十一团随后跟进。红三十军政治委员李先念、八十八师政治委员郑维山率红三十军八十八师两个团殿后。6月7日，红八十团、八十一团在抚边附近与红七十四团会合后继续兼程南进。6月8日，占领懋功县城。消灭川军邓锡侯部刘耀奎两个营及民团武装约700余人。[①]

红四方面军派出的这支接应部队共5个团，指挥员是红三十军政治委员李先念、红八十八师政治委员郑维山和红二十五师师长韩东山。所率部队为红九军红七十四团、八十团、八十一团，红三十军二六五团、二六八团。[②]

1935年6月20日凌晨4时，中共中央致电张国焘："宜立即赶来懋功，以便商决一切。"[③]同日，张国焘致电中共中央："焘已到东门外[④]，向前拟明晨来懋面谈一切。"[⑤]24日，张国焘等翻越虹桥山垭口，25日到达两河口，并参加了26~28日的政治局扩大会议。

1935年6月30日，林伯渠、李富春、刘伯承等率中央慰问团与张国焘同行，从两河口前往杂谷脑慰问红四方面军将士，当晚宿虹桥山西

---

① 中共阿坝州委党史研究室、阿坝州地方志办公室编：《阿坝州志之红军长征在阿坝》，四川大学出版社 2007 年版，第 153~154 页。另，中共四川省委党史工作委员会编撰的《红军长征在四川》（四川省社会科学院出版社 1986 年版）第 167 页称："六月五日，韩东山率八十、八十一团由威州（今汶川县城）附近动身，日夜兼程，在理番至两河口一线会合了七十四团。六月八日凌晨，先头部队在毙、伤屯殖军、地方团队等反动武装约七百人后，将踞守懋功县城之敌击溃，并在小金河上架起简易浮桥，进占懋功县城。"此说似不确，如果红九军 6 月 5 日才从威州出发，赶到虹桥山东麓的芦杆桥的行程就在 200 里以上，那么他们无论如何也无法在 6 月 8 日赶到懋功。

② 《张国焘、徐向前、陈昌浩关于川西北敌情及红四方面军情况向毛泽东、周恩来、朱德的报告（1935 年 6 月 12 日夜于理番）》，中国人民解放军历史资料丛书编审委员会：《红军长征·文献》，解放军出版社 1995 年版，第 486~488 页。

③ 《中共中央、中革军委领导人为力争实行川陕甘方针再致张国焘电（1935 年 6 月 20 日 4 时）》，中国人民解放军历史资料丛书编审委员会：《红军长征·文献》，解放军出版社 1995 年版，第 523 页。

④ 东门外，地名，又名东门寨，现四川省阿坝藏族羌族自治州汶川县羌人谷，徐向前、陈昌浩和红四方面军总指挥部曾在此驻节。

⑤ 《中共中央、中革军委领导人为力争实行川陕甘方针再致张国焘电（1935 年 6 月 20 日 4 时）》，中国人民解放军历史资料丛书编审委员会：《红军长征·文献》，解放军出版社 1995 年版，第 523 页。

麓；7月1日，翻越虹桥山，当晚宿营大秋地红九军驻地（今丘地村）；7月2日，慰问团到达距杂谷脑20里的关口红军大学驻地（今朴头乡），张国焘赶到了杂谷脑；7月3日上午，慰问团抵达杂谷脑。①

综上，可以确认下列信息：

（1）红军第一次翻越虹桥山的时间是1935年6月4日。虹桥山是红四方面军翻越的第二座雪山，也是红军翻越的第二座雪山。

（2）第一次翻越虹桥山的红军部队为：红九军红七十四团、八十团、八十一团，红三十军二六五团、二六八团。

（3）1935年6月24日，张国焘翻越虹桥山于25日到两河口参加中共中央政治局扩大会议，会议结束后又和中央慰问团一起返回杂谷脑，于7月1日再次翻越虹桥山。

（二）踏勘与确认地理信息

为了确认虹桥山垭口的准确地理位置，2013年9月19日，我们进行了一次实地踏勘②，记录了虹桥山垭口的地理坐标，并拍摄了一些图片和图像资料。

2013年9月18日，在时任两河口乡党委书记杨发君、乡党委副书记刘全贵、乡人大主席严长贵陪同下，我们从两河乡（现已拆乡建镇）进入虹桥沟。前一小段还是拖拉机可走的土路，之后就只能骑行兼步行了，当晚在西麓半坡的两岔河牧点宿营——这也是当年红军往返翻山时的歇脚或宿营点，有简易的石头搭的窝棚，供放牧或采药人临时居住。当晚电闪雷鸣，大雨如注，窝棚里也下起了小雨。

9月19日晨，三位乡干部原路返回两河乡（张帆、陈晓明、赵文捷也随同他们返回乡上，然后开车经卓克基、鹧鸪山绕行到虹桥山东麓

① 《林伯渠日记（1935年5月~11月）》，中共中央党史资料征集委员会：《中共党史资料》第64辑，中共党史出版社1997年版，第1~34页。

② 参加这次踏勘的成员除笔者外，还有志愿者李晓彤、王林、刘佷、张帆、陈晓明、赵文捷。

图 1-6　虹桥山的地理位置

的猛古村等待我们)，当地老乡何文、杨洪元、焦义、赵清贵和马队护送我们上山。雨虽然停了，但仍阴云重重，间或可以看到沿途高山积雪。到山脚才发现这座山非常陡峭，坡度至少在五六十度开外。从山脚到垭口开出的道路大都是碎石或大块乱石铺垫的，铁打的马掌在行进中特别容易打滑，很危险，骑马还不如步行。所以我们相当多的时间是在徒步攀缘。

到达垭口时还是阴云密布，啥也看不见。而且这个垭口相当狭窄，两三个人打个转身都很困难，寒风凛冽，侵彻骨髓，我们插上红四方面军军旗并测定坐标后，赶紧下山。虹桥山东麓与西麓一样，陡坡下到底后，就是乱石河滩和灌木丛，一不留神就会摔倒在河滩上，加上大雨，大家浑身湿透，行进非常困难。从正午12时走到山脚猛古村时，已是夜晚20时了。

将红四方面军军旗插上虹桥山垭口

经过实地踏勘确认的虹桥山地理信息如下：

表1-3　虹桥山的地理信息

垭口	东经（E）	北纬（N）	海拔（H）	红军首次翻越时间
虹桥山	102°39′26.40″	31°33′35.42″	4556米	1935年6月4日

二、巴朗山和鹧鸪山

巴朗山　位于小金县以东小金、汶川、宝兴三县交界处，实际上是夹金山脉中呈南北走向与汶川县交界的一段，其西侧处于小金县日隆镇（现更名为四姑娘山镇）境内，东侧处于汶川县卧龙乡境内。巴朗山山势险峻，最高处海拔5040米；东西走向与宝兴县交界的一段称为蜀西营，主峰海拔4930米。南北走向与东西走向交界的垭口，即为巴朗山垭口，海拔为4484米。

据有关史料记载，巴朗山得名于清乾隆年间大小金川之役，当时的

巴朗山

奏报中即称此山为“巴郎拉”或“斑斓山”，为当时进军的主要通道。而实际上这是嘉绒藏语“巴郎拉”的音译，意为圣柳山。

巴朗山北坡缓而南坡陡，主峰常年积雪，空气稀薄，气候寒冷，山路狭窄，迂回曲折，坎坷不平，地势十分险要——现在已有等级公路通过。相传清军进兵小金时，小金土司派人防御，拒险扼守，一夫当关，万夫莫开，杀戮清兵无数——该地因而有万人坑。民谚云：“走拢巴朗山，性命交给天”，“走拢万人坑，死了又还魂”，可以反映当年此地行路之艰险。

鹧鸪山　位于理县西北部，距县城94公里，垭口海拔4243米。以山脊为界，地跨理县、马尔康、黑水、红原四县，跨地面积90平方公里。此地山高谷深，气候恶劣，空气稀薄，藏语称鹧鸪山为“塔巴”，意即雪山。新中国成立前，这里土匪出没，盗贼横行。新中国成立后的1953年，解放大军修通了山间公路，后来又扩建成等级公路。现在则因隧道的开通，原来通过垭口的公路已经废弃。

鹧鸪山

（一）史实依据

目前根据史料能够确认的是：巴朗山和鹧鸪山是红四方面军翻越的第三、第四座雪山，但两者的排序根据目前史料还很难确认，故只能在此一并列出。

1. 巴朗山

巴朗山是红军两次翻越过的雪山。

首次翻越。1935年6月4日，红二十五师师长韩东山率红四方面军第九军七十四团、八十团、八十一团从理番（今理县）米亚罗经芦杆桥，以每天100里的速度沿虹桥沟翻越虹桥山向懋功方向疾进。当夜在虹桥沟阎王桥附近与川军邓锡侯部二十八军谭团展开激战，击溃了该线守军。6月5日晨，红九军进占懋功北部重镇两河口。6月8日晨，占领懋功县城，消灭川军邓锡侯部刘耀奎两个营及民团武装约700余人。红七十四团团长杨树华奉命沿沃日河追击逃敌，当晚占领达维。该团三营营长陈玉清则奉命继续沿河东进，向日隆以东灌县（今都江堰）方向警戒。[①] 9日，三营在巴朗山与川军一部发生战斗，红军击溃川军，控制了巴朗山垭口。[②]

1935年6月12日，时任红四方面军总指挥的徐向前代草了一份以张国焘、徐向前、陈昌浩三人名义致党中央的电报，电报内容证实：韩东山所部此间已得到“以一部固懋以一部进占达维、巴朗山向灌县方面威敌并与兄方接通”[③] 的命令。如此，6月9日即能占领日隆的红七十四团第三营最迟次日赶到巴朗山垭口布防，应在情理之中。

据时任红五军团参谋长的陈伯钧将军1935年6月28日日记记载，红五军团于日前从硗碛翻越夹金山赶到达维，当日晨即派出三十九团“开日隆关、巴朗山之线，接替廿七师部队警戒”，[④] 但“黄昏前后得军委电令，要我卅九团星夜开转达维待命，巴朗山警戒仍由廿七师负责”。[⑤]

再次翻越。1935年10月8日，南下川康边的红四方面军发起绥崇丹懋战役。战役发起后的1935年10月22日，红九军政治委员陈海松率红二十七师八十、八十一团沿沃日河向日隆进攻，击溃守军川军邓锡侯部李伯勋团。红军占领日隆后继续穷追，翻越巴朗山垭口，经邓生直抵三道桥(今卧龙附近)，沿途再创李团。之后遂与邓部之李硕、牛浓春团对峙牛头山。[⑥]

这是个模范的追击战斗，得到了红四方面军政治委员陈昌浩的表扬：

---

① 中共阿坝州委党史研究室、阿坝州地方志办公室编：《阿坝州志之红军长征在阿坝》，四川大学出版社 2007 年版，第 153~154 页。

② 中共阿坝州委党史研究室、阿坝州地方志办公室编：《阿坝州志之红军长征在阿坝》，四川大学出版社 2007 年版，第 21 页。

③ 《张国焘、徐向前、陈昌浩关于川西北敌情及红四方面军情况向毛泽东、周恩来、朱德的报告（1935 年 6 月 12 日夜于理番）》，中国人民解放军历史资料丛书编审委员会：《红军长征·文献》，解放军出版社 1995 年版，第 487 页。

④ 《陈伯钧日记·文选》（上），中国财政经济出版社 2002 年版，第 204 页。

⑤ 《陈伯钧日记·文选》（上），中国财政经济出版社 2002 年版，第 204 页。

⑥ 中共四川省委党史工作委员会：《红军长征在四川》，四川省社会科学院出版社 1986 年版，第 233 页；中共阿坝州委党史研究室、阿坝州地方志办公室编：《阿坝州志之红军长征在阿坝》，四川大学出版社 2007 年版，第 21 页。

……九军政委率领之左支队二十七师八十、八十一团，能大致完成机动追击之任务。当他们击退两河口杨敌之第七旅后即星夜猛追，占抚边。因河桥阻隔延迟两天，桥成即攻退河东第四旅一团后，猛向官寨、达维跟敌踊进。首先占到官寨桥，切断懋功通达维道路。这时正面三十军还未打到懋功，懋功敌即动摇，不但使正面主力三十军攻懋功容易，而且独立击退达维第四旅余下两团，仍不止，又分路猛进。一路抄懋功后路灭敌两营，一路跟踪抢夹金山，溃山上杨敌第六旅之十团，又打退山下由懋功小路退来之第三旅一团，取道夹金山，仍不休，又以少数扣夹金山，大部攻日隆关，乘胜占巴朗山、邓生、卧龙关，完全收追击之效而成功各个击敌之机。机动之能首屈一指。①

说明

● 官寨：即今沃日土司官寨。

2. 鹧鸪山

红军翻越鹧鸪山的史实已见诸中共阿坝州委党史研究室、阿坝州地方志办公室编的《阿坝州志之红军长征在阿坝》，比如红四方面军主要负责人张国焘及来杂谷脑的林伯渠、李富春、刘伯承等中央慰问团成员，就是在1935年7月中旬翻越这座雪山，赶向黑水芦花去与中共中央会合的。②

而我们需要确认的信息是：首次翻越这座雪山的时间和部队。

关于时间，由时任红四方面军总指挥的徐向前于1935年6月12日以张国焘、徐向前、陈昌浩名义致中共中央电中可以确认其下限："马塘已有我军一部占领，现九、三十军各一部在威州、茂县路上。"③这说

① 《绥崇丹懋战役之检查（1935年10月）》，中国工农红军第四方面军战史编辑委员会：《中国工农红军第四方面军战史资料选编·长征时期》，解放军出版社1992年版，第243页。

② 《林伯渠日记（1935年5月~11月）》，中共中央党史资料征集委员会：《中共党史资料》第64辑，中共党史出版社1997年版，第14页。

③ 《张国焘、徐向前、陈昌浩关于川西北敌情及红四方面军情况向毛泽东、周恩来、朱德的报告（1935年6月12日夜于理番）》，中国人民解放军历史资料丛书编审委员会：《红军长征·文献》，解放军出版社1995年版，第486~488页。

明，在徐向前发出这个电报（1935年6月12日）之前，红四方面军已有一部翻越鹧鸪山，占领了垭口北麓的马塘。

至于翻越鹧鸪山占领马塘的部队序列，虽然现有文献中没有直接的文字证据，但大体可确定在担负迎接中央红军任务而先期到达这里的是红九军或红三十军一部。而且，时任红四方面军政治部主任的傅钟于1935年6月27日给张国焘的一个报告中，也提供具体部队番号的间接证言：“接洪儒①同志信，他们确占领马塘后，于二十三号以二六七团两连兵力去打康猫寺一带番民反动。”②

由此可证：首次翻越鹧鸪山占领马塘的部队，是红三十军八十九师所属之二六七团。

（二）踏勘与确认地理信息

如今这两座雪山垭口均已开通公路隧道，采集地理信息非常方便。

图 1–7　巴朗山的地理位置

---

① 洪儒，即柴洪儒，时任红三十军八十九师师长。

② 《傅钟关于在马塘、康猫寺一带作战情况及路线情形给国焘的报告（1935 年 6 月 27 日于大秋地）》，中国工农红军第四方面军战史编辑委员会：《中国工农红军第四方面军战史资料选编·长征时期》，解放军出版社 1992 年版，第 69~72 页。

图 1–8　鹧鸪山的地理位置

巴朗山、鹧鸪山地理信息如下：

表1–4　巴朗山、鹧鸪山的地理信息①

垭口	东经（E）	北纬（N）	海拔（H）	红军首次翻越时间
巴朗山	102°53′38.88″	30°54′37.72″	4484米	1935年6月9日前
鹧鸪山	102°40′24.29″	31°51′07.34″	4243米	1935年6月12日前

三、空卡梁子

空卡梁子　位于小金县城以西崇德乡与金川县卡撒乡之间，现为小金县与金川县的界山，主峰海拔4858米，垭口海拔4678米（实测）。“空卡”系嘉绒藏语“白色山洞”之意，“空卡梁子”即“白色山洞的

① 因巴朗山、鹧鸪山垭口修建公路前后变化很大，故本表中两个垭口的海拔均采用当地史志的历史数据。

山梁”。关于空卡梁子之名还另有一说：清乾隆年间大小金川之役时，当地藏民在崇德沟与金川县交界的山岭地带撤退守军，诱清军深入而聚歼之，故空卡梁子又有“不设关卡的梁子”之意。

从地理概念而言，空卡梁子实际上是一条延伸的山脉，向北延伸的五鬼篷梁子（海拔4804米，小金县木坡乡与金川县安宁镇交界处，相传因五个挖药人误食毒蕈亡于帐篷内而得名）、刀片梁子（海拔4629米，小金县木坡乡与金川县安宁镇交界处）和万里城梁子（海拔4690米）都属于这条山脉。

这道山脉的山顶岩石多系钙质石英质片岩，风化作用强烈。雪线以下为草甸、灌木丛和杉、松类林带。

空卡梁子山势险峻，有山道翻越垭口通往今金川县安宁镇（红军过境时称为崇化），主峰终年积雪，空气稀薄，道路盘旋曲折，陡滑难行，有民谣云：“巴朗山，不算高，比起虹桥半中腰。蛇皮梁子九道拐，空卡梁子栽望杆。”望杆，其实就是路标。空卡梁子垭口常年积雪，有些雪坑很深，能把人活埋了。为安全计，就要栽上望杆，指示行人跟着这串路标翻山。现在因有公路去金川，已很少有人翻越空卡梁子垭口了。

空卡梁子垭口

空卡梁子上的望杆

（一）史实依据

空卡梁子是红军两次翻越过的雪山。

首次翻越。根据中共四川省委党史工作委员会编撰的《红军长征在四川》有关叙述，可以判读出红军翻越空卡梁子的信息：

> 六月十三日，李先念率八十八师两个团抵达懋功。其后，二十七师八十一团经崇德沟西进，于十六日占领大金川东岸要镇崇化（按：今金川县安宁镇）；八十团则沿小金川而下，强渡大金川，强攻丹巴未果后，与八十一团一起，设防于大金川东岸沿线，担负警戒西康之敌的任务。[①]

① 中共四川省委党史工作委员会：《红军长征在四川》，四川省社会科学院出版社1986年版，第167页。

《阿坝州志之红军长征在阿坝》一书“红军长征在金川”一节中，也道出了红军首次翻越空卡梁子的史实：“一、四方面军会师后，九军七十四团驻达维至日隆关一线向东南警戒。八十团沿小金川西下于14日占领大金川东岸的川门与川军刘文辉部隔大金川对峙。八十一团沿崇德沟越空卡山、中梁子，于6月16日进占大金川东岸崇化，沿大金川东岸向西警戒。”①

1935年6月19日，张国焘、徐向前给李先念的电示也指出：“丹巴正面不易过河，速令八十一团占崇化，由崇化渡河或在绥靖附近渡河，先占绥靖，再扣过丹巴，要第七十九团到时亦跟进。”②

如此，红军首次翻越空卡梁子的时间和部队序列，可获确认。

再次翻越。红军再次翻越空卡梁子，是发生在红四方面军南下川康边时发起绥崇丹懋战役期间，只是翻越的方向与首次翻越时相反。1935年10月8日绥崇丹懋战役打响后，红三十军于15日攻占崇化，之后“兵分两路东进懋功。一部由三岔沟（丹巴县城对岸）到僧格宗（按：今译新格宗），一部经崇德沟到八家寨。红八十九师攻占喇嘛寺、卡垭桥后，于10月20日向懋功县城进攻。……于当夜占领懋功”。③

[参见图1–9：绥（靖）崇（化）丹（巴）懋（功）战役要图（1935年10月8~22日）]

需要说明的是：红三十军在向崇德沟攻进途中，又再次“兵分两路”，途中都要翻越雪山：左路翻越空卡梁子进入崇德沟，右路也要翻越一座名为双柏树的雪山垭口才能进至僧格宗（关于双柏树雪山本书后续的章节中有考证）。

---

① 中共阿坝州委党史研究室、阿坝州地方志办公室编：《阿坝州志之红军长征在阿坝》，四川大学出版社2007年版，第22页。这个叙述中关于翻越空卡梁子的红军部队番号有误。

② 中共四川省委党史工作委员会：《红军长征在四川》，四川省社会科学院出版社1986年版，第167页；中共阿坝州委党史研究室、阿坝州地方志办公室编：《阿坝州志之红军长征在阿坝》，四川大学出版社2007年版，第42页。

③ 《张国焘、徐向前关于红八十一团等部行动及询问中央总方针致李先念电（1935年6月19日）》，中国人民解放军历史资料丛书编审委员会：《红军长征·文献》，解放军出版社1995年版，第522页。但该电中关于占领崇化的时间似与中共阿坝州委党史研究室、阿坝州地方志办公室编《阿坝州志之红军长征在阿坝》不合。

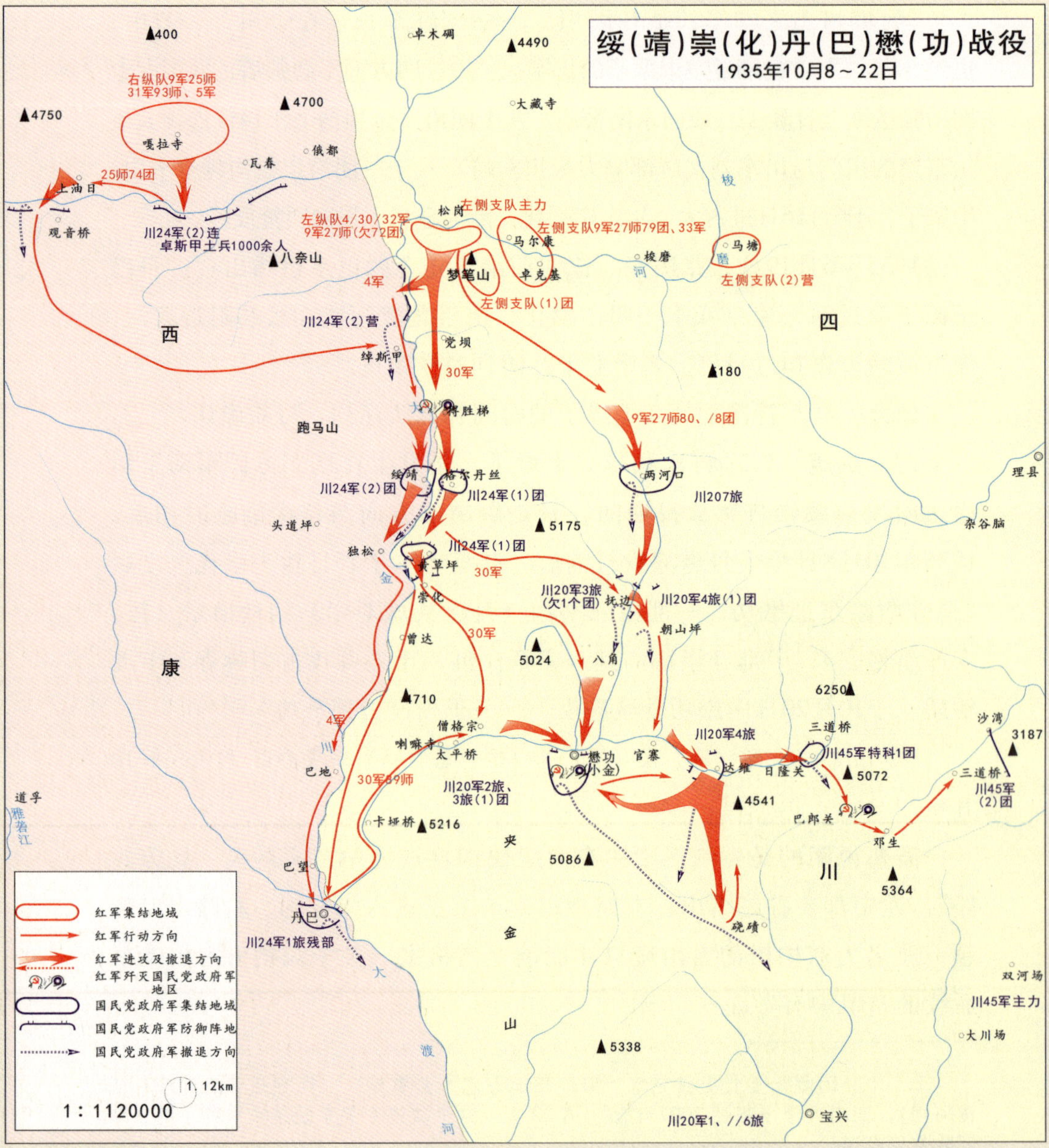

图 1-9 绥（靖）崇（化）丹（巴）懋（功）战役要图（1935 年 10 月 8~22 日）[①]

① 来源：中国人民解放军历史资料丛书编审委员会编《红军长征·图片》，解放军出版社 1993 年版。修订：周军；重绘：刘鹤。

如此，可以确认下列信息：

（1）红军首次翻越空卡梁子的时间是1935年6月15日，部队序列是红四方面军第九军八十团。

（2）红军再次翻越空卡梁子的时间是1935年10月15日，部队序列是红四方面军第三十军。

（二）踏勘与确认地理信息

2016年4月11日，我们对空卡梁子垭口进行了实地踏勘[①]。

行前，我们曾在Google地图上对空卡梁子垭口多次进行过辨析和概略图测，但因此间山峰林立、垭口甚多，我们始终也无法准确认定哪个垭口是红军翻越的垭口。2016年4月11日上午，经小金县委宣传部协

图 1-10　空卡梁子的地理位置

① 参加这次踏勘的成员除笔者外，还有志愿者赵文捷、张严、杨潇。

调，我们与空卡梁子所在的崇德乡崇德村村委会取得了联系。

崇德村就在崇德沟中，距小金县城不远，路面已经硬化。这条沟实际上也是一条古驿道。乾隆年间的第二次金川之役时，清军就是从这条沟运送“神威大将军炮”，翻越空卡梁子后，居高临下猛烈轰击索诺木叛军最后巢穴噶拉依（今安宁镇）的碉楼工事，迫使索诺木率妻妾捧印出降，从而彻底结束了大小金川之役。迄今，沟内尚有上、下营盘（清军营地）和炮路遗迹，据村民们说，直到20世纪末，沟里的群众还不时能捡到散失的圆球状炮弹。

此次由崇德乡陈冬书记安排，村主任（当地人都习惯称村长）邓永朝很热情地接待了我们，并提前给我们准备了马匹，还请来兰贵友、兰海强、熊扎西、杨德富等四位向导兼马夫，协助我们上山。我们把车开到了山脚下再也开不动的地方即开始骑行。一路上，村民们给我们介绍了这条沟里的许多旅游资源：海子、雪山、牧场、怪石以及当年发生的故事……

空卡梁子坡度不算太陡，比我们从Google地图上看到的和由此想象出来的情况，还是要好得多。但因海拔很高，行进十分困难，马匹不时

在深雪中艰难前行

停下来大喘气，我们也不得不时时下马徒步。虽然已经开春，但离垭口越近，积雪也越来越厚，后来马匹也难以前进了——深处的积雪不是盈尺，而是齐胸。

行进了差不多三个小时，我们才看到了传说中的“望杆”。

我们携带的伸缩旗杆有两米来长，全部拉开经常就能一触到底——这绝对就是能活埋人的深度。到离山垭口还有一公里左右时，连马也走不了了。由于时间关系，只好派出脚力较好的赵文捷和两个村民，沿着到处是凸起裸露在积雪外的峭石的山脊绕行了个把小时才到了垭口，测得坐标数据，而这一数据与我们在图测时预判的垭口相差很远。

可见实地踏勘在兵要地志和史学考证中的不可替代性。

经实地踏勘确认的空卡梁子地理信息如下：

表1–5　空卡梁子的地理信息

垭口	东经（E）	北纬（N）	海拔（H）	红军首次翻越时间
空卡梁子	102°15′10.96″	31°12′23.93″	4678米	1935年6月15日

第三节　红一、四方面军会师及执行《松潘战役计划》翻越雪山的行军路线

为实现红一、四方面军会师，红一方面军翻越了夹金山。会师后，为贯彻党中央的北上方针，计划实施《松潘战役计划》。为达此目的，红一、四方面军连续翻越了梦笔山、长坂山、昌德山、打古山。这五座雪山也是红一方面军主力在长征中翻越过的全部雪山。除此之外，位于岷江两岸的红四方面军一部，分别经茂县的维古、松坪沟地区向黑水河上游和小姓沟地区集结，其间，经松坪沟转移的部队翻越了大神台、日多沃山、易利河卡子、木梳寨卡子等四座雪山（参见本章第一节）。

一、红一方面军翻越的第一座雪山——夹金山

夹金山 广义是指邛崃山脉的一条支脉，山岭延绵，重峦叠嶂，横亘于四川省阿坝藏族羌族自治州小金县与雅安市宝兴县、四川省甘孜藏族自治州康定市与雅安市天全县之间。狭义特指小金县与宝兴县的界山，位于小金县东南达维镇与宝兴县硗碛乡交界处的王母寨垭口是两县的交通要隘，海拔高度4114米。清乾隆时，夹金山被称作甲金达，系嘉绒藏语“夹几”之音译，“夹几”为道路弯曲之意。清乾隆年间大小金川之役时，这是主要进军路线必经之垭口。

夹金山是红一方面军在长征中翻越的第一座雪山，并因此而闻名于世。但“中央红军在长征中翻越的第一座雪山”，并不等于“红军在长征中翻越的第一座雪山”。

（一）史实依据

夹金山是红军三次翻越过的雪山。

首次翻越。红军首次翻越夹金山的时间和部队已是举世闻名：1935年6月12日，红一方面军先遣队红一军团二师之先头部队红四团翻越夹金山王母寨垭口，当日下午在达维与前来迎接的红四方面军第九军一部会合。除去相关史籍的叙述，现存的电报档案也可为证。如先遣队指挥员、红二师师长陈光当日电报：“一、我四团于本月十二日十二时，在夹金山、大卫之间与四方面军八十团取得联络。二、二十五、二十六两个团合组织西路军，于本月八日占领懋功城，准备续向天全前进，特找野战军取联络。其主力还在茂州、理番附近，并将国焘、昌浩、向前诸同志来信原文拍出，请查阅。三、我四团直属队宿营大卫。”[①]

---

① 《陈光关于红四团已同红四方面军第八十团取得联络致军委电（1935年6月12日）》，中国人民解放军历史资料丛书编审委员会：《红军长征·文献》，解放军出版社1995年版，第484页。原电错讹，“二十五、二十六”团应为“二六五、二六八”团之误译或误写。实际上李先念所率这两团当时还未到懋功，更没有到达维，在达维迎接中央红军的是红九军的七十四团。

夹金山

再次翻越。红军再次翻越夹金山，是红四方面军南下川康边的绥崇丹懋战役后期，红九军二十七师于“十九号夜至达维，即行夜袭，即将达维旅部占领。敌之第四旅全部溃退，缴械甚多。即乘胜追击至夹金山脚。沿途缴获甚多。夹金山另由新来十八团占领工事，白天不好进攻，于二十号夜摸，又将敌摸垮，缴获一部……二十号攻开达维时，懋功敌之第二旅及第三旅被我中路军击溃，大部亦向夹金山方向溃退，当即派一团渡达维河截击。该敌径向中岗大雷山中乱退，缴获亦多。二十一号夹金山一带战斗即告结束，除留小部守夹金山外，大部迅速集结达维。”[①]

① 《绥崇丹懋战役中我左支队二十七师两河口、抚边、达维、夹金山、日隆关、巴朗山一带战斗经过及其模范教训（1935 年 12 月 28 日）》，中国工农红军第四方面军战史编辑委员会：《中国工农红军第四方面军战史资料选编·长征时期》，解放军出版社 1992 年版，第 303 页。

如此可以确认下列信息：红军再次翻越夹金山的时间是1935年10月20日，部队序列是红四方面军九军二十七师，27日，红三十军八十八师再度翻越夹金山，向硗碛、宝兴攻进。

第三次翻越。1936年2月上旬，因张国焘南下川康边计划的失败，红军总部拟订了《康道炉战役计划》[①]，决定西进康北。下旬，集结于天(全)、芦（山)、宝（兴）地区过冬的红四方面军主力第三次翻越夹金山向康北转移。在这次转移中，最先翻越夹金山的部队是红军总参谋长刘伯承、红三十军政治委员李先念、红三十军代军长程世才所率的红八十九师，翻越时间可从有关电文档案中得以确认：1936年2月19日。

有关电报文档如下：

徐向前、陈昌浩致周纯全电（节录）

（1936年2月15日）

伯承、先念、世才率八十九师、军直今宿宝兴，十九日可到达维。红大、总供跟进，余照计行动。[②]

徐向前、陈昌浩致董振堂、黄超电（节录）

（1936年2月18日）

伯承、先念带八十九师明晚宿达维，约二十五日到懋功。八十八师随后跟进，除以一部留南线，余部续进。[③]

---

① 《康道炉战役计划（1936年2月上旬）》，中国人民解放军历史资料丛书编审委员会：《红军长征·文献》，解放军出版社1995年版，第824~828页。该计划先头部队红八十九师翻越夹金山的时间为1936年2月20日。

② 《陈昌浩、徐向前关于在达维懋功布置营地筹粮致周纯全电（1936年2月15日）》，中国工农红军第四方面军战史编辑委员会：《中国工农红军第四方面军战史资料选编·长征时期》，解放军出版社1992年版，第376页。

③ 《陈昌浩、徐向前关于部队转移等问题致董振堂、黄超电（1936年2月18日）》，中国工农红军第四方面军战史编辑委员会：《中国工农红军第四方面军战史资料选编·长征时期》，解放军出版社1992年版，第377~378页。

如此，可以确认下列信息：

（1）红军第一次翻越夹金山的时间是1935年6月12日，部队序列是中央红军一军团二师四团；

（2）红军第二次翻越夹金山的时间是1935年10月20日，部队序列是红四方面军九军二十七师；

（3）红军第三次翻越夹金山的时间是1936年2月19日，部队序列是红四方面军三十军八十九师。

（二）踏勘与确认地理信息

夹金山现已建有等级公路，可以很方便地在已有公路贯通的王母寨垭口采集相关地理信息。自1999年以来，笔者曾多次经过夹金山：第一次因遇雪未能上山；第二次自驾摩托沿刚开拓出的土路上山，十分艰辛。以后公路越建越好，但垭口地形变化也越来越大。本表中垭口的海拔高度及经纬度均采用笔者2003年5月1日登临时采集的数据。

图 1–11　夹金山的地理位置

笔者在夹金山垭口

经实地踏勘确认的夹金山地理信息如下：

表1-6 夹金山的地理信息

垭口	东经（E）	北纬（N）	海拔（H）	红军首次翻越时间
夹金山	102°40′57.90″	30°51′39.20″	4114米	1935年6月12日

需要说明的是，当年红军翻越夹金山走的是小路，行程至少比现在的60里公路节省一半。

二、梦笔山

梦笔山 位于小金县两河口镇北端与马尔康市卓克基镇交界处。梦笔山山势由东向西蜿蜒延伸，山岭云遮雾罩，南麓的巴克达木措是抚边河的源头（也是小金川的源头之一）。主峰海拔4470米，垭口海拔4080米。现已建有等级公路贯通其间，昔日天堑已成通途。

梦笔山

山名“梦笔”系嘉绒藏语“蒙这娜”的音译，意即“万人之路”。有人附会汉语另有解读：清乾隆年间大小金川之役时，一位将军因心爱的毛笔遗失，心有耿耿，当晚梦中得仙人指点笔落此山，将军翌日梦醒之后遣人从山上寻回，遂得此名。

（一）史实依据

梦笔山是红军两次翻越的雪山。

首次翻越。1935年6月24日，陈光、朱瑞率红一方面军一军团二师六团作为北上先遣团，首次翻越了梦笔山。有关情况，中共四川省委党史工作委员会编撰的《红军长征在四川》记载如下：

还在两河口会议之前，红一军团便奉命由懋功向卓克基前进，六月二十四日，先头部队红六团翻越了梦笔大雪山，在山下通往卓克基的路上，与卓克基土司土兵相遇。土兵首先开枪打死红军向导，在喊话宣传无效后，红军战士被迫还击。次日，红军追击土兵至卓克基。由于土兵凭借高达七层的土司宫（笔者注：即今卓克基土司官寨）的阻击，红军一时无法进村。相持至夜，红六团为联络后续部队，发射照明弹数颗，土兵误以红军施法术，要放“神火”烧毁官寨（即土司宫），吓得魂不附体，匆匆弃寨而逃，红六团及随后跟进之红四团乃于当夜进占卓克基。这时，卓克基以东之马塘、梭磨、康猫等地，已为由理番经米亚罗、尽头寨翻鹧鸪山西来的三十军八十九师二六七团等部占领。至六月底，今属马尔康县的党坝、松岗、马尔康、卓克基、梭磨、马塘等地，皆为红军所占。①

1935年6月25日凌晨，朱德总司令和红一军团军团长林彪、政治委员聂荣臻致电红二师师长陈光、红一军团政治部主任朱瑞，部署先遣团占领卓克基后的任务：“先遣团今二十五日应以主力守护卓克基桥梁，一部探查经大藏寺、经马塘到松潘两路线情形。”②

再次翻越。实际上，自从红军第一次翻越梦笔山后，梦笔山垭口就一直在红军控制之下。1935年9月17日14时，朱德、张国焘致余天云、王维舟电部署南下事宜：“二十七师经梦笔山向两河口佯攻，配合主力。”③ 1935年10月8日，红四方面军主力大举南下，根据《绥崇丹懋计划》原定部署，红九军二十七师隶属左纵队，任务是“取道得胜梯、万里城山，出抚边大路，截断消灭懋功两河口中间之敌”。但战役发起

---

① 中共四川省委党史工作委员会：《红军长征在四川》，四川省社会科学院出版社1986年版，第182~183页；《红军长征在马尔康县》也有相类记述，见中共阿坝州委党史研究室、阿坝州地方志办公室编：《阿坝州志之红军长征在阿坝》，四川大学出版社2007年版，第127~128页。

② 《朱德、林彪、聂荣臻关于先遣团任务致陈光、朱瑞电（节录）（1935年6月25日1时）》，《朱德年谱1886~1976（上）》（新编本），中央文献出版社2006年版，第511页。

③ 《朱德、张国焘关于南下部署致余天云、王维舟电（1935年9月17日14时）》，中国人民解放军历史资料丛书编审委员会：《红军长征·文献》，解放军出版社1995年版，第791页。

后，红军总部根据右纵队部队分离太远，数日内尚不能集中等情况，迅速调整部署，红二十七师被赋予进取两河口、达维的任务。[①] 10月14日红二十七师主力遂翻越梦笔山，与经大金川东岸得胜梯、万里城梁子出抚边大道的左纵队一部遥相呼应，于15日夜攻占两河口。[②] 朱德总司令、陈昌浩政委将这场战斗作为模范战例给予了表扬："两河口驻有杨森部向廷杰之第七旅十九、二十两个团。我左支队派四个营于十五号夜一时，夜袭该敌，经过三小时的战斗，将两团敌人袭（击）溃，缴械一部外，余四散，一部向抚边溃退。"[③] "……九军政委率领之左支队二十七师八十、八十一团，能大致完成机动追击之任务。当他们击退两河口杨敌之第七旅后即星夜猛追，占抚边。"[④]

由此可知，红军再次翻越梦笔山的时间是1935年10月14日，部队序列是红四方面军九军二十七师七十九团。

［参见图1–9：绥（靖）崇（化）丹（巴）懋（功）战役要图（1935年10月8~22日）］

（二）踏勘与确认地理信息

梦笔山现已建有等级公路，可以很方便地在垭口采集相关地理信息。笔者曾多次经过梦笔山，本表中垭口的海拔高度及经纬度均采用笔者2004年10月2日登临时采集的数据。

---

① 中共四川省委党史工作委员会：《红军长征在四川》，四川省社会科学院出版社1986年版，第232页。

② 中共四川省委党史工作委员会：《红军长征在四川》，四川省社会科学院出版社1986年版，第231页。

③ 《绥崇丹懋战役中我左支队二十七师两河口、抚边、达维、夹金山、日隆关、巴朗山一带战斗经过及其模范教训（1935年12月28日）》，中国工农红军第四方面军战史编辑委员会：《中国工农红军第四方面军战史资料选编·长征时期》，解放军出版社1992年版，第303~305页。

④ 《绥崇丹懋战役之检查（1935年10月）》，中国工农红军第四方面军战史编辑委员会：《中国工农红军第四方面军战史资料选编·长征时期》，解放军出版社1992年版，第243页。

图 1-12　梦笔山的地理位置

经实地踏勘确认的梦笔山地理信息如下：

表1-7　梦笔山的地理信息

垭口	东经（E）	北纬（N）	海拔（H）	红军首次翻越时间
梦笔山	102°18′49.51″	31°42′23.68″	4080米	1935年6月24日

三、长坂山

长坂山　又名雅克夏雪山（嘉绒藏语意为“牦公子累倒”）、垭口山、马塘梁子，是四川省阿坝藏族羌族自治州红原县与黑水县境的界山，红军翻越的垭口位于红原县刷经寺镇与黑水县沙石多乡马河坝村之间。红原县壤口乡与黑水县沙石多乡交界处另有一垭口，现在已有公路贯通，且近年来又打通了隧道。长坂山的一大特点是东麓西麓两重天：东麓下坡直到黑水县城是茂密森林，金秋季节，就形成了著名的“奶子沟八十里彩林”；西麓下坡到中壤口是丰沃草原。长坂山红军垭口建有全国海拔最高的红军烈士墓，但因为公路不通过长坂山红军垭口，现在要登临这个垭口需要从刷经寺镇步行或骑行攀缘13公里。

长坂山两个垭口的海拔高度都是4460米。

（一）史实依据

长坂山是红军三次翻越过的雪山。

首次翻越。1935年6月30日，红三十军八十九师二六七团率先翻越长坂山垭口，进占东麓的马河坝。7月2日9时，朱德、周恩来通报徐向前、陈昌浩并转张国焘："二六七团三十号攻占马河坝"。[①]（二六七团已于6月23日占领康猫寺[②]）红一军团军团长林彪则率红二师一部紧随

长坂山

① 《朱德、周恩来关于部队行动情况致徐向前等电（1935年7月2日9时）》，中国人民解放军历史资料丛书编审委员会：《红军长征·文献》，解放军出版社1995年版，第552页。

② 《傅钟关于在马塘、康猫寺一带作战情况及路线情形给国焘的报告（1935年6月27日于大秋地）》，中国工农红军第四方面军战史编辑委员会：《中国工农红军第四方面军战史资料选编·长征时期》，解放军出版社1992年版，第69~72页。

其后，6月29日21时，林彪报告军委：“二师之四团及五团两个营由林率领，向黑水、芦花前进，明日到达马河坝宿营，准备经黑水、芦花、毛儿盖前进，到后或直向松潘攻击前进，或向松潘以北迂回迅速协同作战。”①

如此可确认：红军首次翻越长坂山的时间是1935年6月30日，部队序列是红四方面军三十军八十九师二六七团、林彪所率红一方面军一军团二师四团和五团一个营。

再次翻越。1935年9月9日后，驻巴西、阿西茸、包座地区的红四方面军四军、三十军主力奉张国焘的命令南下。1935年9月18日17时朱德、张国焘致电余天云、王维舟：“徐、陈率三十军于昨晚安抵毛儿盖，四军今晚续到。”②根据这个时间节点估算，红四方面军这支部队翻越长坂山的时间应该是9月20日左右，但究竟是哪支部队最先翻越，仅凭目前资料难以详考，只能大致确认为：红四军、红三十军主力。

第三次翻越。红二、四方面军甘孜会师前后，红军总部已作出再次北上决定。1936年6月25日，朱德、张国焘作出部署：“董、黄指挥五军、九十一师在丹两团及留绥各部为右纵队，由绥经梭磨、河马、侧格、杂窝、哈龙进，但到侧格须抽检并与中、左纵队行程调节。”③右纵队红五军和红九十一师的北上路线，就跨越了长坂山。但根据现有史料，很难确认红五军和红九十一师翻越长坂山的时日，能够确认的只是一个时段。1936年7月26日12时，朱德、张国焘、任弼时致陈伯

---

① 《林彪关于红一军团各部三十日行动部署致朱德、聂荣臻电（1935年6月29日21时）》，中国人民解放军历史资料丛书编审委员会：《红军长征·文献》，解放军出版社1995年版，第544~545页。

② 《朱德、张国焘关于南下打开绥靖、崇化、丹巴的前进道路致余天云、王维舟电（1935年9月18日17时）》，中国人民解放军历史资料丛书编审委员会：《红军长征·文献》，解放军出版社1995年版，第792页。

③ 《朱德、张国焘关于向松潘、包座之线行动的部署致徐向前电（1936年6月25日未时）》，中国人民解放军历史资料丛书编审委员会：《红军长征·文献》，解放军出版社1995年版，第1073~1074页。

钧等电中，给出目前仅有的一个时间下限："右纵今集结侧格休息。""侧格"是"泽盖"的音译，就在今黑水县城芦花镇以东数公里处，由此倒推时日，可以作出大致判断：红五军、红九十一师翻越长坂山的时间为1936年7月25日或24日或之前。

红军翻越长坂山的日记记录比较详细的都是红军首次翻越时写下的。一则是时任红一军团军团部保卫局秘书童小鹏1935年7月2日的日记，一则是时任军委三局政治委员伍云甫1935年7月9日和8月16日两次翻越的日记（伍云甫到沙窝后，又与三局大部分人员随朱德总司令和时任红军总政委的张国焘返回卓克基）。

童小鹏日记摘录：

七月二日

晨出发（按：即从康猫寺出发——即刷马路口附近），见沿河上山岭越低，以致看不见。我们乃不走这条路而向右上高山，大家都奇怪，不知那开阔处是一块广漠无际的大草地，居民随处搭棚过游牧生活。上山约三十里，见一大雪山拥于眼前，及至见先头部队从雪中踏过时，大家都奇怪地说："为什么从前爬小雪山都很早知道，今天爬大雪山却不晓得?"原来是因为这一带藏民都逃避一空，无从调查路线。此山，上山约五十里，下山三十里，从高度上说尚超过夹金山，在积雪量上也有过之，但是上时并不像上夹金山那样费劲，这道理我也莫名其妙。

下山经金头寨子再进二十里到马河坝宿营（一百里）。该地居民很凶顽，我军来时曾与之冲突。[1]

---

① 中国革命博物馆编：《红军长征日记》，档案出版社1986年版，第134页。

伍云甫日记摘录：

七月九日　晚

由康猫儿寺六时出发，越过一大山横梁子（山顶尚有积雪，上三十里，下四十里），至马河坝宿营（行程七十里）。与六分队同驻半山腰的房。从本日起，二十九分队工作，六分队暂停工作。

八月十六日　阴、下午雨

马河坝至康猫寺，经过横梁子大山。沿途死尸甚多，大部是掉队被番子所害的。[①]

（二）踏勘与确认地理信息

长坂山红军垭口迄今仍无公路通行，从刷经寺上山需要步行或骑行13公里。

2006年9月17日，我们到长坂山垭口进行了实地踏勘[②]。

刷经寺位于梭磨河畔，是新中国成立后才兴建的新兴城镇，中共阿坝州工委曾在此驻节。而当年红军过境时，这里还是一片原始森林和沼泽，据说只有6户人家。从这里往南8公里左右原有一座寺庙叫康猫寺，这是当年红军翻越长坂山前后各种电文部署中经常提到的地方。不过这个寺庙因失火被焚，后又择地重建，重建地点就在刷经寺北不到两公里的地方，现在叫新康猫寺。

长坂山垭口海拔高于中央红军已翻越的夹金山（4114米）、梦笔山（4080米），但据当时红军日记记载，翻越长坂山的感觉并不像翻越夹金山那般困难。揣测一番，这可能跟高差有关。

---

① 中国革命博物馆编：《红军长征日记》，档案出版社1986年版，第202页。

② 参加这次踏勘的除笔者外，还有红四方面军老战士后代邓玉萍、上海《新民晚报》记者曹刚，以及刷经寺镇政府替我们联系的向导谭雄、马夫索伦达吉。

图 1–13　长坂山的地理位置

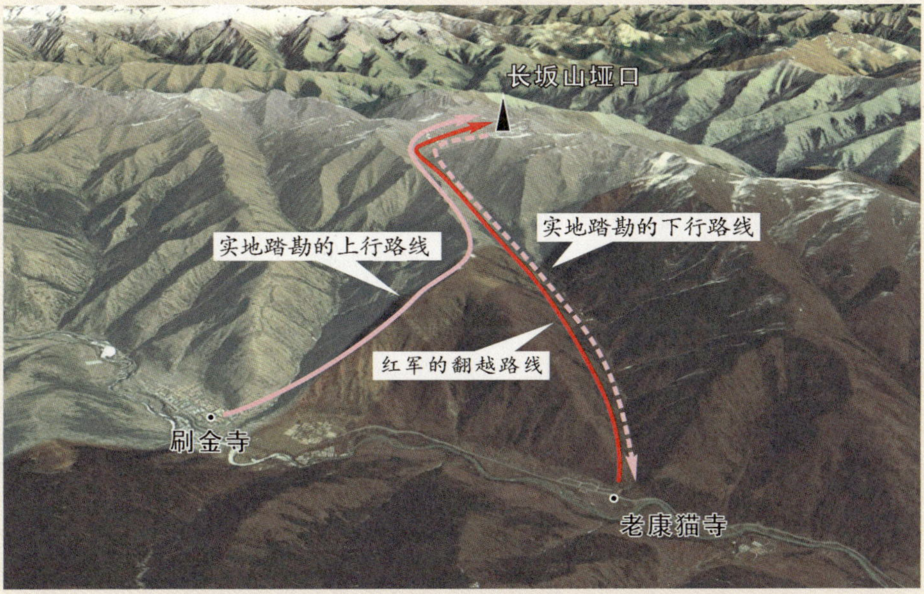

图 1–14　2006 年 9 月 17 日笔者实地踏勘长坂山的往返路线

夹金山脚的硗碛海拔2000余米，与夹金山王母寨垭口之间高差至少在2000米以上，爬起来当然更加困难。而刷金寺附近海拔3300米，与长坂山垭口海拔高差有1100米。

从刷经寺出发时听向导谭雄介绍，这一路到长坂山垭口，当地人一般得用三个小时，外地客得翻倍。谭雄为我们选择的路线是相对比较短的路线：从刷经寺东侧直接先翻过一道比较陡峭的梁子，然后沿山脊一路缓缓上行至红军烈士墓。说是缓缓上行，实际上也是在坡度很陡的一面坡上的小道上行进。没有经验的行者，很多人会“闷山”——被行走中的一段陡坡给唬得恶心反胃。而当年红军翻越的路线则是在刷经寺以南4公里处过马塘河（N：102°37′45″；E：31°59′33″；H：3280.4m），一路沿山谷缓缓上行，直至垭口。这条道坡度较缓，道路艰险程度相对也较小，但上山行程和时间却会因此而拉长。

笔者出发时测了一下海拔，大约在3280米。而我们要上行的陡坡在3900米左右。

这面陡坡爬起来的确有些费劲，我们费了两个小时才上顶——到这儿就是狭窄而又缓缓的上坡路了。本来，谭雄和索伦达吉大爷牵来了两匹马，邓玉萍大姐骑上了一匹，但另一匹笔者和曹刚谁也不愿意骑，也就只好牵着备用。

高山乘骑就跟爬高压铁塔一样，不能往下看，要往前、往远处看。往下看是越看越害怕。可这位邓玉萍大姐没这个经验，本来就有高原反应，骑在马上还心惊胆战地往下看，这里道路虽然平缓，但小路一侧山势陡峭，越往下看越心慌，身体不由自主地向内侧偏移，这重心一偏移马就不舒坦，马一不舒坦走起路来就忒别扭，费劲儿不说，还容易出问题。

谭雄和索伦达吉大爷只好在马的两边扶着她，可这条路很窄，扶着的人比骑着的人更费劲儿，当然也就大大影响了行进速度。好容易挪到了4152米高度时，邓玉萍大姐已经几次呕吐，不得不停下来休息，她这时候差不多已经处于半昏迷状态了。

我们马上拿出备好的氧气瓶让她吸氧。手忙脚乱折腾了好一阵子，邓大姐才终于缓过劲儿来。为加快行进速度，笔者和曹刚也只好交替换乘着另一匹马前进。终于在一个多小时后到达了长坂山垭口下的红军烈士墓。

关于这个红军烈士墓由来的传说很多。其中比较典型的一种是：新中国成立之初，剿匪部队（似为第一四一团）翻越这个垭口进军黑水，发现山上整齐排列了十二具尸骨——头朝北脚朝南，旁边有一些武器装备的残骸，并插着一个字迹不清的木牌。根据情况分析，这些尸骨肯定是军人的，因这里国民党军队没来过，藏兵有来往但即或有死者也不会这样排列。如此分析一番，确定他们是在1936年第三次翻越长坂山北去毛儿盖的红四方面军（即原中央红军五军团和红四方面

全国海拔最高的红军烈士墓

军三十一军九十一师）的一个建制班。于是，后来新成立的红原县政府便就地掩埋了这些尸骨，并立碑建起了这座海拔最高的红军烈士墓（山下碑刻标示是“1936年”牺牲的红军烈士，但山上的墓碑石刻却写作了“1935年”）。

这座烈士墓的地理位置是：N：102°40′13″；E：32°2′18″；H：4392.1米。

笔者和曹刚最后爬上了长坂山垭口——这里比烈士墓高几十米，高度并没有传说以及红原县碑刻所标示的4800米。

长坂山这个垭口很有意思，山的南坡坡度很平缓，北坡却十分陡峭，向导谭雄称几年前他从这里过来时还摔死了一匹马，由此也可以想象出红四方面军南下由此翻越时的艰辛，估计付出的牺牲会比由此北上时还要大一些。

经过实地踏勘确认的长坂山地理信息如下：

表1–8 长坂山的地理信息

垭口	东经（E）	北纬（N）	海拔（H）	红军首次翻越时间
长坂山	102°40′23.00″	32°02′15.00″	4460米	1935年6月30日

四、昌德山

昌德山 又名日基安基山、昌德梁子，位于四川省阿坝藏族羌族自治州黑水县沙石多乡昌德村境内，垭口海拔高度4173米。现因打古沟和黑水河沿线公路已经修通（打古沟现为打古冰川景区），昌德山不再具有交通要隘的作用，已经很少有人经此往返打古沟。如果事前不作准备和咨询，甚至都找不到这座山在哪儿。2002年，两位英国青年马普安、李安德重走长征路时，就没有找着这座山。其原因当然也与有关史志的错误有关，比如《中国工农红军第一方面军史》中，就将

昌德山

昌德山和打古山的翻越顺序弄颠倒了[①]，按图索骥来此间“重走长征路”的两个外国青年，直接就进打古沟去翻打古山了（这是现在才有的路），当然也就找不着昌德山了。

（一）史实依据

昌德山是红军两次翻越过的雪山。

首次翻越。1935年7月2日，林彪率红一军团二师师直、四团及五团一个营赶到芦花（今黑水县城），18时，致电朱德总司令和红一军团政治委员聂荣臻：“我四团今晨亦赶到芦花，我及二师直属队、四团、五团（缺两营）亦于今日十五时先后到达芦花……明三日，以二六七团向

① 中国工农红军第一方面军史编审委员会：《中国工农红军第一方面军史》，解放军出版社1993年版，第558页。

毛儿盖前进。”[1]以此推算，红军首次翻越昌德山的最早时间应该是7月3日或4日。

再次翻越。1935年9月，驻巴西、阿西茸、包座地区的红四方面军四军、三十军主力也奉张国焘的命令南下。9月18日17时朱德、张国焘致电余天云、王维舟：“徐、陈率三十军于昨晚安抵毛儿盖，四军今晚续到。”[2]根据这个时间节点估算，红四方面军这支部队翻越昌德山的时间应该是9月19日左右，但究竟是哪支部队最先翻越，仅凭目前资料已难以详考，只能大致确认部队序列为：红四军、红三十军主力。

红二、四方面军甘孜会师前后，红军总部已作出再次北上决定。1936年6月25日，朱德、张国焘作出部署：“董、黄指挥五军、九十一师在丹两团及留绥各部为右纵队，由绥经梭磨、河马、侧格、杂窝、哈龙进，但到侧格须抽检并与中、左纵队行程调节。”[3]而根据1936年7月28日红军总部日志记载：“右纵27日全部到侧格，我以一个营强渡侧格河将反动完全击溃，卅九团已全部渡河，以九一师为一梯队，明28日向亚依进。董黄罗率十二台四五、卅九、卅七团为二梯队。周李率九台四三、四〇团、军直为三梯队。独师警营、后方机关为四梯队，均按次向波罗子出动。”[4]如此，右纵队此次北进路线，不再经过昌德山。

目前能寻觅到的翻越昌德山的红军日记都是首次翻越时留下的。记录得相对详尽的还是童小鹏和伍云甫。

---

① 《林彪关于进至芦花部队应向毛儿盖、松潘疾进致朱德、聂荣臻电（1935年7月2日18时）》，中国人民解放军历史资料丛书编审委员会：《红军长征·文献》，解放军出版社1995年版，第553~554页。

② 《朱德、张国焘关于南下打开绥靖、崇化、丹巴的前进道路致余天云、王维舟电（1935年9月18日17时）》，中国人民解放军历史资料丛书编审委员会：《红军长征·文献》，解放军出版社1995年版，第792页。

③ 《朱德、张国焘关于向松潘、包座之线行动的部署致徐向前电（1936年6月25日未时）》，中国人民解放军历史资料丛书编审委员会：《红军长征·文献》，解放军出版社1995年版，第1073~1074页。

④ 红军总部1936年7月28日日志，《红军长征纪要》，《中国人民解放军后勤史资料选编·土地革命战争时期》，金盾出版社1993年版，第51页。

童小鹏日记摘录：

七月三日

本拟到岔戛（泽盖），因前面桥梁为藏民破坏，中途遇先头师折回绕路，我们也折回上山，在仓德宿营。（约三十里）

七月六日

出发，爬大山到打鼓，名为四十里，实则六十里还有余，山高约二十里，不亚于夹金山。[①]

伍云甫日记摘录：

七月二十三日　阴雨

十二时由侧格出发，至仓德宿营（二十五里）。仓德是在上下六十里的半山腰。据说，由山脚至仓德八里，再上二十二里至山顶，下二十里至打鼓。是日，由二台取来十一块“B”电，六分队存三块，二十九分队存二块。

七月二十四日　晴

由仓德至下打鼓，行程五十余里，（一大山）山顶尚有积雪。[②]

（二）踏勘与确认地理信息

昌德山是一座引起过不少误会的雪山。误会的源头就是红军长征最原始的文献——1955年版的《中国工农红军第一方面军长征记》，其中红一军团直属队的每日里程记录就把昌德山误作“打鼓岭”，从而导

---

① 中国革命博物馆编：《红军长征日记》，档案出版社 1986 年版，第 135 页。
② 中国革命博物馆编：《红军长征日记》，档案出版社 1986 年版，第 203 页。

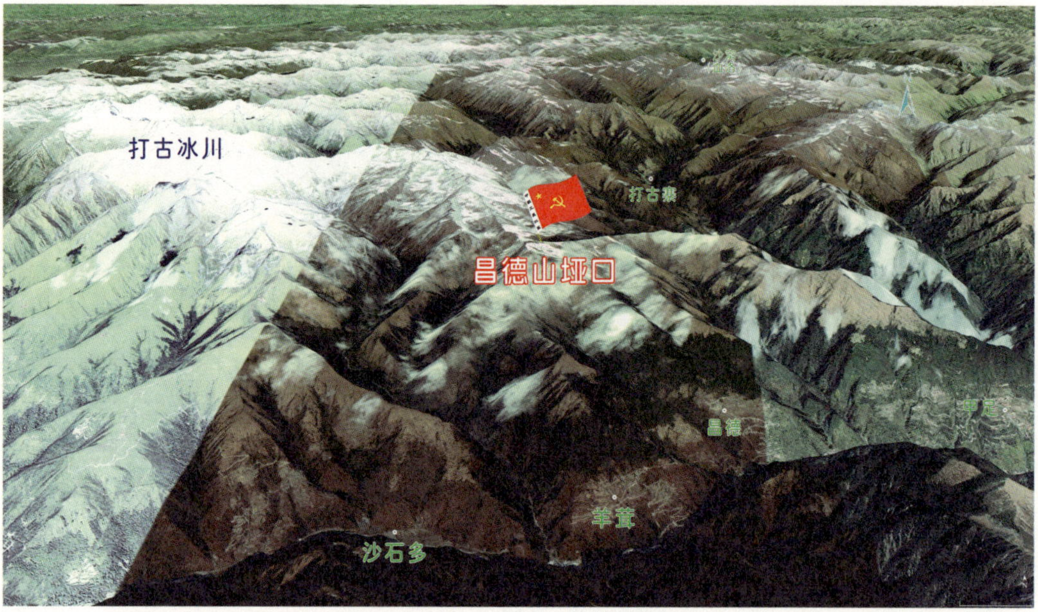

图 1-15　昌德山的地理位置

致《中国工农红军第一方面军史》中，也将昌德山误作打古山，而把打古山也误作昌德山。如此一来，红军翻越这两座雪山的顺序就被颠倒了，以致李安德、马普安两位外国朋友在“重走长征路”后就很疑惑：为什么翻完打古山后却找不到昌德山了？而造成这种误会除了史志文献记录的错讹或误差外，数十年后的地理地貌的变化也是一个缘由。新中国成立前，从泽盖沿打古沟去下打古是没有道路的，行人骡队必须经昌德村绕行，翻越昌德山才能进至下打古。新中国成立后，林业部门建设了林区公路，打通了去打古沟的道路，去下打古就再也不用绕道昌德山了。现在，打古河沿线已成为“打古冰川旅游景区”，昔日坑坑洼洼的林区公路也早已建成宽敞的等级公路。

因为昌德山迄今未建有指示路标，外来人一般都很容易忽视公路北侧的进山岔路口，这条岔路口直到半山腰的昌德村都是已经硬化了路面的乡村公路，现在又修通了直达昌德山脚下数公里处的牧道。如果不遇雨雪，越野车也可以直接开到这里。

手脚并用扒雪前行

2016年4月16日，我们到昌德山进行了实地踏勘。[①]

经黑水县委宣传部姜超部长的协调配合，我们与黑水县沙石多乡昌德村村委会取得了联系。村主任东卓为我们安排了三位村民向导，他们三人和赵文捷驾驶四辆摩托车，搭乘我们到昌德山下，然后徒步登临。

去昌德山的沿线都是茂密的森林，快到山脚牧场的时候可以远眺黑水著名的“三奥”雪山。所谓“三奥”就是奥太基、奥太美、奥太娜（群山之父、群山之母、群山之子），这三座雪山在万里晴空下十分突出十分夺目，的确是非常壮观。我们向村民们建议，以后有了条件的话，再把这条牧道改造改造，将来可以在山下公路分岔口设置一块“昌德雪山，红军走过的昌德雪山”大路标。汶川特大地震后昌德村已搬迁

① 参加这次踏勘的成员除笔者外，还有志愿者赵文捷、张严、杨潇。昌德村的村民马定春、程太富、郑崇旭为我们当向导。

至山下公路边，但山上老村的房子最好不要拆，将来可考虑开通做“雪山驿站”，接待那些旅游背包族。还可以在山上设立观景台并开辟露营地，供旅游者、摄影爱好者们远眺并拍摄“三奥”雪山。

接近昌德山垭口时，积雪越来越深，我们都只好下车步行攀缘。

昌德山垭口并不陡峭，但附近的积雪却很深，除了三位驾轻就熟的村民，我们每个人都深一脚浅一脚跟头不断，虽然这天是阳光灿烂，但不时得手脚并用扒雪前行，手也被冻得发黑发痛，鞋里也被灌满了雪，折腾了差不多两个多小时，才登上了昌德山的垭口。

这一线的垭口很多，若没有村民带路，我们是没法找到红军翻越去下打古的那个垭口的。待到了垭口一确认坐标，与我们行前图测定位的垭口，相差了好几百米。

我们从昌德村出发到昌德山垭口的里程约12公里，与童小鹏日记、伍云甫日记所载大致吻合。红军上山路线与我们沿牧道上山路线虽平行但不重合，他们当年是沿着一条山沟上行，行程略少于牧道里程，但坡度更陡。

经过实地踏勘确认的昌德山地理信息如下：

表1–9　昌德山的地理信息

垭口	东经（E）	北纬（N）	海拔（H）	红军首次翻越时间
昌德山	102°50′39.28″	32°10′03.32″	4173米	1935年7月3日或4日

五、打古山

打古山 又名拖罗岗，又被译作打鼓山、达古山，位于四川阿坝藏族羌族自治州黑水县芦花镇三打古村北端与松潘县下八寨乡血洛村交界处，垭口海拔高度4500米（实测并与Google地图比对）。得名缘由不详。

（一）史实依据

打古山是红军两次翻越过的雪山。

首次翻越。1935年7月2日，林彪率红一军团二师师直、四团及五团一个营赶到芦花（今黑水县城），18时，致电朱德总司令和红一军团政治委员聂荣臻："我四团今晨亦赶到芦花，我及二师直属队、四团、五

打古山垭口

团（缺两营）亦于今日十五时先后到达芦花……明三日，以二六七团向毛儿盖前进。”[①] 以此推算，红军首次翻越打古山的时间应该是7月5日或6日。

再次翻越。1935年9月9日后，张国焘电令前敌总指挥部主要领导率右路军南下，于是驻巴西、阿西茸、包座地区的红四方面军四军、三十军主力再次穿越草地。1935年9月18日17时朱德、张国焘致电余天云、王维舟：“徐、陈率三十军于昨晚安抵毛儿盖，四军今晚续到。”[②] 根据这个时间节点估算，红四方面军这支部队翻越打古山的时间应该是9月18日左右，但究竟是哪支部队最先翻越，仅凭目前资料难以详考，只能大致确认部队序列为：红四军、红三十军主力。

红二、四方面军甘孜会师前后，红军总部已作出再次北上决定。1936年6月25日，朱德、张国焘作出部署：“董、黄指挥五军、九十一师在丹两团及留绥各部为右纵队，由绥经梭磨、河马、侧格、杂窝、哈龙进，但到侧格须抽检并与中、左纵队行程调节。”[③] 而根据1936年7月28日红军总部日志记载：“右纵27日全部到侧格，我以一个营强渡侧格河将反动完全击溃，卅九团已全部渡河，以九一师为一梯队，明28日向亚依进。董黄罗率十二台四五、卅九、卅七团为二梯队。周李率九台四三、四〇团、军直为三梯队。独师警营、后方机关为四梯队，均按次向波罗子出动。”[④] 如此，右纵队此次北进路线，不再经过打古山。

① 《林彪关于进至芦花部队应向毛儿盖、松潘疾进致朱德、聂荣臻电（1935 年 7 月 2 日 18 时）》，中国人民解放军历史资料丛书编审委员会：《红军长征·文献》，解放军出版社 1995 年版，第 553~554 页。

② 《朱德、张国焘关于南下打开绥靖、崇化、丹巴的前进道路致余天云、王维舟电（1935 年 9 月 18 日 17 时）》，中国人民解放军历史资料丛书编审委员会：《红军长征·文献》，解放军出版社 1995 年版，第 792 页。

③ 《朱德、张国焘关于向松潘、包座之线行动的部署致徐向前电（1936 年 6 月 25 日未时）》，中国人民解放军历史资料丛书编审委员会：《红军长征·文献》，解放军出版社 1995 年版，第 1073~1074 页。

④ 红军总部 1936 年 7 月 28 日日志，《红军长征纪要》，《中国人民解放军后勤史资料选编·土地革命战争时期》，金盾出版社 1993 年版，第 51 页。

目前能寻觅到的翻越打古山的红军日记都是首次翻越时留下的。记录得相对详尽的还是童小鹏和伍云甫。

童小鹏日记摘录：

七月八日

我们也前进，出发时闻说到毛儿盖只有八十里，但总走不到，沿河上到雪山边要爬雪山了，始知毛儿盖尚在雪山那边。这个时候冷起来了，天也奇奇怪怪的下雪了，俨然如江西十二月的光景，喜得只下几十分钟便停止了。上雪山又下雪山，老是沿河下，以为毛儿盖就在面前，却没有到。天黑了，摸黑走了一些夜路，不得不就地露营，毛儿盖仍渺渺茫茫！今天至少也走了九十里。

因为没有房子，只得围火求暖，挨过一夜。就是用餐也是吃以前发的干粮——豆子，吃豆子时，稍不留意不幸将去年穿孔的左臼牙又吃痛了，这冤家一来，又不知到何时能免脱。[①]

伍云甫日记摘录：

七月二十五日　晴

前梯队出发至上打鼓。三科、六分队留，王跟前队。

七月二十六日　晴

黄庆元住院。十二时随后梯队出发，至中打鼓。

七月二十七日　晴

三时自中打鼓经上打鼓，过一大山（上五十里，下六十里），山顶尚有一点雪，平上平下，至沙窝宿营。六分队收到机报员数人，收发机

---

① 中国革命博物馆编：《红军长征日记》，档案出版社 1986 年版，第 135~136 页。

一担，余均掉队。①

（二）踏勘与确认地理信息

从打古沟进沟后，已有可供摩托车通行的牧道延伸至打古山山脚，距建有一座“红军桥”的沟口约20公里。

2016年4月17日，笔者和赵文捷、张严、杨潇首次对打古山进行踏勘。

因时值挖虫草的季节，几乎所有青壮年都上山挖虫草去了。经黑水县委宣传部联系，请三打古村一位老者为我们带路前往打古山。听老者介绍，现在有牧道上山，汽车可以开到半山腰，摩托可以骑到垭口下的牧场，但目前正值春雪融化，车能不能开上去不好说。于是我们决定试一试。结果从上打古村转入牧道没几公里，就因道路太过泥

图 1-16　打古山的地理位置

① 中国革命博物馆编：《红军长征日记》，档案出版社 1986 年版，第 203 页。

向打古山进发

泞，车轮打滑，根本无法前行，于是只有撤退，等待下次再来。

2016年6月，我们再次前往打古山进行实地踏勘。[①]

2016年6月14日，经黑水县委宣传部联系，打古村尼吾、俄木扎西、拉木足、泽扎西、列甘扎西、泽达吉等6位村民在沟口与我们会合后，用摩托车将我们一行六人搭载至打古山南麓的牧场（约海拔4100米处）。

之后，由村民们带路，经过两个多小时徒步攀缘，登上打古山垭口。虽然这个季节与红军翻越时的季节差不多，但因“厄尔尼诺现象”，现在的垭口上已经基本没有积雪，而且上山的坡度较缓，我们行进并不

① 参加这次踏勘的除笔者外，还有志愿者赵文捷、魏京、张严、杨潇、马福文。

困难——只是因高原缺氧略感气紧。上山后经实测并与Google地图比对，打古山垭口海拔高度约为4500米。村民们说，当时红军并不熟悉道路，所以把翻越路线选在这个垭口，如果他们进沟后一直直行，从靠右的垭口翻越，实际上更省事省力省时。

打古山垭口也是红一、四方面军会师北进时翻越的最后一个雪山垭口，我们在此升起了红一、四方面军军旗。

经过实地踏勘确认的打古山地理信息如下：

表1-10 打古山的地理信息

垭口	东经（E）	北纬（N）	海拔（H）	红军首次翻越时间
打古山	102°53′08.10″	32°24′22.56″	4500米	1935年7月5日或6日

第四节 红一、四方面军执行《夏洮战役计划》期间翻越雪山的行军路线

因各种主客观原因，红一、四方面军的《松潘战役计划》被迫流产。鉴于国民党军胡宗南部主力已集结松潘的敌情，中共中央政治局决定放弃《松潘战役计划》，另拟《夏洮战役计划》，将红一方面军和红四方面军分左、右路军穿越草地，进至甘南之夏河、洮河地区寻机与敌决战。党中央和徐向前为总指挥、陈昌浩为政治委员的前敌总指挥部指挥红一方面军一、三军，红四方面军四军、三十军主力、红军大学为右路军；朱德为总司令、张国焘为总政治委员的红军总部指挥红一方面军第五军、第三十二军，红四方面军第九、第三十一、第三十三军为左路军。两路分兵北上，直出夏、洮。

1935年8月中、下旬，从毛儿盖地区出发的右路军穿越了草地，于8月底9月初集结于巴西、阿西茸、包座地区，准备继续北上；从马尔康、

卓克基地区出发的左路军翻越了两座雪山，穿越了江贡玛草地，进至阿坝、查理寺地区，并于9月初开始向草地开进。其间，张国焘拟渡黄河西进，又派出一支小部队从上阿坝出发，翻越两座雪山，进至黄河边求吉玛、齐哈玛地区，但因为河水暴涨，难觅舟船，张国焘被迫放弃了这一计划。

一、卡子山

卡子山　又名大郎脚山，位于四川省阿坝藏族羌族自治州首府马尔康市马尔康镇牧业村与大藏乡交界处。“大郎脚”是嘉绒藏语音译，意即“头人聚会的地方”。这座雪山名不见经传，所有史籍中均无提及，但它的的确确是红军翻越过的雪山。

卡子山

（一）史实依据

卡子山是红军两次翻越过的雪山。

首次翻越。以现有的史籍和相关档案文献相互印证，可以大致确认红军首次翻越卡子山的时间。1935年8月3日，红军总部下达《夏洮战役计划》，指定红四方面军副总指挥王树声指挥第一纵队为“攻阿坝的先头兵团”，而这个先头兵团以红九军二十五师七十四团为先头团，并要求红二十五师主力于8月8日“集中卓克基”①；徐向前、陈昌浩于1935年8月9日20时向林彪通报：“我左路军先头进占大藏寺后，正准备集力向阿坝攻击前进。”②可见，1935年8月9日之前，红七十四团作为先头团已经翻越卡子山，进驻了大藏寺。而《阿坝州志之红军长征在阿坝》一书则准确地记载了这个时间：“(8月）7日，左路军先头团七十四团按预定部署攻占大藏寺。”③

如此可以确认：红军首次翻越卡子山的时间是1935年8月7日，部队序列为：红四方面军九军二十五师七十四团。

再次翻越。红军再次翻越卡子山发生在1935年9月红军左路军主力退出草地南返期间，以现有的文献档案很难准确认定具体时间和部队序列，只能确定一个时间范围：1935年10月初④；部队序列可能是红五军、红九军之一部。

时任红九军参谋长的陈伯钧和时任红军总部三局政治委员的伍云

① 《夏洮战役计划（1935年8月3日）》，中国人民解放军历史资料丛书编审委员会：《红军长征·文献》，解放军出版社1995年版，第605页。

② 《徐向前、陈昌浩关于右路军准备粮食、皮衣等配合左路军出击阿坝致林彪等电（1935年8月9日）》，中国人民解放军历史资料丛书编审委员会：《后勤工作·文献》（一），解放军出版社1997年版，第455页。

③ 中共阿坝州委党史研究室、阿坝州地方志办公室编：《阿坝州志之红军长征在阿坝》，四川大学出版社2007年版，第130页。

④ 中共阿坝州委党史研究室、阿坝州地方志办公室编：《阿坝州志之红军长征在阿坝》，四川大学出版社2007年版，第131~132页。

甫都留下了翻越卡子山的日记。

陈伯钧日记摘录：

八月十九日　阴，微雨

行军。由马耳康，经那郎山脚翻山，到大藏寺，一百里。七时后，才由马耳康动身。今天走得快，到大藏寺天尚未黑。沿途无反动武装扰乱。但因病亡暴尸原野者不下廿人，于行军卫生、政治影响均不利。今后我军应严格注意。到大藏寺后，即在总司令部停留，总司令、总政委（张国焘）对抚边战斗及去九军工作均有详细指示。[①]

伍云甫日记摘录：

八月二十一日　上午雨

由马尔康进至二十里处宿营。一科特务员李金标送医院；途回。龙炳旺、姚礼晶走不动，亦送医院。电话员掉队一名。

八月二十二日　晴，上午微雨

三时出发，至大藏寺宿营。每人由粮委会补充粮食十五斤。收容出院人员：六分队一名、二分队二名、一科二名。上山四十，下山五十里（蛇山），约九十里。[②]

说明

- 由马尔康进至二十里处：指进大郎脚沟。

① 《陈伯钧日记·文选》，中国财政经济出版社2002年版，第218页。
② 中国革命博物馆编：《红军长征日记》，档案出版社1986年版，第203页。

（二）踏勘与确认地理信息

卡子山已有砂石公路可通。2013年10月，我们对卡子山进行了实地踏勘。[①]

2013年10月2日，我们从马尔康县城（今已撤县建市）出发，顶风冒雪翻越卡子山垭口，进至大藏寺。

从马尔康去大藏寺约有50多公里。路线是：在马尔康城中转道进入大郎脚沟，沿沟上行20多公里，就是卡子山垭口。这座雪山名未见于红军长征史籍，但实际上海拔高度却高于夹金山、梦笔山、鹧鸪山——4272米，当年翻越此山的红军将士们在此付出了很大牺牲。正如陈伯钧日记记载：“沿途无反动武装扰乱。但因病亡暴尸原野者不下廿人……”

图 1-17　卡子山的地理位置

① 参加这次踏勘的成员除笔者外，还有志愿者赵文捷、蓝锦、张帆、廖林科、陈智伟、卢家荣。

卡子山垭口

这天天气不好：一上半山腰刚望见卡子雪山垭口，就雨雪纷飞，坡陡路滑，行进很困难，能见度也低，拍照也拍不着全景。好不容易到达垭口，雪却越下越大，还有黄豆粒大小的雹团往下砸，连眼睛都没法睁开。几分钟时间车上就堆满了雪。

不过还好，过了垭口不久，雨霁天晴，在慢慢散去的浓雾之中，大藏寺遥遥在望。

大藏寺坐落在山腰（海拔3700米），远远看去，就像童话世界中金碧辉煌的王宫一般。当然，这显然是新建筑。20世纪80年代前，这座有500年历史的寺庙还非常凋敝，改革开放后经过几次重建成了现在这个模样。

大藏寺设有接待站，来游玩的各地游客和信众似乎也不少——很多是自驾游来的。据僧人们说，2014年就是建寺500年大典，海内外有不少善男信女都会赶到此间聚会庆祝。再问有寻访红军长征路线的人来过这里么？回答是“没见过”“不知道”……

参观寺庙时队友们向僧人们打听当年红军过境的事儿，僧人都说听说过，但见过或知道的老僧们大都已经圆寂，后来者也说不出个所以然来。

经过实地踏勘确认的卡子山地理信息如下：

表1–11　卡子山的地理信息

垭口	东经（E）	北纬（N）	海拔（H）	红军首次翻越时间
卡子山	102°18′47.46″	32°02′34.11″	4272米	1935年8月7日

二、格地山

格地山　有的史籍称作卡尔古山，位于四川省阿坝藏族羌族自治州马尔康市大藏乡与红原县查尔玛乡交界处，是两县的界山，经实测确认垭口为海拔4253米。北麓下坡就是红原的江贡玛草地，南麓下坡即是马尔康的卡尔古牧场。在红军长征文献和日记中，这座山被称作“安得山”，不知源出何处。笔者在《马尔康县地名录》中查证到相关位置的地名为格地山。

（一）史实依据

格地山是红军两次翻越过的雪山。

首次翻越。以现有的史籍和相关档案文献，很难确认红军首次翻越格地山的时间，而只能从1935年8月19日王树声电告“二十五师今晨攻查理寺”[①]的时间倒推，判读出一个时间区间：1935年8月8~16日之间。部队序列为：红四方面军九军二十五师。

再次翻越。红军再次翻越卡子山是在1935年9月红军左路军主力退出草地南返期间，以现有的文献档案很难准确认定具体时间和部队序

① 《朱德、张国焘关于左路军出查理寺班佑问题致徐向前、陈昌浩电（1935年8月19日）》，中国人民解放军历史资料丛书编审委员会：《红军长征·文献》，解放军出版社1995年版，第632页。

格地山垭口

列，只能根据马尔康县史志部门编撰的《红军长征在马尔康县》大致确定一个时间范围：1935年10月初[1]；部队序列可能是红五军、红九军之一部。

时任红九军参谋长的陈伯钧和时任红军总部三局政治委员的伍云甫都留下了翻越格地山的日记。

陈伯钧日记摘录：

八月二十二日　阴，微雨

行军。由大藏寺经卡耳古到安得山下露营，约五十里。是日七时许，由大藏寺出发，到卡耳古十时左右。因要赶上第二天的宿头，所以

① 中共阿坝州委党史研究室、阿坝州地方志办公室编：《阿坝州志之红军长征在阿坝》，四川大学出版社 2007 年版，第 131~132 页。

总座决定进至安得山露营。

安得山系卓克基土司与阿坝土司辖区之分界岭。山之北为阿坝土司所管，山之南为卓克基土司所管，山之北即为松潘著名之草地。山之南尚可找出些许粮食。到安得山，已十四时以后了。该地尚有水草森林，可供戎马憩息之需。

黄昏前，奉总座命，召集二七六团及总直属队干部讲解明日行军注意事项及对付骑兵问题。晚得一纵队电报，我廿五师已于廿一日完全占领阿坝，夷骑四散，夷人逃跑一空。

八月二十三日　雨

行军。由安得山经龙耳夹、拿龙沟到石匠关，约一百一十里。

晨三时起床，四时集合，上安得山，雾雨笼罩，看不真切。下山十余里，渐能分辨，草地树木稀少，有矮山小渠，一望了然，弱草湿地无处不是牧场，兼大雨淋沥，人马伕役极感困难。

是日，我们随前卫先到石匠关，辎重行李至次日晨才全部赶到，石匠关房少，只三四十家，不能容下很多人马，所以是晚拥挤不堪。[1]

伍云甫日记摘录：

八月二十四日　晴

由大藏寺至离安得山七里处露营，夜间下雨。是日李贻厚、李金安、林继银和电话员一名留大藏寺医院，郑义斋派一连护送，许营副、朱连长率领。

八月二十五日　阴

六时半出发，过安得山即进入草地，十一时下砂子雪一阵，沿途多

---

① 《陈伯钧日记·文选》，中国财政经济出版社 2002 年版，第 218~219 页。

系水涡泥泞，行动较困难。遇落伍三名（被蛮骑砍伤）。夜十时才抵石匠公闲河之牛房宿营。是日行（约百里），甚疲。瑞金老掉队。①

（二）踏勘与确认地理信息

2013年10月和2016年4月，我们对格地山进行了两次实地踏勘。

格地山尚无公路可通，但从红原县的江贡玛村有土路可到山的北麓下。

格地山在红军长征文献和日记记录中，被称作“安得山”。这个命名给我们造成了很大的疑惑：这座山究竟是不是雪山？垭口究竟在哪里？我们查阅了当地史志和地名资料，均没有发现“安得山”的地名。在马尔康市建在卓克基的红军长征纪念馆看到的地图上，却标示着“安

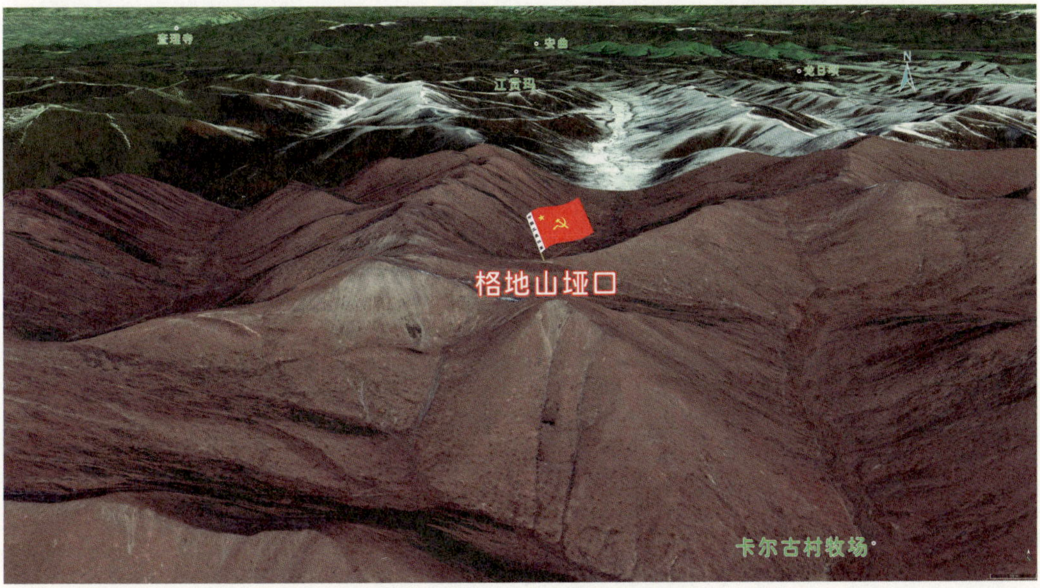

图 1–18　格地山的地理位置

① 中国革命博物馆编：《红军长征日记》，档案出版社 1986 年版，第 207 页。

得山”的大致位置。经与Google地图反复比照，再参阅有关地名资料及红军文献和日志记录，从卡尔古村到红原的江贡码村，均无海拔在4000米以下的山垭，所以可以确认，红军翻越的就是一座雪山。而与这座雪山最接近的地名，就是格地山。

但我们这个推测是否准确，还需要实地踏勘确认。

带着这个问题，我们曾分别进行了两次实地踏勘。

第一次踏勘①：2013年10月3日，我们自驾摩托车从沙尔宗乡出发，沿青坪河下行（青坪河是一条倒淌河，大金川的一道支流），准备从格地山北麓抵达这座雪山垭口。

从龙尔甲乡北去到了嘎渣村，一打听方知这里原有的机耕道已变成了简易公路。有藏民告诉我们，这条道今年刚修通，翻过山就是红原查尔玛的草地，可以去阿坝的查理寺，也可以去红原的龙日坝、上壤口。而这条道正与我们要去的查尔玛、江贡玛路线吻合，中间除了翻几个小山垭口外，几乎没有任何可能对我们的行程造成麻烦的地理障碍。

上路后天气更加晴朗，翻过一个小山垭口后，红原查尔玛的那片草场就已在望。那片天地跟沙尔宗这方山岭完全不同，真个就是“天似穹庐，笼盖四野，风吹草低见牛羊”啊。从这段行程所遇到的自然环境来看，能给徒步行进造成困难的地理障碍基本上没有，不知当年红军左路军从噶曲河畔返回马尔康、松岗地区时有没有部队从此间行进。而根据我们目前掌握的资料（文献和日记），红军左路军部队从阿坝、查理寺地区返回马尔康、松岗地区时，有一部分部队没有选择此经过草地的路线，而是沿茸安（当时称安坝）、格尔登玛、科拉机、草登那条道，顺脚木足河下行，进至脚木足地区。

中午时分，我们赶到了查尔玛。

---

① 参加这次踏勘的成员除笔者外，还有志愿者赵文捷、蓝锦、张帆、廖林科、陈智伟、卢家荣等。

现在的查尔玛是挺热闹的草原小镇，有客栈，有饭店，大部分都是从川内各地来做生意的汉族群众开的，看起来与当地群众也处得不错。在吃饭时我们与藏民们交谈了几句，对红军从此过境的事情他们看起来都能说上几句，比如就有牧民告诉我们去查理寺的路上还有残存的红军工事，在那儿红军还跟阿坝土司华尔功臣烈的骑兵打过仗，等等。

吃罢午饭，我们起身向江贡玛前进。

江贡玛离查尔玛很近，现在是个不小的村。据悉，这里就是红军左路军从格地山下来后遇到的第一个村庄——当时被红军称作“石匠官”或“石匠关”，伍云甫、陈伯钧日记都提到过这里。如今这个村子经过打造，看起来非常漂亮，村南还有一个观景台，站在上面不仅能拍到这个村子的全貌，而且还能远眺雪山，观赏草地。如果还有兴致，还可以直接沿简易公路抵达格地山脚下，而山那边就是我们来时到过的大藏寺。

这里的草地似乎比我们此前蹚过的水草地要略显干燥和平坦，纵横交错的沼泽也没有那么多，估计当年红军在行军中遇到的最大困难恐怕就是筹粮了。这里应该还是红军左路军部队的一个会合点：自鹧鸪山脚下北进的部队从龙日坝、上壤口击溃华尔功臣烈的藏骑武装后，也转向这里与主力会合，然后去了查理寺。

因从北麓无摩托可行的道路能登上格地山垭口，我们决定另择时间对格地山进行实地踏勘。

第二次踏勘[①]：2016年4月16日，我们在马尔康市党史部门的配合与支持下，事先与大藏乡政府的同志取得了联系。他们听我们道明来意后，直接说你们要去的安得山就是一个叫“安得儿”的牧场北侧的一座雪山，而且“山不大也不陡”，来回均可以乘骑。

17日一大早，大藏乡党委副书记叶西达真陪同我们从大藏乡出发，

---

① 参加这次踏勘的成员除笔者外，还有志愿者赵文捷、张严、杨潇。卡尔古村村民杨根斯甲、扎西泽尔登为我们当向导。

开车沿已硬化的通村公路很快就来到了卡尔古村。这个村子很小，只有百十来口人，就在大藏寺西北的半山腰。陈伯钧日记中就提到过这个村子，不过他用的是当时的音译地名——卡耳古。

卡尔古村党支部书记旦根斯甲为我们准备好了马匹，并安排了两位村民担任向导。

从卡尔古上路后，的确如乡政府同志所言，山不陡，虽是小路但平缓好走。沿途都是森林，小路曲曲弯弯，缓缓上升，骑摩托就可以上去，有个牧民骑着摩托赶到了我们前头。不过到了分岔口过了河，摩托就不能骑了，这位牧民就把摩托扔在路边，直接徒步奔牧场去了。

过河后上一道缓坡，就是一片很平坦的牧场。

杨根斯甲告诉我们，从此处往右去的垭口，是去红原县龙日坝的；而往前行再往左侧上山的那个垭口，就是去红原县江贡玛村的。这正是我们在寻找的格地山垭口，红军就是打这儿过的。

骑马前往格地山垭口

从牧场到格地山垭口，要上一道坡。这个坡有一两公里长，但坡度很缓，我们都可以不下马。快接近山垭口时稍微有了点坡度，有积雪但不算太深，也不用手脚并用费大力，我们下马步行没走几步就到了山垭口。

一上山垭口，笔者心里一块石头终于落了地：从江贡玛延伸而来的牧道清晰可见。

从卡尔古村出发，到格地山垭口，行程近10公里，来回基本上不下马。这是我们已完成的数十座雪山考察中，最为轻松愉快且浪漫的行程。

我们行前的图测和判定是准确的。实测的坐标与图测的坐标几乎分毫不差！

而且，安得山与格地山之惑，也得到了解答：格地山，是新中国成立后的正式命名，而安得山是红军过境时根据“安得儿”这块牧场自己命名的。两座不同名字的山，实际上是同一座山。

经过实地踏勘确认的格地山地理信息如下：

表1–12　格地山的地理信息

垭口	东经（E）	北纬（N）	海拔（H）	红军首次翻越时间
格地山	102°15′44.91″	32°14′42.68″	4253米	1935年8月8~16日

三、加绒拉热尔和西洛羊马尔

据史料记载：1935年8月23日，先期到达阿坝的红四方面军一部奉张国焘命，由阿坝格尔登寺喇嘛罗车儿兄弟带路，从上阿坝（今各莫、四洼乡一带）出发，翻山沿结柯河进至黄河边的求吉玛（今属四川省阿坝县）、齐哈玛（今属甘肃省玛曲县），探寻渡口和渡河西进路线。但因连日秋雨绵绵，河水暴涨，该部经三天侦察探寻无果，不得不循原路

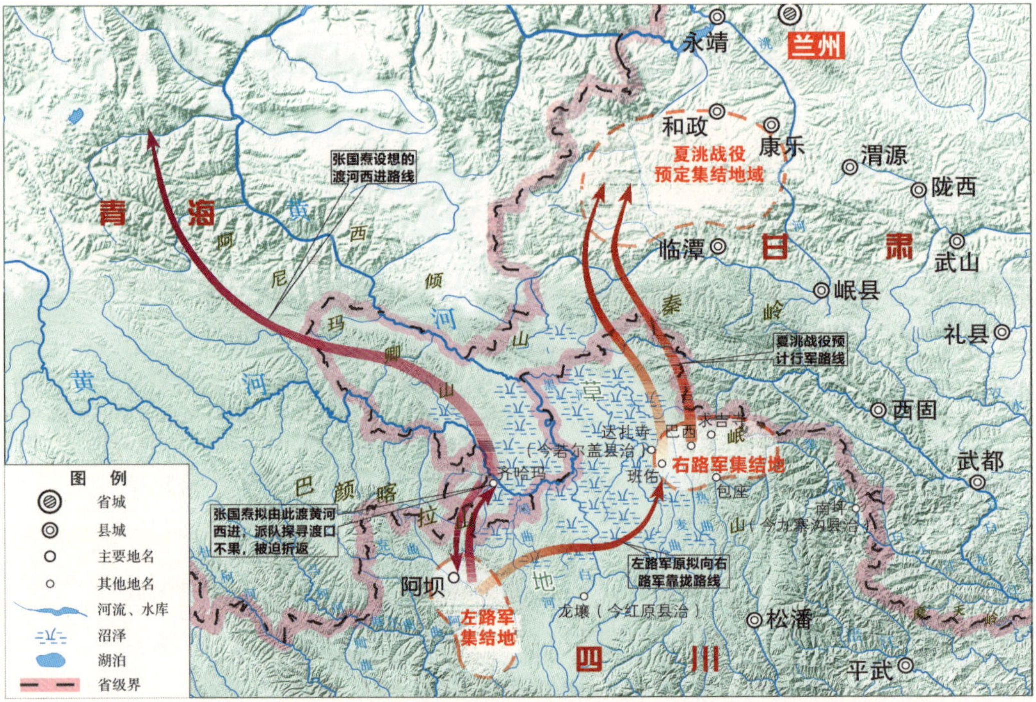

图 1–19　张国焘意欲渡黄河西进（1935 年 8 月 21~27 日）①

于8月30日左右返回阿坝。②

由此可证，张国焘在此前后，已经在打西进甘、青的主意了——如果是为了北上夏、洮地区执行《夏洮战役计划》，那是不可能选择齐哈玛渡黄河的：夏、洮地区位于黄河右岸，齐哈玛渡河是渡过黄河到左岸，如果要由此去夏、洮地区，那就得再渡一次黄河以进至黄河右岸——黄河正好在这片地区有个“回头弯”。

① 周军：《红军长征过草地行军路线详考》，四川人民出版社 2017 年版。

② 《玛曲县志》，甘肃人民出版社 2001 年版，第 557 页；中共阿坝州委党史研究室、阿坝州地方志办公室编：《阿坝州志之红军长征在阿坝》，四川大学出版社 2007 年版，第 159~160 页；《甘南藏传佛教寺院概况》，《甘南文史资料》第 15 辑，第 184 页。

加绒拉热尔

西洛羊马尔

上述史料记载中的“翻山”，其实是海拔4000米以上的雪山，而且不止一座。

（一）史实依据

有关加绒拉热尔和西洛羊马尔的记载也就仅限于上述地方史籍，十分有限，且当年为红军带过路的罗车儿、扎西甲木措等老人已故去多年，因而也很难认定红军就一定是从这两个垭口奔黄河渡口而去的。现在这两个垭口都有通村公路经过，海拔高度都在4000米以上。黄河畔的求吉玛乡是阿坝县最边远偏僻的一个乡，距县城近百公里。如此，估计当年从上阿坝出发去求吉玛的红军小部队至少需要两日行程。且根据Google地图图测，这片地域还没有任何低于这个海拔高度的垭口可供车行或人行。在目前找不到任何新的证据的情况下，笔者只能根据“代表性”原则就现有史志提供的信息进行分析推测：当年红军去求吉玛必须翻越海拔4000米以上的高度，而且翻越加绒拉热尔和西洛羊马尔这两个垭口的可能性最大。

（二）踏勘与确认地理信息

2015年7月，我们对加绒拉热尔和西洛羊马尔进行了实地踏勘。①

2015年7月18日，从阿坝出发，翻山前往求吉玛、齐哈玛。行前作案头准备时，我们在1∶500000平面地图上发现从上阿坝地区到求吉玛要经过一个叫作“加绒拉热尔”的垭口，Google地图图测这个垭口的高度在海拔4000米以上。上路后，我们经四洼转向通往求吉玛的通村公路不久就上了一个山垭，测得海拔高度为4233米。

继续沿通村公路前行不远，又通过一个垭口，测得高度为海拔4163米，下山后找到当地藏民询问得知：当地群众称这个垭口为“塔布吉拉拉格玛”，语意不详。笔者后来又在Google地图上进行详细图测并与五

① 参加这次踏勘的成员除笔者外，还有志愿者赵文捷、魏京、张严。

图 1-20　加绒拉热尔的地理位置

图 1-21　西洛羊马尔的地理位置

将红四方面军军旗插上加绒拉热尔垭口

万分之一的军用地图对比，发现这个垭口名称应是“西洛羊马尔”。虽然我们已经无法得知当年红军究竟是如何跋涉的，但翻越了此两座雪山却是可以确认的事实。所以，本书课题仍然将这两座雪山及其地理信息收入，供各位研究者同鉴同考。

经过实地踏勘确认的加绒拉热尔和西洛羊马尔地理信息如下：

表 1–13　加绒拉热尔和西洛羊马尔的地理信息

垭口	东经（E）	北纬（N）	海拔（H）	红军首次翻越时间
加绒拉热尔	101°44′47.45″	33°03′53.88″	4270 米	1935 年 8 月 23 日
西洛羊马尔	101°44′37.37″	33°16′07.67″	4163 米	1935 年 8 月 24 日

第五节　红四方面军南下川康边翻越雪山的行军路线

1935年10月7日后，南下川康边的红四方面军相继发起绥（靖）崇（化）丹（巴）懋（功）战役和天（全）芦（山）名（山）雅（安）邛（崃）大（邑）战役。这两次战役特别是绥崇丹懋战役，都是在绵绵雪山中进行的。转战的区域大都是清乾隆年间艰难无比的大小金川之役的旧战场。除了敌人，他们所需要面对和克服的自然障碍之多之难，也是可以想见的。虽然当时红四方面军主要领导人张国焘决意南下是一个根本性的战略错误，但红四方面军广大红军战士的英勇顽强不怕牺牲的转战历程以及创造出来的经典模范战例，却仍然是“红星照耀的历程”，展现的是人民军队的光荣传统和顽强作风。

从退出草地到大举南下，红四方面军先后翻越了18座雪山。除去红一、四方面军会师北上期间翻越过的、这次南下又再次翻越的9座外，其余9座都是首次翻越。因时近秋冬，他们所经历的艰难困苦，与他们此前在春夏季节翻越雪山相比，有过之而无不及。

需要说明的是，由于张国焘在“肃反”中多次打击有文化有知识的干部，加之红四方面军干部战士文化程度普遍偏低，能够以日记方式记录亲历战事且又能留存下来的，可以说是基本没有。之后，红四方面军总指挥部随西路军西渡黄河，在红柳园子战斗失利的紧要关头不得不焚毁了所有文件，从而使红四方面军从鄂豫皖、通南巴直到长征时期的诸多历史缺乏文献档案的印证，也给后人的治史工作造成了诸多困难，红四方面军许多经典模范的战斗事例也难以传世。

一、亚顶山和白鹤山

（一）史实依据

亚顶山　当地人称“斯勒巴”，位于四川省阿坝藏族羌族自治州金川县太阳河乡境内，垭口实测海拔高度4290米。

白鹤山　位于四川省阿坝藏族羌族自治州金川县卡拉脚乡境内，垭口实测海拔高度4283米。

1935年10月8日，红四方面军发起绥崇丹懋战役。当日，王树声率红四方面军右纵队九军二十五师按战役计划在观音寺下游3公里处的麦斯卡强渡绰斯甲河未果，遂改强渡为偷渡。9日夜，除以少数兵力在麦斯卡实施渡河佯动外，红七十四团主力移至观音寺上游半公里处的欧多喇嘛庙附近发起偷渡。因此处河岸全是悬崖峭壁，守军疏于防备，一举成功。红军随即迅速翻越亚顶山垭口，沿太阳沟东进。11日，再翻越白鹤山垭口，奔袭周山绰斯甲土司官寨。9日夜，许世友率红四军一部在党坝下游1.5公里处的海螺台子（麻壤）偷渡成功，11日，与从观音寺强渡成功后兼程赶来的红九军一部相互配合，占领周山。①

[参见图1–9：绥（靖）崇（化）丹（巴）懋（功）战役要图（1935年10月8~22日）]

（二）踏勘与确认地理信息

亚顶山、白鹤山在红军长征文献中基本上见不着踪迹，但金川县有关史志上却有着一处一笔带过的说明：“红军渡河后快速翻越亚顶

---

① 中共阿坝州委党史研究室、阿坝州地方志办公室编：《阿坝州志之红军长征在阿坝》，四川大学出版社2007年版，第138页。

遥望亚顶山垭口

白鹤山

图 1-22　亚顶山的地理位置

图 1-23　白鹤山的地理位置

山、白鹤山，向周山绰斯甲土司官寨进击。”这个说明成了我们唯一的追寻线索。多年来，我们沿着这条线索在史志和地名资料中不断寻觅，并用Google地图进行了反复的比对和图测定位，初步判定：亚顶山和白鹤山都是海拔高度超过了4000米的雪山。

2016年4月11、12日，我们分别对白鹤山和亚顶山进行了实地踏勘。

中共金川县委宣传部郑刚部长和晏明照副部长都是学者型领导干部，对当地史志掌故非常熟悉，讲起来简直就是如数家珍，给了我们很大帮助。晏明照副部长还与相关乡政府一一落实协助我们上山考察事宜。

1. 对白鹤山的考察踏勘

2016年4月11日，经晏明照副部长落实，我们与卡拉脚乡二普鲁村党支部书记阿措取得了联系，前往白鹤山实地踏勘。[①] 他告诉我们，现在打通阿科里的公路已修到接近山垭处。我们一听这个消息当然大为振奋。到二普鲁村后，支书还安排了一名叫阿甲的小伙儿给我们带路。

乘拖拉机前往白鹤山垭口

上山的道路还不错，虽然行进几公里后柏油路面便没有了，但之后的砂石土路还算平整，我们的车还能对付着走。七八公里后，来到垭口的最后一个寨子，到此车就不能走了——都是土路，而且又滑又陷。

① 参加这次踏勘的成员除笔者外，还有志愿者赵文捷、张严、杨潇。二普鲁村村民阿甲（汉名杨勇）为我们当向导。

攀岩前行

正在束手无策之际，山下开来一台拖拉机，阿甲和赵文捷拦住一问，说拖拉机可以开到垭口附近，可能剩下两公里需要自己走。于是大家上车，伴随着突突突的轰鸣，拖拉机开始用最颠簸的方式往山上爬，有些雪大的地方，需要先停下，然后“哐”的一声巨响，挂上四驱，再吃力地往上爬。

越往前走，积雪越来越多，这台四驱拖拉机走得也是磕磕绊绊，走到后来还是走不动了。拖拉机手吴光万很抱歉地对我们说，再走就太危险了，一打滑翻车就有坠下悬崖的危险。我们当然也就只好下车徒步前行了。

这里的积雪不算太深，最多也就是没膝。赵文捷和阿甲在前面探路，笔者与张严、杨潇在后面慢慢跟着。到了垭口附近，路开始变得狭窄、陡峭起来，最窄处大概就只能落下一只脚。右侧是峭壁，左侧是两百米以上落差的悬崖。

我们犯了一个错误：事前没有向阿甲说明我们要去哪个垭口——这当间一路上都是垭口，阿甲便直接把我们带去通往阿科里的那个垭口，这条公路是正在打造中的旅游环线，还没有彻底打通，道路尽头离垭口还有几里路，而且都是悬崖，很不好走。于是我们商量怎样过去，阿甲总算听明白了我们要去的是通太阳河的垭口，实际上只需在拖拉机开不动那个地方上一个只有几百米的雪坡。

这一来一去就折腾了两个多钟头，累得要死。而且长时间在雪地行走导致所有人的裤腿和靴子袜子全湿，非常难受。好在向导终于闹明白了我们要搜寻的垭口所在，大家鼓起劲儿来在不断地扯风箱大喘气中继续踏雪前行，终于到达了我们要踏勘定位的这个雪山垭口。

实测的结果与我们行前的推测基本一致，看来我们的方位感还是不错的。

下山时我们都是步行，抄捷径都足足走了40分钟才到停车的地方。

验证了一下行程：从二普鲁村到白鹤山垭口的距离约为15公里。

2. 对亚顶山的考察踏勘

根据事前的图测定位，我们原本打算从观音桥镇那边上山，但晏副部长打电话询问时，观音桥那边回答说不知道有这座山，而太阳河乡这边的小罗书记一听就说：这山就在我们乡政府对面，是红军翻过的山。山下还有一个叫“汉人脑壳”的地方，当年土司在这里活活烧死了20多个掉队的红军战士……

2016年4月11日下午，我们从卡拉脚乡赶到了太阳河乡。

太阳河畔山清水秀，确实是挺美丽的地方。乡党委书记罗丛兵和副乡长黄宇等热情接待了我们。我们原本不想叨扰人家，准备在会议室睡睡袋。结果罗书记却把自己和乡里工作人员的宿舍腾出来给我们住。

罗书记和黄副乡长都是三十多岁的年轻人，却都是在这里工作了十来年的“老干部”。虽然太阳河乡的名字与它的环境一样美丽，但地处偏僻、人烟稀少，乡上只有两个村子，能在这里蹲十来年也的确不易。罗书记还乐呵呵地跟我们说了他的“四坚”守则：坚守，坚持，坚定，坚强。

罗书记替我们联系好了上山的马匹和向导——正好有牧民次日要上山守牧场。当地的牧民这时候都要搬到山上牧场赶牛放马，大概要到10月份大雪即将封山时才下来。

12日一大早，我们从太阳河乡政府所在地松都村山脚下开始上山，与当地带着十来匹马上牧场的牧民同行。

上山的过程很艰难，林里的树枝树杈密密麻麻，脚下是泥泞湿滑的青苔乱石路。我们大概休息了五次，好不容易到了他们的牧场，牧场的草地更加泥泞，我们骑往牧民的牧场房子大概两三百米的距离，马蹄子一直在不断打滑。

在牧民房子里稍事休息，大家分食了昨晚打包的冷牦牛肉，还有糌粑，然后继续上山。

因为马蹄在不断地打滑，我们只能步行。途中，杨潇崴了脚，干脆把靴子袜子都脱了，随手在边上找了块冰块冷敷，原地等待我们下山。其他人又经过一个多小时的步行，终于到达了垭口。同行的牧民们说，听老人们讲，当年红军从观音桥那边过来时，在垭口上就死了不少人。

从太阳河乡政府算起，直到攀上亚顶山垭口，约4公里的行程，我们骑马加步行走了5个半小时。

在亚顶山垭口看不见观音桥，同行的牧民们说，那边还有很远。现在从观音桥到太阳河可以沿绰斯甲河河岸进沟，不用翻山。而当年则不行，绰斯甲河南岸没有道路，都是悬崖峭壁，无法通行，只能从亚顶山、白鹤山翻过来，才能到达周山、绥靖（今金川县城）……

下午，因马都留在了山顶牧场，我们步行下山，走了3个小时，很劳累。

观音桥—太阳河—周山的行程，当年红军仅用两天就完成了，的确称得上是神速。

经过实地踏勘确认的亚顶山、白鹤山地理信息如下：

表 1–14　亚顶山和白鹤山的地理信息

垭口	东经（E）	北纬（N）	海拔（H）	红军首次翻越时间
亚顶山	101°41′48.82″	31°46′02.92″	4290 米	1935 年 10 月 10 日
白鹤山	101°46′33.15″	31°38′17.19″	4283 米	1935 年 10 月 11 日

二、万里城梁子

（一）史实依据

万里城梁子 位于四川省阿坝藏族羌族自治州金川县万林乡与小金县抚边乡之间，是两县的界山，相传是因大小金川之役时清军将领向朝廷谎报在此地修筑了一道很长而坚厚的防护墙而得名，垭口实测海拔高度4555米。1935年10月红四方面军发起绥崇丹懋战役。13日，李先念、程世才率红四方面军左纵队红三十军一部在绥靖（今金川县城）大金川河东岸黄草坪击溃川军刘文辉部驻防部队，15日，占领崇化。跟

万里城梁子

进的左纵队之另一部则翻越万里城梁子奔袭抚边，配合从两河口南下的红九军一部，17日，夺取了抚边。①

这个行动，也是出自1935年10月7日下达的《绥崇丹懋战役计划》：

左纵队由第四军、第三十军、第二十七师、第三十二军共十六个团编成，为总部直接指挥。这一纵队主力应于十日由党坝出动，约于十三日攻取崇化，注意与右纵队隔岸呼应行动，并约于十六日攻取懋功。该纵队另一部则取道得胜梯、万里城山，出抚边大路，截断消灭懋功两河口中间之敌，以助攻懋功，并察明由抚边经别思满沟出将军碑、达维的道路。②

说明

● 别思满沟：今译结斯沟。

［参见图1–9：绥（靖）崇（化）丹（巴）懋（功）战役要图（1935年10月8~22日）］

（二）踏勘与确认地理信息

万里城梁子已有公路可通。

2016年6月17日14时，我们经金（川）小（金）公路登上了万里城梁子垭口，完成了实地踏勘③，测定了相关地理坐标，并在垭口升起了红四方面军军旗。

---

① 中共阿坝州委党史研究室、阿坝州地方志办公室编：《阿坝州志之红军长征在阿坝》，四川大学出版社2007年版，第41页、第156页。

② 《绥丹崇懋战役计划（1935年10月7日于卓木碉）》，中国人民解放军历史资料丛书编审委员会：《红军长征·文献》，解放军出版社1995年版，第794页。

③ 参加这次踏勘的成员除笔者外，还有志愿者赵文捷、张严、杨潇、马福文。

图 1-24　万里城梁子的地理位置

登上万里城梁子垭口

经过实地踏勘确认的万里城梁子地理信息如下：

表1-15　万里城梁子的地理信息

垭口	东经（E）	北纬（N）	海拔（H）	红军首次翻越时间
万里城梁子	102°14′47.98″	31°19′15.88″	4555米	1935年10月16日

三、向花坡

向花坡 位于四川省阿坝藏族羌族自治州小金县的抚边乡与结斯乡的交界处，实测海拔高度4070米。

（一）史实依据

1935年10月红四方面军发起绥崇丹懋战役，红九军二十七师八十、八十一团从卓克基翻越梦笔山，于15日占领两河口。17日，攻占抚边，之后在抚边河上架设浮桥。19日，在黄草坪歼敌一营，翻越向花坡垭口，沿结斯沟奔袭沃日土司官寨。①

这个战例受到了陈昌浩政委的表扬："九军政委率领之左支队二十七师八十、八十一团，能大致完成机动追击之任务。当他们击退两河口杨敌之第七旅后即星夜猛追，占抚边。因河桥阻隔延迟两天，桥成即攻

向花坡垭口

① 中共阿坝州委党史研究室、阿坝州地方志办公室编：《阿坝州志之红军长征在阿坝》，四川大学出版社2007年版，第42页。

退河东第四旅一团后，猛向官寨、达维跟敌蹁进。首先占到官寨桥，切断懋功通达维道路。”①

陈昌浩所言“桥成即攻退河东第四旅一团后，猛向官寨、达维跟敌蹁进”，其间就要翻越向花坡。

[参见图1–9：绥（靖）崇（化）丹（巴）懋（功）战役要图（1935年10月8~22日）]

（二）踏勘与确认地理信息

2016年4月，我们对向花坡进行了实地踏勘。②

向花坡已有机耕道可通。

2016年4月6日上午，在中共小金县委宣传部的协调支持下，我们搭乘向花村村民牟发明、杨富安（莎根甲）、江山、马强的摩托车，前往向花坡垭口。

图1–25　向花坡的地理位置

---

① 《绥崇丹懋战役之检查（1935年10月）》，中国工农红军第四方面军战史编辑委员会：《中国工农红军第四方面军战史资料选编·长征时期》，解放军出版社1992年版，第243页。

② 参加这次踏勘的成员除笔者外，还有志愿者赵文捷、张严、杨潇。

路上，我们问其中一位老乡有没有听老辈人说过红军的故事。老乡回答说当时红军过境时给当地群众留下的印象并不是很好。笔者则告诉他们，红军过境和在此间筹粮时，为了生存，只能去寻找当地群众的粮窖和牲畜，刚开始时会留下银圆，后来银圆用光了只好拿木板写上欠条。而当地群众并不认识汉字，也不知道这个欠条有什么用，所以与红军的关系并不是很融洽，甚至还发生了一些矛盾和冲突。新中国成立后，政府从政策角度对这片地区的少数民族群众给予很多补偿和政策性救助。

这段历史的真相应该正视，但却不应该被曲解。

向花村又称别斯满藏寨，是小金比较有代表性的嘉绒藏族民族风情文化之乡，从该村东北方向沿沟上行，有冰川。现在村里家家户户都建起了新居，村民活动中心的设施一应俱全，的确是一个美丽的藏家山寨，与80年前红军过境时的面貌真是天壤之别。难怪80后的杨潇啧啧感叹：看着当年的荒僻之地现在高高耸立的高压输变电塔，看看逢山修路、遇水铺桥的各级公路网，看看这些天堑变通途、巧夺天工的工程建设，看看如今民族团结的新气象，才真正能够体会我们祖国

将红四方面军的军旗插上向花坡

的伟大，体会到当年在此间艰苦转战和跋涉的人们对历史巨大的奉献！

向花坡垭口现在可通机耕道，但道路泥泞，汽车不能通行，只能靠摩托。从向花村出发到山垭口的行程约8公里，摩托车上行约需一个半小时。

这天天气不是很理想，我们上得垭口时，还飘起了点点雪花并下起了雹子。但基本还算顺利。在垭口上，我们实地测得向花坡的海拔高度为4070米，大致与梦笔山相当。

经过实地踏勘确认的向花坡地理信息如下：

表1–16　向花坡的地理信息

垭口	东经（E）	北纬（N）	海拔（H）	红军首次翻越时间
向花坡	102°31′59.53″	31°13′40.25″	4070米	1935年10月18日

四、双柏树

双柏树　位于四川省藏族羌族自治州金川县卡撒乡和小金县新格乡交界处，是两县的界山，实测海拔高度4551米。

（一）史实依据

1935年10月红四方面军发起绥崇丹懋战役。李先念、程世才率左纵队红三十军于15日攻占崇化（今安宁），之后又分途进取懋功：八十九师主力沿大金川顺流而下至丹巴县城对岸的三岔河后，即沿小金川溯河上行，经卡垭桥、喇嘛寺向懋功方向攻击；红三十军之另一部则在向崇德沟攻进途中兵分两路，一路翻越空卡梁子沿崇德沟南下奔袭懋功（今小金县城），一路翻越双柏树垭口与红八十九师合力攻取新格宗（当年称“僧格宗”）后，继续溯小金川而进，攻取懋功。[①]

① 此为笔者参照地方史志和中共四川省委党史工作委员会编《红军长征在四川》（四川省社会科学院出版社 1986 年出版）第 233 页相关内容，并根据实地考察进行研判的结果。

双柏树垭口

[参见图1–9：绥（靖）崇（化）丹（巴）懋（功）战役要图（1935年10月8~22日）]

双柏树垭口是一个名不见经传的雪山垭口，不见于任何红军长征的史籍史志。《阿坝州志之红军长征在阿坝》中“红军长征在金川”一节中，对红四方面军南下的绥崇丹懋战役中从安宁奔袭懋功的叙述仅仅一句话：“10月15日，红三十军占领崇化，向东进占懋功县城”。[①]同一史志中“红军长征在小金”中也只有一句话：“红三十军于15日占领崇化后，分兵两路，挥师东进懋功。”[②]两者均没有言及当间需要跨越的地理要素及自然障碍。

但这一史志中的“绥崇丹懋战役”一节，简略言及了红三十军占领崇化“向东进攻”懋功的行军路线：“红三十军占领崇化后，兵分两路

---

① 中共阿坝州委党史研究室、阿坝州地方志办公室编：《阿坝州志之红军长征在阿坝》，四川大学出版社2007年版，第138页。

② 中共阿坝州委党史研究室、阿坝州地方志办公室编：《阿坝州志之红军长征在阿坝》，四川大学出版社2007年版，第156页。

东进懋功。一部由三岔沟到僧格宗，一部经崇德沟到八家寨。红八十九师攻占喇嘛寺、卡垭桥后向懋功县城进攻。”①

我们根据这些简略的信息，对红军当年的行军路线及进军时间进行了比对，并用Google地图进行了图测考量，判定红军从崇化向懋功进取的路线为：红三十军占领崇化后以八十九师主力沿大金川东岸而下，经丹巴县城对岸的三岔河沿小金川溯河上行，连续攻占卡垭桥、喇嘛寺，进逼新格宗并向懋功攻进；红三十军主力另一部则沿卡撒沟东进，在三梗子附近再次兵分两路，一路翻越空卡梁子沿崇德沟进取懋功县城；一路沿银厂沟南下双柏树，经新格沟夺取新格宗，并迂回懋功县城。

（二）踏勘与确认地理信息

2016年4月5日，我们对双柏树垭口进行了实地踏勘。②

图 1–26　双柏树的地理位置

① 中共阿坝州委党史研究室、阿坝州地方志办公室编：《阿坝州志之红军长征在阿坝》，四川大学出版社 2007 年版，第 42 页。

② 参加这次踏勘的成员除笔者外，还有志愿者赵文捷、张严、杨潇。

经小金县委宣传部门与新格乡沉水村村委会联系好马匹和向导，我们一早便赶到新格沟的沉水村，前往双柏树垭口。

从小金县城到新格乡并不远，路也好走。但经新格沟去沉水村却都是蜿蜒陡峭的盘山路，而且很窄，30°~40°的大上坡，3米多宽的路面，通常情况一边是陡峭山体，一边就是落差几十米甚至更大的悬崖。在上山过程中，低挡高转速地持续大上坡，空挡拉高转速后一挡冲坡，下山时，持续低挡位限制车辆速度。杨潇说，感觉就像在看教学视频。

沉水村准备协助我们上山的村民是赵银强、李登芝（女）、赵明春（女）、赵银国，他们都以为我们的车开不上去，准备下来接，没想到我们居然能把车开到直接上马的山上，村民问："谁开的车？"我们将赵文捷推到前面，老乡直夸："老师傅啊，歪（厉害）得很！"

村民们告诉我们，小时候听老辈说过，民国24年（1935）秋天有红军大队从安宁那边翻双柏树垭口过来，在村中住了一夜后又去了新格宗，村中还有人护送过红军的小队侦察人员从这边去安宁。

在积雪中前行

这个口碑信息实际上也佐证了我们的判断。

从沉水村车行至无路可行处时，海拔高度已有3900米，那里已有事先约定好的村民带着马匹在等候我们。从这里上山坡度很平缓，但部分路段积雪很厚。村民们指指点点告诉我们，正面这座山垭叫"一步跨三县"，是金川、小金、丹巴三县交界处，从那里可去丹巴也可去金川，但山势很陡，除了挖虫草的，他们一般也不往那儿去……

到了这座山的牧场后我们转向

东行，很快就看见了双柏树垭口所在那座雪山。雪山下还有一个很漂亮的海子，我们到那儿休息了一下，然后继续前行，三个小时后就到达了双柏树垭口。垭口上有牧民为防止牲畜过界到邻县草场而设置的铁丝网，我们翻过铁丝网找到垭口位置进行了坐标实测。测得的坐标与我们行前图测的坐标基本一致，海拔约4551米。

从我们开始乘马骑行处算起，行程约8公里。

经过实地踏勘确认的双柏树地理信息如下：

表1–17　双柏树的地理信息

垭口	东经（E）	北纬（N）	海拔（H）	红军首次翻越时间
双柏树	102°11′57.13″	31°08′49.62″	4551米	1935年10月17日左右

五、枷担湾梁子

枷担湾梁子　因山形似枷担（耕田时架在牛脖子上拉犁的农具，用两根短木棒做成、形同枷）而得名，位于四川省阿坝藏族羌族自治州小金县汗牛乡境内，主峰海拔4926米，垭口实测海拔高度4645米。枷担湾的两河口原为小金县国营牧场场部，是一个四通之地：向北经枷担湾梁子或木壳壳梁子可通小金县城，向东南翻越一个名小卡子的山口可至宝兴县的陇东，向东可至小金县汗牛乡，向东南可达康定县的金汤镇、捧塔乡。

（一）史实依据

在判读当年红军长征文献时，带给我们最大的困难就是重复地名。比如“两河口”，在红军长征这个时期的电报和部署中经常出现，但指向却是不同的地方。比如：“两河口”会议会址所在的两河口，位于梦笔山南麓；宝兴县城穆坪所在地东河、西河分岔处，也叫“两河口”；小金县美沃乡的双河，位于枷担湾梁子北麓，也有“两河口”；而枷担湾

枷担湾梁子

的这个两河口，在如今的地图上寻不见踪影，却明确标示在红四方面军《天芦名雅邛大战役计划》的进军路线和《康道炉战役计划》的转移路线中。

所以，确认两河口与枷担湾梁子的地理信息，对于解读和确认红四方面军南下川康边和西进康北的进军路线有着不可忽略的意义。

（二）踏勘与确认地理信息

2016年6月，我们对枷担湾梁子进行了实地踏勘。①

2016年6月16日，由枷担湾村党支部书记邓贵祥带路，我们从小金县城起程前往两河口途中翻越了木壳壳梁子东垭口后，于当日11时左右赶到两河口，确认了这个“两河口”就是红四方面军《天芦名雅邛大战役计划》和《康道炉战役计划》中标示的“两河口”。

---

① 参加这次踏勘的成员除笔者外，还有志愿者赵文捷、魏京、张严、杨潇、马福文。

从木壳壳梁子到两河口虽是土路，但基本上都已硬化，不算太烂，沿途都是相对平坦的草场，风光相当秀丽。比较麻烦的是因国营牧场解体后，草场也分割给了个人，一路上不断地去为每家牧户设置的栅栏门开开关关，十来公里的路程，下车开开关关竟然有七八次之多。

如今的两河口只剩几间旧房子，邓贵祥支书说，他的父亲20世纪60年代在这儿来建场时，还发现这里的一些洞穴中有人体遗骸，草场上建有坟头，这都不会是当地藏族群众所为——他们没这个习惯，所以说是红军战士遗骨的可能性较大。他还说，想在两河口为这些红军战士们建个碑。

13时，因无法寻觅马匹，我们决定徒步登上枷担湾梁子确认地理信息。

枷担湾梁子乱石丛生，十分陡峭。邓支书带着我们从海拔4000米左右的公路旁开始攀登，600余米的高差，我们攀上山垭用了差不多4

图 1-27　枷担湾梁子的地理位置

在枷担湾梁子上

个小时。17时左右，我们登上垭口并升起了红四方面军军旗。

经过实地踏勘并确认的枷担湾梁子地理信息如下：

表1–18　枷担湾梁子的地理信息

垭口	东经（E）	北纬（N）	海拔（H）	红军首次翻越时间
枷担湾梁子	102°26′53.75″	30°46′34.10″	4645米	1935年10月底

六、蛇皮梁子

蛇皮梁子　又名“六角山”，位于四川省阿坝藏族羌族自治州小金县西南的沙龙乡与汗牛乡交界处。垭口实测海拔高度4553米。山势呈南北和西南走向，西南与大洼梁子、木壳壳梁子相接，南北在沙龙乡境内，峰峦起伏，主峰海拔4883米。

“蛇皮”系嘉绒藏语的音译，意为“柴山”。山上石壁峭立，下即高山草甸和森林。昔有民谣称：“巴朗山，不算高，比起虹桥半中腰。蛇皮梁子九倒拐，空卡梁子栽望杆。”所谓“蛇皮梁子九倒拐”，即指沿山

蛇皮梁子垭口

有九个大弯——历大、小羊角林、安安桥、喳石口等。越垭口而下即可去汗牛乡。

（一）史实依据

1935年10月下旬，红四方面军三十二军为执行《天芦名雅邛大战役计划》，曾经汗牛乡沿大渡河畔进至孔玉，再翻越木瓦梁子进入金汤，之后南进到泸定县岚安，向天全进击。[①]目前虽然没有任何史志言及红军翻越了蛇皮梁子，但红三十二军从小金县城去汗牛，最直接最便捷的路线就是翻越蛇皮梁子。

（二）踏勘与确认地理信息

2016年4月，我们对蛇皮梁子进行了实地踏勘。[②]

---

① 中共四川省委党史工作委员会：《红军长征在四川》，四川省社会科学院出版社 1986 年版，第 238 页；《康定县志》，四川辞书出版社 1995 年版，第 364 页。

② 参加这次踏勘的成员除笔者外，还有志愿者赵文捷、张严、杨潇，燕栖村村民任国富、任国栋、刘富兵、邵世明协助我们上山。

图 1-28　蛇皮梁子的地理位置

蛇皮梁子不通公路，只能步行。红军过境时，这座山是从小金到汗牛最直接和最便捷的路线，而现在木壳壳梁子的公路打通后，除了挖虫草或放牧的群众，已很少有人经这里往返了。

2016年4月7日，在小金县委宣传部门的协调下，我们与蛇皮梁子所在的沙龙乡党委和政府取得了联系，乡里为我们安排了马匹和向导。

我们行前对蛇皮梁子垭口作过图测，这座雪山垭口最著名的就是“九倒拐”，但这个特点在图测中看不出来，只是觉得山很陡，可能还得时时下马步行，难度不小。

这天早上天气不太好，山上一直在下雨。我们在老乡家等了好久也没见天气好转，正当我们准备改变计划回去休整时，姗姗来迟的阳光却又从厚厚的云层中透了出来，于是我们立即准备上山。老乡准备了四匹马，却只有两个鞍子。我们简单调配了一下：笔者自己和要摄像的张严各骑了一匹有骑鞍的马，赵文捷和杨潇这两个少壮派爬上了两匹光背马。光背马没有马镫和马鞍，一遇到上坡，不夹紧马肚子就会一直朝

蛇皮梁子上的石墙

下溜。

我们开始弃车乘骑的地方叫向家河坪，离小金县城大约20公里。这里的海拔已升至3400米，我们的眼前已是一片银色世界。这条沟地图上标注为“沙龙沟”，我们沿沟的右侧缓缓上行，风光很美。同行村民们说，要是五六月间，鲜花开了，森林绿了，河水流了，景色更美。

从向家坪向蛇皮梁子上行时，开始坡度似乎并不大。且因植被较少，没有树枝缠绕，我们行进并不算太困难。但再往上到了弯来弯去的“九倒拐”，几乎每个拐弯处都得大喘气停下来大休息，而且越往上积雪越厚，下马徒步的次数也越来越多。

蛇皮梁子垭口不是那种两边高中间低的山口，而是在一条缓缓延伸的梁子上。梁子上筑有隔离两边牲口的石墙，当间有一个缺口供行人来往。

山垭口的风很大，我们忙完了标点航点和航拍后，赶紧就往山下走。下山就只能徒步了，很费劲，到了山脚已是傍晚。

经过实地踏勘并确认的蛇皮梁子地理信息如下：

表1–19 蛇皮梁子的地理信息

垭口	东经（E）	北纬（N）	海拔（H）	红军首次翻越时间
蛇皮梁子	102°16′32.82″	30°52′26.90″	4553米	1935年10月27日

七、木瓦梁子

木瓦梁子 位于四川省甘孜藏族自治州康定市孔玉乡和捧塔乡交界处，垭口实测海拔高度4123米。木瓦梁子系以当地群众盖房用的瓦板得名。

（一）史实依据

1935年10月下旬，为执行《天芦名雅邛大战役计划》，红四方面军参谋长倪志亮率红四军主力，曾由孔玉翻越木瓦梁子进至金汤杨林村，并由此南进到泸定县岚安乡，先后翻越铅厂梁子和马鞍山，向天全进击。[①]之后，从懋功翻越蛇皮梁子到了汗牛的红三十二军也随后而来，紧随红四军之后翻越木瓦梁子，经捧塔、金汤，向岚安前进。

（二）踏勘与确认地理信息

2016年4月，我们对木瓦梁子进行了实地踏勘。[②]

① 《康定县志》，四川辞书出版社 1995 年版，第 364 页。

② 参加这次踏勘的成员除笔者外，还有志愿者赵文捷、张严、杨潇，三家寨村村民马定春、郑崇旭、程太富协助我们上山。

木瓦梁子垭口

木瓦梁子没有公路可行，只能徒步翻越。

行前我们花了很长时间从Google地图上观察这座雪山，当时的印象是觉得山势不陡，应该没啥难度。对考察这座雪山持轻松乐观的态度，根本就没有想过“纸上得来终觉浅”的道理。

结果很快就遭到了惩罚。

经中共康定县委党史办接洽，我们与木瓦梁子所在的捧塔乡乡长黎宾取得了联系，黎乡长安排了木瓦梁子三家寨村村主任董健生协助我们上山。2016年4月1日一大早，我们从康定出发，还不到9时就赶到了金汤镇与董健生见了面。他说上山的路很陡很难走，只能一段一段地骑马，而且下山肯定是不能骑马只能徒步。

从乡里到三家寨的通村公路不错，虽是砂石土路但也已经硬化，到了三家寨看见村里为我们租来的四匹马，但只有两匹有骑鞍，另两匹只有驮鞍。而且走出没多远，分配给杨潇那匹马就出了问题：杨潇体重有190斤，那匹马不堪重负不断地尥蹶子，几次把杨潇甩下来。于是我们只好让杨潇下马在山下等候。

图 1–29　木瓦梁子的地理位置

上路后没走多远，我们就发现上山的难度不小。

首先是这座山的植被很丰富，途中的森林很有些热带雨林的特色。作为景色来观赏当然很有趣，但却为行进带来很大麻烦：不仅得时时低头，否则动不动就被挂得满脸花，还时不时地下马徒步，这就极大地影响了上山的速度。

而且上山的路全是一人宽的羊肠小道，准确而言就是没有路！而且一路起伏太大，乱石路面很多。鞋底薄一点的会被硌得生痛生痛的。不断地上上下下，很耗体力，马也不舒坦。一路上磕磕绊绊，十分烦人，最后上到垭口已是下午3点多钟。这一程花了差不多5个小时。

《康定县志》中称木瓦梁子垭口的海拔高度为4108米，而我们测得的数据是4123米。垭口尚有残雪，植被很少。当年红四军从丹巴经梭坡、孔玉而来，这座雪山还是必经之路，交通要道。而新中国成立后公路修通，其交通上的意义也就大为降低。现在除了挖虫草的外，就是三家寨的村民也很少涉足此间了。

红四军打这儿过境的故事，三家寨的村民们都知道一些，比较集中的是说“上山死了好多人”，甚至还盛传“徐向前也在这里住过”。数十年过去后的20世纪八九十年代，有人上山还能刨出子弹甚至手榴弹。我们向他们打听民国25年（1936）初是不是有红军部队从宝兴那边翻山过来，他们都说没听说过。我们这样提出问题的缘由是想核对红三十二军执行《康道炉战役计划》的实际行军路线。在这个计划中给红三十二军指定的进军路线是：羊村—陇东—两河口（枷担湾）—金汤。

因为山势陡峭山路崎岖，这天下山比上山花的时间还多——差不多整整6个小时。而且前前后后拉开距离后，有队友还走错了路，费了很多周折才回到正道。直到天黑尽还没走完一半行程，而此刻村主任已在家中摆下酒席准备款待我们……

好容易下得山来，已是夜里21时30分了。

而这天将近12个小时的跋涉也着实给了大家一个“下马威”：笔者下得山来已几近虚脱，得两个人搀着才能走；骑驮鞍的赵文捷屁股上被磨出了两个泡；被马甩下来的杨潇几天走路都困难，上厕所也蹲不下去。

打起精神吃完晚饭，黎乡长说起有一位叫王瑞生的本地老红军住在金汤，98岁了，问我们要不要去看看。我们说当然得去看看，也听他说说。

第二天早上我们赶到金汤镇去拜望老人。老人身体看起来还硬朗，思维也很清晰。从老人口中打听来的情况是这样的：红军来到这里时他并不在家里，而是在天全打工。红军打到天全时，他在天全参加了红军，番号是红四军十二师三十五团。后来红四方面军西进康北时，他一直跟队伍打到炉霍，1936年6月红四方面军北上之时，他又因伤病留在了炉霍。在外辗转躲避多年后又回到金汤老家，靠打工挣来的积蓄卖豆腐做小买卖。

老人如今得以落实“失散红军战士”的身份。

这位老者的自陈实际上也为笔者正在考据“这个时期红三十五团番号是否存在”提供了一个佐证。在《中国工农红军第四方面军战史》

木瓦梁子垭口

中，红四方面军在这个时期的编制序列番号有缺失，1936年4月后，三十五团这个番号似乎就不存在了。虽然现在的红军文献中，也曾发现过陈昌浩政委在1935年12月底对红三十五团的表扬："李抱冰（蒋之第五十三师）一营人守天险大炮山碉堡群，被我三十五团一口气打开，直追数十里。"[①]但因缺乏相关旁证，心中仍然存在着疑惑。如果这位老者所言无误（这个应该不会记错）的话，这个问题差不多也就算厘清了。

经过实地踏勘确认的木瓦梁子地理信息如下：

表1–20 木瓦梁子的地理信息

垭口	东经（E）	北纬（N）	海拔（H）	红军首次翻越时间
木瓦梁子	102°12′17.55″	30°26′48.51″	4123米	1935 年 10 月底

① 《天芦名雅战役之胜利与我们当前紧急任务（1935 年 12 月 28 日）》，中国工农红军第四方面军战史编辑委员会：《中国工农红军第四方面军战史资料选编·长征时期》，解放军出版社 1992 年版，第 297 页。

八、大炮山

大炮山　藏语名为“打破拉”，意即“公马山”或“骏马山”，位于康定、道孚、丹巴三县交界处，垭口图测海拔高度4810米。据《丹巴县志》载，这条“丹巴至康定驮道，是清代形成的主要交通线”，“由城门堡出，南过老四河桥溯东谷河而上，经康达桥（坎断桥）、弓插（公岔）、井备桥、东谷60里宿，由东谷街、五里桥、小岩、大岩、铜炉房60里宿，再行30里至牦牛街宿，由牦牛、小奎容、大奎容（又称“奎拥”）、台站（大炮山麓）翻越大炮山（与康定交界处）经新店子，至中谷、王母、三道桥、二道桥抵康定城，全程450余里，县境230里。1959年八（美）丹(巴）公路通车后，始废此路。”[①]

（一）史实依据

目前这条道就是在丹巴也已经鲜为人知，更不要说红军曾经翻越

大炮山

① 四川省甘孜藏族自治州丹巴县志编纂委员会：《丹巴县志》，民族出版社 1995年6月版，第287页。

过这座雪山的记录以及在这条路线上与国民党军发生过的激烈战斗了。从目前的敌我双方留存下来的文献资料中，我们可以推断红军占领大炮山垭口的大致时间及部队番号。

（1）陈昌浩1935年12月28日在《天芦名雅战役之胜利与我们当前紧急任务》的报告中曾经表扬过“红三十五团”的大炮山战斗：“李抱冰（蒋之第五十三师）一营人守天险大炮山碉堡群，被我三十五团一口气打开，直追数十里。”①

（2）时任康定第八区团总李海庭当年10月至12月的报告称，丹巴及丹巴—康定交通线原守军为川军刘文辉部的余松琳旅一部，绥崇丹懋战役期间，余部一部分退向道孚，一部分经鱼通、岚安退向泸定。②

（3）11月下旬，李海庭报告称：“昨据探报：毛牛之匪约千余人，前日已到新店子了，毛牛尚有四五百人。”③

可见红军曾经攻占过大炮山垭口，时间大致在1935年11月至12月间。

在1935年10月20日红军总部下达的《天芦名雅邛大战役计划》中，红四军编入倪志亮指挥的右纵队，任务是从丹巴经金汤南下，迂回攻击天全。夺取和巩固大炮山阵地的任务被交给右支队的红五军：“右支队由五军全部任之，仍以该军军长政委任支队司令员及政委。该支队应于即日到达丹巴，其任务为巩固丹巴，尽可能占大婆山及其以南通康定路上一带地区，并向康定之敌威胁。”④

来自当年国民党军方面的信息或可资佐证。

---

① 《天芦名雅战役之胜利与我们当前紧急任务（1935年12月28日）》，中国工农红军第四方面军战史编辑委员会：《中国工农红军第四方面军战史资料选编·长征时期》，解放军出版社1992年版，第297页。

② 《国民党军追堵红军长征档案史料选编（四川部分）》，档案出版社1986年版，第320页。

③ 《第八区团总呈红军在鱼通、毛牛活动并在葛坝建立苏维埃政权报告（1935年11月下旬）》，《国民党军追堵红军长征档案史料选编（四川部分）》，档案出版社1986年版，第320页。

④ 《天芦名雅邛大战役计划（1935年10月20日）》，中国人民解放军历史资料丛书编审委员会：《红军长征·文献》，解放军出版社1995年版，第799页。

薛岳《剿匪纪实·西康堵剿》提到了大炮山这场旷日持久的争夺战：

二十四年秋，余率第一纵队吴奇伟部，第二纵队周浑元部，开至川北江油一带防布截剿，尔时自康定鼠窜松潘之匪，骤感威胁，决计分道溃窜，其右倾路线，由毛泽东率领残部，向陕甘突出，其左倾路线，由朱德、徐向前领七八万人南窜，连陷懋功、巴丹（应为丹巴）、金汤、天芦、荥经，企图与自黔窜川之萧克贺龙两匪部合股，至是余奉命由川东驰援荥经，（详川西截剿之役）并饬驻康定李司令官韫珩严密堵截。是年冬，回窜西康之匪，先头部队抵丹巴南之太站，与我便衣队接触。十月杪（底），我黄团前进部队，在大炮山（高约4500余米，为丹巴康定之天然界限，暑天积雪崩解时滚坠而下，声如轰炮故名）与匪迭次争夺，峰崖斩绝，风雪凄紧，我军忠勇奋发，不避艰险，屡挫凶锋，毙匪甚众，分向台站、奎拥、毛牛等地散窜，我黄团派队向台站推动。十一月初，匪约一团，犯我泸定北方九叉树、五里沟一带阵地，经我叶团击溃，其一部突扰瓦斯沟，其地距康定城约六十里，全为深峡，水流悍急，我军突起围剿，匪进无所依，退无所据，伤亡惨重，纷纷北窜，一部向天全移动，天全泸定间交通被阻，伪第三十二军复由懋功趋天全，川西吃紧，而康境稍宁。十二月，委座以李司令官韫珩守备康泸有功，赏洋一万元。

二十五年春，我第十六军收复台站、奎拥、毛牛等地，向丹巴前进，与伪第三十一军接触，击溃之，残匪又折回川境，向松潘一带溃窜。①

薛岳这篇文字在言及1935年“十月杪”以降的战斗时，形容词用得很多，但真金白银的内容却是少而模糊，可见至少在这段日子里他实在找不到什么可以夸耀的“硬货”。但薛的这段话的最后一段，却是真实的信息：红军的大炮山阵地的确是在他说的这段时间失守的——准

① 薛岳：《剿匪纪实·西康追堵》，台湾文海出版社1978年版，第16~17页。

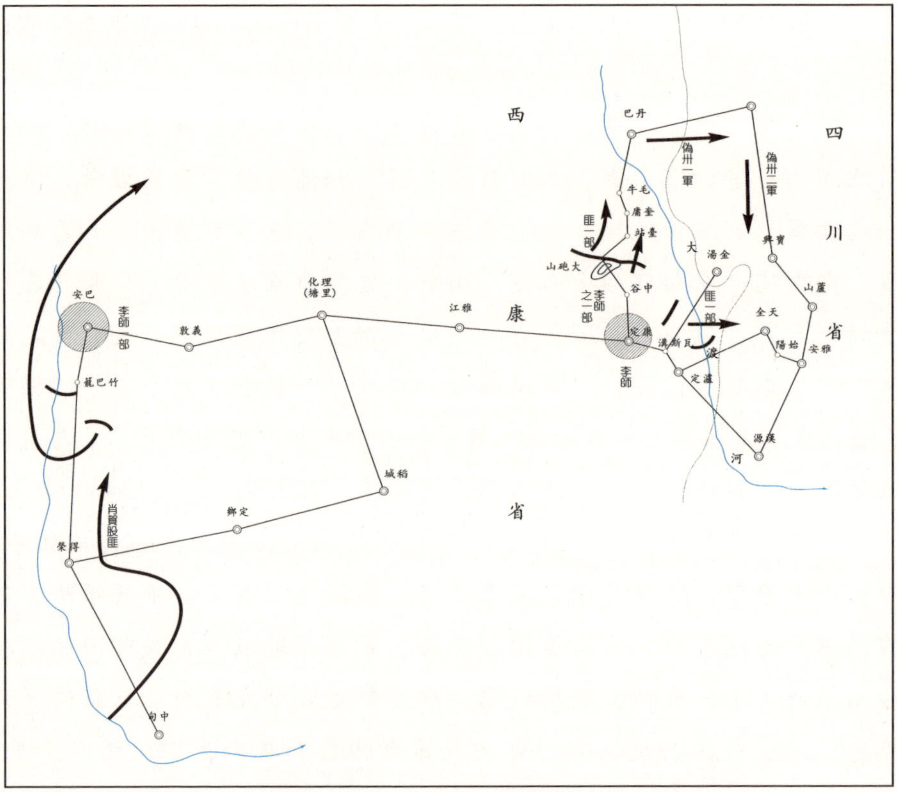

图 1–30　国民党军绘制的大炮山瓦斯沟巴安各役战斗要图①

确时间是1936年1月11日。

关于这次战斗，红五军有过一份战后总结可资佐证。

敌五十三师李抱冰部之三一三团（团长黄仁英），为李敌之主力，每营四连，内有机枪一连（四挺），全团共步枪约九百支。该敌于一月十一日拂晓前，向我大炮山阵地进攻。其动作是采用突然袭击的手段，以两营由大炮山两侧夹攻我大炮山之警戒连，并逐次击退我前哨营。敌另以一营迂回台站，截断我前哨营归路，使我前哨营与毛牛之第二梯队营隔断，不能取联系，以便各个击破我们。

……

① 来源：薛岳《剿匪纪实·西康追堵》，台湾文海出版社 1978 年版。重绘：刘鹤。

大炮山第二营已来报告，敌约两团拂晓攻大炮山，与我守大炮山之第六连战一小时，一部截断台站归路，第六连反冲锋未成（现已归队）由副营长率领向太宁方向退去。第四、五连由台站增援大炮山，半途遇敌，被敌包围，冲锋数次始突围，现已翻雪山到奎荣、毛牛间之二道桥集结。①

之后，国民党军逐渐推进至奎拥、牦牛、铜炉房一线，大炮山完全失守。

据《丹巴县志》记载，大炮山失守后，红五军与敌军在牦牛村、顶锅山（后经红三十七团政治委员谢良命名为顶果山）一线反复拉锯，敌军增兵至两个团。红军从铜炉房诱敌深入至五里桥一线后突然发起反击，大败敌军，迫使国民党军逐步后撤，直至放弃大炮山一线阵地。

国民党军方面的史料对放弃大炮山一线阵地的缘由是这样解释的：

康定第一区新店子方面，三月中中央军派兵两团收复丹巴，已进至大毛牛。因匪在天全、芦山失败，全部退丹巴，兼之时值春雪封山，路断难行，粮运万分困难，乃放弃毛牛，退守新店子（距康定两站）。现为某某军之刘团驻扎于新店子至三道桥（距康定三十里），节节设防。匪方屡有游击队来犯，均被击退，时有斩获，并时有携械投诚我方者。②

这个解释也是言之成理的：如果控制不了大、小牦牛一线的村庄以为粮源，大炮山一线古驿道就非常难以维护：大炮山北麓坡陡崖高，从康定为守军馈粮的难度和代价是相当相当大的——“粮运万分困难”绝非虚言。

当地老乡传说，大炮山一线阵地恢复后，徐向前、李卓然等都来顶果山参加了红五军的祝捷会。但此说尚需更多的证据予以确认。

---

① 《董振堂、黄超等关于大炮山及毛牛、丁鼓山的战斗详报（1936 年 1 月 27 日于丹巴）》，中国工农红军第四方面军战史编辑委员会：《中国工农红军第四方面军战史资料选编·长征时期》，解放军出版社 1992 年版，第 333~337 页。

② 民国二十五年（1936）六月《川边季刊》第二卷第二期，《国民党军追堵红军长征档案史料选编（四川部分）》，档案出版社 1986 年版，第 385~386 页。

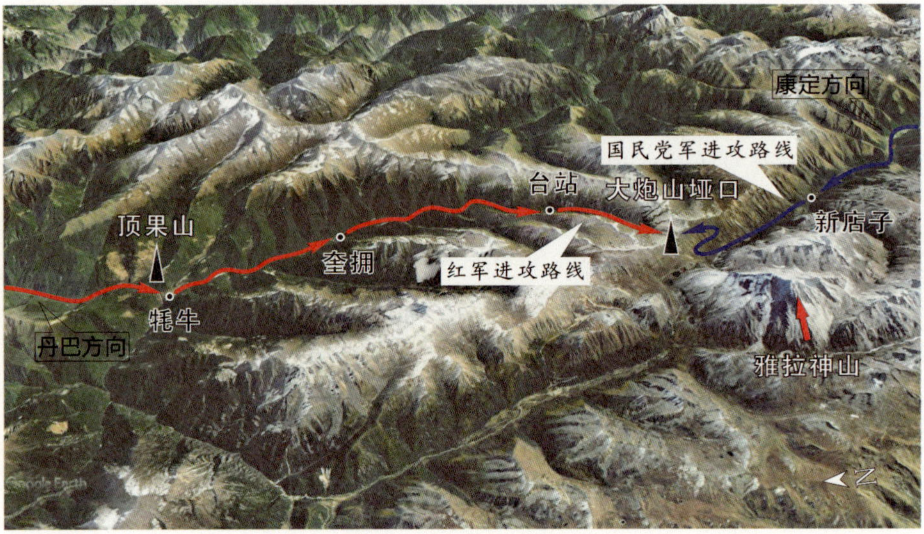

图 1–31　大炮山战斗态势图①

（二）踏勘与确认地理信息

因丹巴—康定的古驿道已经废弃，大炮山垭口迄今也无公路通过。而这个垭口位置究竟在哪里，也是一笔糊涂账。Google地图上的大炮山就像一堵延绵的城墙，看上去到处都是墙垛，可哪儿都不好上。如果不实地踏勘确认，仅凭地图，很难作为证据依据采集引用。

2016年4月，我们前往丹巴县对大炮山进行实地踏勘。②这次去丹巴，打的主意就是登上大炮山，确认地理要素，弄清当年那场战事是如何发展的。

然而，4月2日到了丹巴县与丹巴县党史研究室联系后，得到的信息却令人沮丧：现正值春雪，大炮山沿途驮道已堆满积雪，且因多年来无人骑来往，道路破坏很大，一两天时间是难以往返的。县里的同志建议我们再过几个月，等天气变暖，积雪融化得差不多的时候再来。

我们不太甘心，但也没有别的办法。大家商量了一下，决定还是先到大炮山脚下去看一看，从当地群众那里了解些情况，为下次上山作准备。

① 绘图：周军、赵文捷。
② 参加这次踏勘的成员除笔者外，还有志愿者赵文捷、张严、杨潇。

图 1–32　大炮山地理位置图

赵文捷是个资深驴友，探索偏僻地的旅游资源是他特有的癖好，他说大炮山脚下的顶果山寺很有名，景色也很好，积极地建议我们去那里看一看。

于是第二天我们驱车上路，很快来到了奎拥河与东谷河交汇处的牦牛村。在牦牛村我们打听了一下，情况确如县里同志所说的那样，这个季节上山的确很困难。村民们说，你们下次来提前打招呼，我们给你们准备好向导和马匹。

随后，他们也建议我们到顶果山寺去，说那里的活佛对红军打仗的事情很清楚。

顶果山不太高，山顶上有一座很堂皇的庙宇——顶果山寺，也叫雍忠佐钦岭寺。上山的路都是很崎岖的土路，一般的轿车恐怕还真不好上来。笔者坐在庙门口一边晒太阳，一边与几个群众聊天，打听红军的故事。正聊着，庙里出来一位中等身材的僧人，看见我们正在聊红军，冷不丁插了一句："我就是本寺的住持，这里有个红军纪念馆，你想不想看看？"纪念馆？这让笔者非常吃惊：丹巴县城还没有红军纪念馆，你这深山中的小庙居然有！

看，当然要看！

纪念馆里陈列有当年在此驻扎的红军部队指挥员照片：红五军军长董

振堂、红三十七团政治委员谢良、红三十七团团长吴克华；还有几张住持亲自用藏传佛教特有的“坛城”技法画的地图，表示当年在这里的战事中敌我双方的兵力分布和战斗发展态势的；此外还有不少红军文物。

这让我们很震撼：一个出家人，对红军文物如此在意，如此上心，在这深山古刹中，珍藏着心中那块圣洁之地，何其真诚！何其难得！我们请教住持法号名讳。住持说：“我就是本寺第三十九世活佛——嘉绒阿旺·丹贝降参。”

当天与活佛相谈甚欢，并约定等天气转暖后再来大炮山。

2016年6月，我们再次前往丹巴县，对大炮山进行实地踏勘。①

大炮山北麓坡度很缓但路途有数十公里之遥，一天之内无法往返，所以我们作的是两天往返的准备。

6月21日，在顶果山寺丹贝活佛以及牦牛村村民彭勇、西饶登真、桥西等人的帮助下，我们开始上山。当天在顶果山寺扎营。

22日，前往大炮山垭口。现在的大炮山已不是交通要道，山中的大、小奎拥的村民们也都下迁到顶果山周围的村庄，这条道因此也就沉寂多年，山中森林、草场、动物等生态环境都保护得好，旅游开发的资源是相当不错的。据丹贝活佛说，这里的村民们都有比较强烈的环保和生态意识，不杀生，不滥伐。我们在途中遇到一位名叫扎西的村民，他

大炮山台站宿营地

① 参加这次踏勘的成员除笔者外，还有志愿者赵文捷、张严、杨潇。

笔者与丹贝活佛（左）在大炮山垭口

一人住在山中从事着一项特殊的事业：让家养母猪与野公猪配种，养育繁殖野生血统的生猪。当晚，我们住在一个叫作“台站”的旧驿站的破房子里（海拔高度3900多米）。据《红五军大炮山、丁鼓山战斗详报》载，这里也曾是一个战场：红军在这里屯有一个连，任务是策应大炮山垭口的守军，并为后援。不过“台站”这个地名也给我们的考证工作带来了不小的麻烦：现在疙瘩梁子东麓那个观赏雅拉雪山的观景台也叫台站，一问当地群众“台站”在哪儿？一般都会指那个台站——理由无他，大炮山的这个台站因道路的废弃，早已被人遗忘了。

而我们需要的，恰恰就是这个“早已被人遗忘”的信息。

夜宿台站那天，笔者跟丹贝活佛谈了很多很多，话题大多是活佛的前世拥忠活佛与红军的故事。红军在牦牛及大炮山一线战斗期间，得到了顶果山寺的拥忠降参活佛和当地群众的大力支持。拥忠活佛的确是位一说起来就让人热泪盈眶的人物，他对红军尽心竭力地支持可以说到达了一种忘我的境界。活佛1940年圆寂，据说圆寂时都穿着一身红军的军服。丹贝活佛作为拥忠活佛的转世灵童，传承了前世活佛的遗愿，为弘扬红色文化费尽了心力：搜集三千多件历史文物，并自费建立了“顶果山红军格勒得沙[①]战斗遗迹陈列馆”和“顶果山红军格勒得沙革命烈士纪念塔”，整理了红军大炮山之战的文字，并自绘了很多幅战斗发展态势图。

① 格勒得沙：即格勒得沙共和国（1935年11月~1936年7月），是红四方面军在四川西部帮助藏族人民建立的苏维埃政权。“格勒得沙”系嘉绒藏语“嘉绒藏族人民”之意。

23日一大早我们开始上山，不到三个小时——12时30分就到达了大炮山垭口。垭口对面是庄重威严的雅拉神山（有些地图上标示为“大炮南山”），垭口下面是如同刀削一般的崖壁小路——当地人称作“猫鼻梁”，看来从垭口南麓上山的确比较费劲；垭口两侧的山脊和沟底，还有当年留下来的碉堡残骸，现场观测了大炮山的地形后，我们对发生在此间的战事也就有了更为清晰的认知。

那天下山比上山还费劲。半道上下起雨来，奎拥河暴涨，驮行李的摩托接二连三地翻倒在水中，我们个个都淋成了落汤鸡。好在河水虽然很急却不深，有惊无险。当晚21时左右，顺利回到寺院。

大炮山这条路线的确认，对于认识红四方面军此间的决策和行动，有着非常重要的意义。

经过实地踏勘确认的大炮山地理信息如下：

表1–21　大炮山的地理信息

垭口	东经（E）	北纬（N）	海拔（H）	红军首次翻越时间
大炮山	101°44′58.54″	30°24′23.68″	4517米	1935年11~12月

本章小结

1935年5月底至1935年10月底，红一、四方面军会师前后，共翻越27座雪山。其大致情况为：

一、红四方面军主力西进岷江后，为进攻松潘和迎接中央红军，先后翻越了红军棚子、虹桥山、巴朗山、鹧鸪山和空卡梁子5座雪山。

［参见图1–33：红四方面军西进岷江南下懋功迎接中央红军翻越雪山（5座）的行军路线（1935年5月下旬~6月15日）］

二、红一、四方面军为实现会师及执行《松潘战役计划》，先后翻越了夹金山、梦笔山、长坂山、昌德山、打古山、日多沃山、大神台、易利河卡子、木梳寨卡子等9座雪山（首次翻越）。

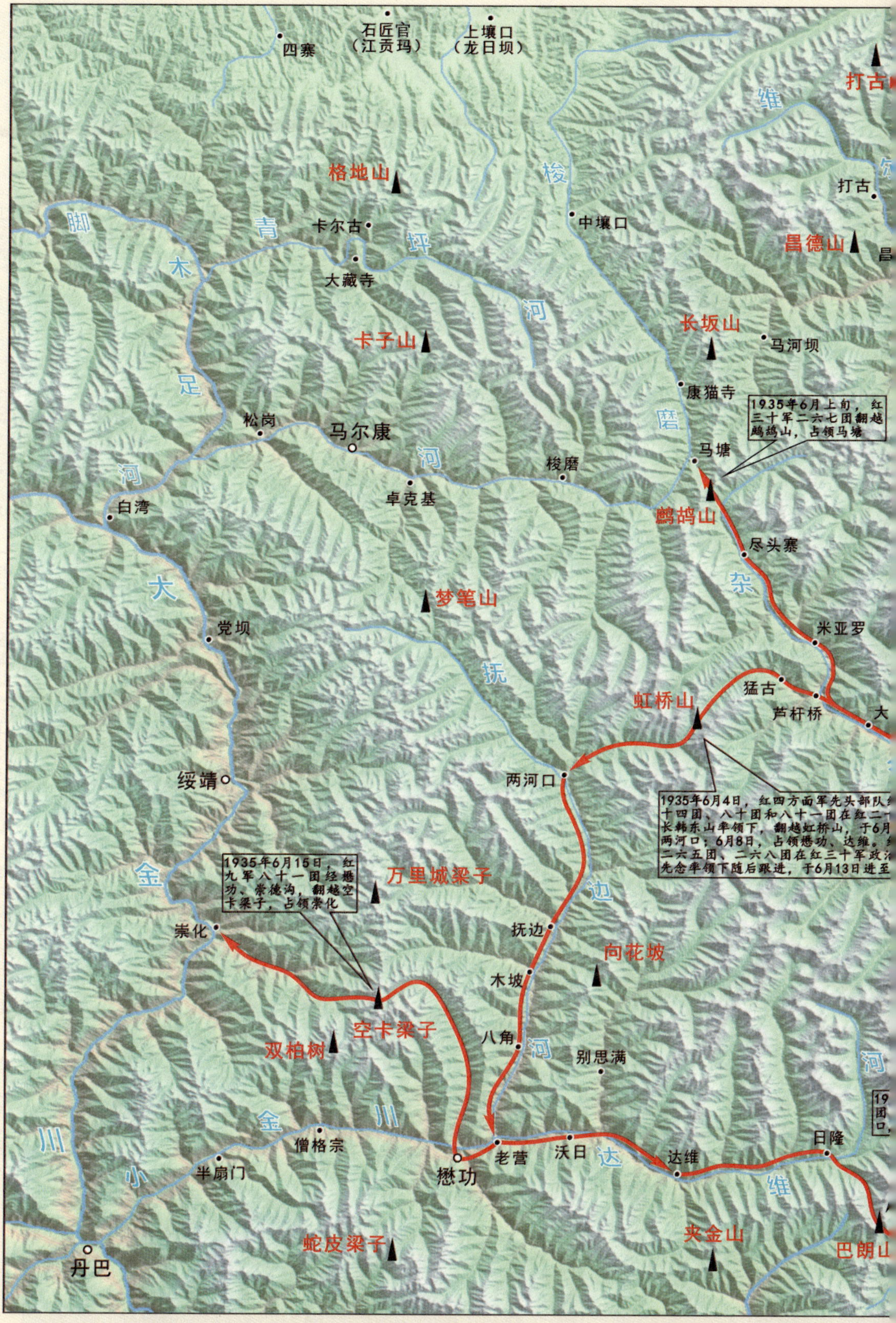

图1-33　红四方面军西进岷江南下懋功迎接中央红军翻越雪山（5座）的行军路线（1935年5月下旬～6

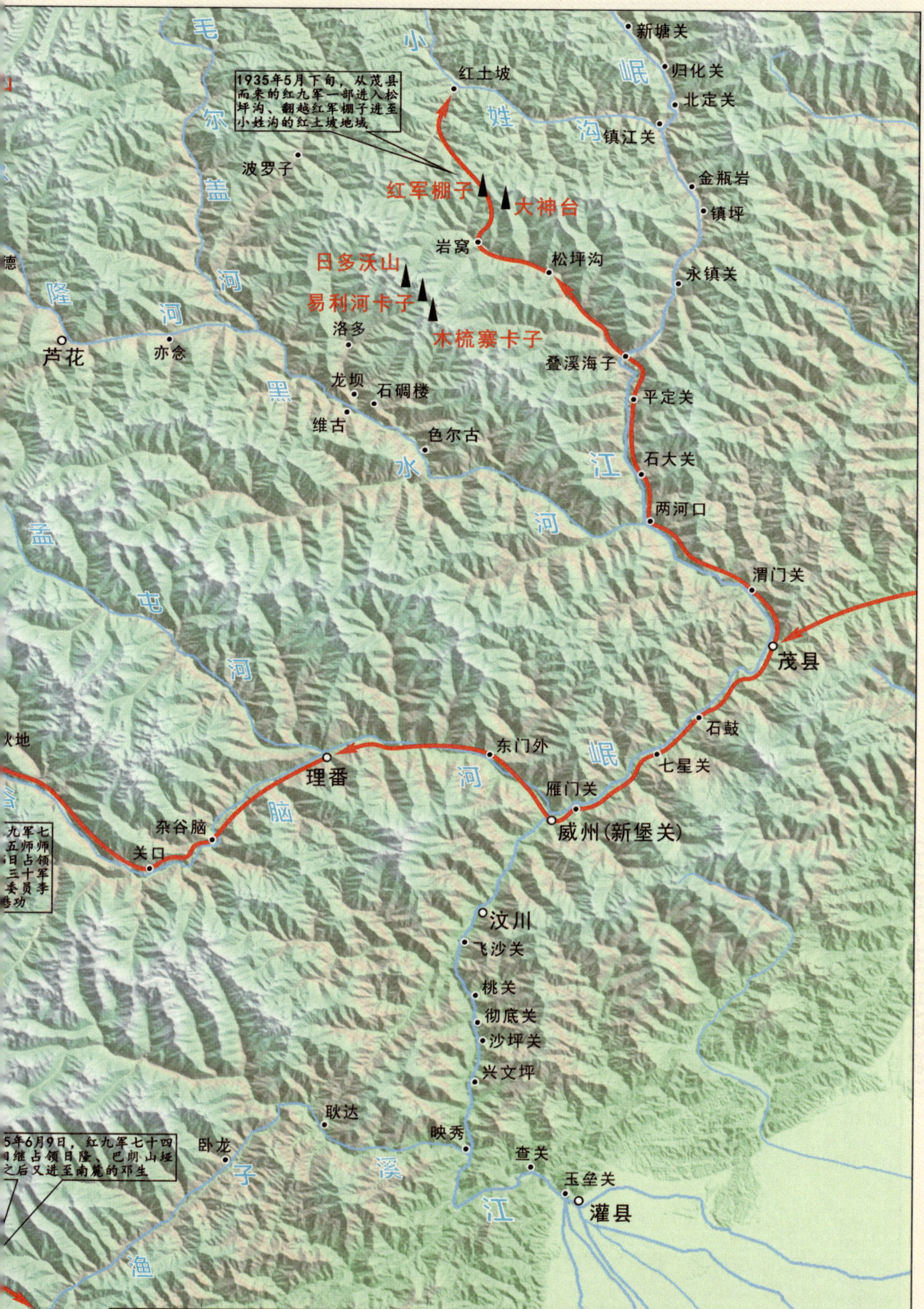

红四方面军西进岷江南下懋功迎接中央红军翻越雪山的行军路线
（1935年5月下旬～6月15日）

15日）

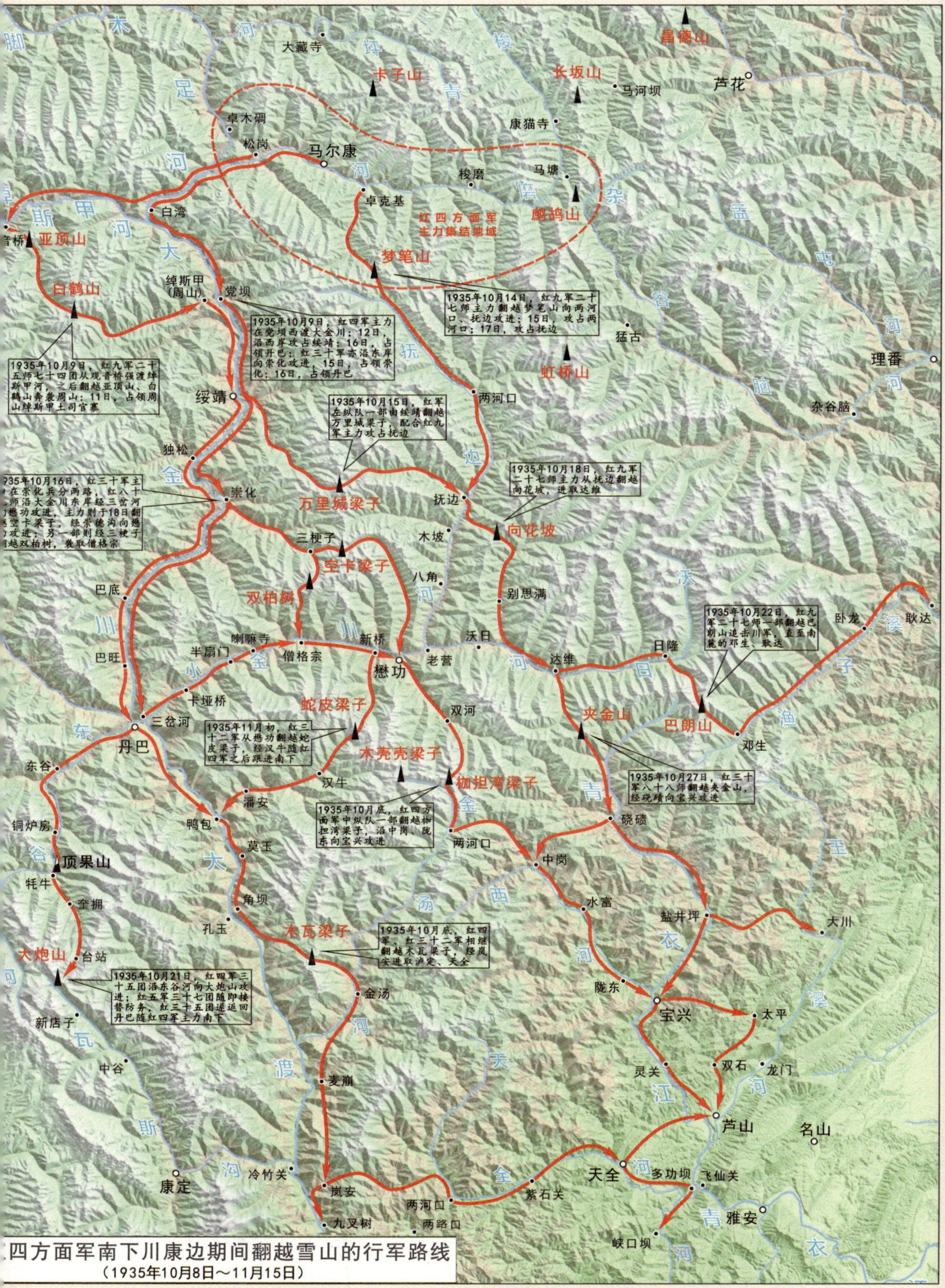

图 1—36　红四方面军南下川康边期间翻越雪山（9 座）的行军路线

（1935 年 10 月 8 日~11 月 15 日）

第二章　红四方面军西进康北及南下雅江接应红二、六军团翻越雪山的行军路线

中共四川省委党史工作委员会所撰《红军长征在四川》载：

百丈战斗后，川军主力集于东面名山、邛崃、大邑一带，薛岳部六个师在南面雅安及天全以南一带，李抱冰和刘文辉一部在西面康定、泸定一带，筑碉封锁。红军这时东进、南出均不可能，处境极为被动，不得不在天、芦、宝地区休整并准备过冬。

由于所控制的地区物产不丰，人口不过数十万，红军的兵员、被服、粮食补充，均发生极大困难。指战员每日只能吃两稀一干，且时日一长，难以为继。当地虽有不少群众积极参军，仍补充不了战斗和疾病造成的大量减员，有生力量日益削减。加之一些地方反动武装的骚扰，红军处境日趋艰难，南下恶果日渐明显……这时，红军的防线不断被敌人突破。前有强敌，后无根据地。四方面军南下前（一九三五年九月）有六十五个团和一个骑兵师，约八万余人，在南下后不到半年的时间，已锐减到二十八个团，四万多人了。许多指战员都意识到，再这样拖下去非把部队拖垮不可。张国焘迫于上下内外的压力，也不得不承认“难以在此与敌人长期周旋”。

……

一九三六年二月初，战局对红四方面军越来越不利，为了保存实力，休整、补充部队，以利今后新的发展，红四方面军决定撤离天、芦、宝地区，向西转进康北。二月上旬，红四方面军发布《康（定）、道（孚）、

炉（霍）战役计划》。计划指出，红四方面军为了“更有力的策应二、六军团行动，并取得在广大地区的运动战中粉碎蒋介石卖国军，决以一部位邓生、硗碛、达维、抚边钳制东南两方之敌，主力迅速向西推进。取得道孚、炉霍、康定一带地区，以便之后发展……”

战役计划发布之后，红四方面军立即进行紧急动员，作西进康北的各种准备。

……一九三六年二月下旬，红四方面军开始执行《康（定）、道（孚）、炉（霍）战役计划》，陆续撤离天、芦、宝地区，第二次翻越夹金山，向康北进发。①

从1936年2月中旬开始西进康北之时起，迄至红二、六军团在甘孜与红四方面军会师的1936年6月，红四方面军除保持了绥靖（今金川县城）、丹巴一线阵地外，主力大部集结于康北的甘孜、炉霍、道孚、瞻化（今新龙县）地区。其间，虽然与诺那活佛②的“反共别动队”和被其煽动起来的寺院、土司武装发生过冲突，但规模都不大，与国民党军中央军与地方军阀也没有发生过大的战斗。

---

① 中共四川省委党史工作委员会：《红军长征在四川》，四川省社会科学院出版社 1986 年版，第 251、257 页。

② 诺那活佛（1864~1936），西藏恩达人，国民政府高级官员。本名赤乃降措，法号诺那，自幼被诺那寺选为呼图克图（活佛）。清末被朝廷封为西康大总管。1918 年与十三世达赖发生冲突被捕，1924 年逃脱到内地，1928 年后，历任国民政府蒙藏委员会委员、立法委员、国民党中央候补执行委员、中国佛学会名誉理事长，先后在上海、武汉、长沙、广州等地主持护国息灾法会。1935 年以国民政府“西康宣慰使”身份回西康，企图阻止红军长征。刘伯承率红三十军先头部队进抵甘孜时，诺那组织抗拒不果，被迫率“宣慰使公署”人员一百余人逃向瞻化，准备取道瞻化到康南。诺那过去曾支持过上瞻对土司甲日家，引起瞻化河西头人巴登多吉的不满。巴登多吉决定利用诺那此时的困境，对他进行报复。当诺那一行进入巴登多吉的领地——尤拉西后，即遭巴登多吉的武装包围。诺那势孤力单，只好缴械投降。红军顺利进占瞻化县城后，巴登多吉为了表示不与红军为敌，将俘获的诺那等人交给红四军。后来红四军又把诺那等人送到甘孜。诺那在甘孜经朱德总司令、陈昌浩政委和王维舟等多次谈话，经教育转为同情红军。1936 年 5 月在甘孜圆寂，王维舟为其料理了后事。

1936年4月，为接应红二、六军团，红四方面军派出红四军一部和红三十二军南下雅江。红四军一部在高尔寺山、雅江一线向东防御，切断巴塘与康定之间的交通和联系，阻击驻康定的国民党军第五十三师李韫珩部，保障红二、六军团的侧翼安全；红三十二军则继续南进至理化以南，以接应红二、六军团。

这个时期前后近四个月，红四方面军主力与国民党军之间也没有大的战事发生，红军在此间遇到的最大困难主要来自自然环境方面。红四方面军主力控制的甘孜、炉霍、道孚、瞻化地广人稀，气候高寒，语言不通，交通困难。四县当时人口不过10万，年产青稞3500万斤，红军在此间遇到的最大问题就是：吃饭。

第一节　执行《康（定）道（孚）炉（霍）战役计划》翻越雪山的行军路线

1936年2月下旬，红四方面军主力陆续撤离天（全）、芦（山）、宝（兴）地区，翻越夹金山，向康北转移。对于红四方面军主力来说，这是第二次翻越夹金山，而对于在红四方面军序列中的原红军一方面的部队来说，这是第三次翻越夹金山。且这次翻越夹金山却与前两次有着很大的不同：过去是在夏秋季，这一次却在隆冬季节，夹金山的风雪更大，气候更寒冷恶劣，行军也更困难。当地的老百姓在冬天都不翻夹金山。

当地有民谣云："正二三，雪封山；四五六，淋得哭；七八九，稍好走；十冬腊，学狗爬。"

意思是正月、二月、三月，大雪封山，是不能走的；四、五、六月雨水多；七、八、九月是最好走的时间；十月、冬月、腊月，那就得像狗一样地爬着翻山了。所以民间还有"正二三，雪封山。鸟儿飞不过，

［参见图1-34：红一、四方面军会师及执行《松潘战役计划》翻越雪山（9座）的行军路线（1935年6月12日~7月31日）］

三、松潘战役流产后，红一、四方面军为实现《夏洮战役计划》，先后翻越了卡子山和格地山。左路军占领阿坝后，张国焘意欲渡黄河西去，曾派出小部队翻越加绒拉热尔、西洛羊马尔，沿结柯河至齐哈玛寻觅渡口和侦察水情。

［参见图 1—35：红一、四方面军会师及为执行《夏洮战役计划》翻越雪山（4 座）的行军路线（1935 年 8 月 7~27 日）］

四、党中央率红一、三军单独北上后，张国焘率红四方面军退出草地，大举南下，先后翻越了18座雪山，其中除打古山、昌德山、长坂山、梦笔山、夹金山、格地山、卡子山、空卡梁子、巴朗山等9座雪山为再次翻越外，亚顶山、白鹤山、万里城梁子、向花坡、蛇皮梁子、双柏树、枷担湾梁子、木瓦梁子、大炮山等9座雪山均为首次翻越。

［参见图 1—36：红四方面军南下川康边期间翻越雪山（9 座）的行军路线（1935 年 10 月 8 日~11 月 15 日）］

综上，红一、四方面军在会师前后，红一方面军翻越5座雪山；红四方面军翻越了27座雪山（其中12座是两次翻越），也就是说，这个时期，红四方面军实际上翻越了39次雪山。

艰苦卓绝，绝非虚言！

然而，更大的“艰苦卓绝”，还在后头。

图 1—35　红一、四方面军左路军执行《夏洮战役计划》期间翻越雪山（4座）的行军路线

（1935年8月7~27日）

神仙也不攀”的禁则。但英勇的红军战士们仍然冒着严寒，顶着风雪，翻越这座“鸟儿飞不过，神仙也不攀”的夹金山，迈开了西进的第一步。

因为前面章节已经介绍过夹金山，故本节不再将这座雪山列入。

除了这座雪山外，红四方面军主力在实施《康（定）道（孚）炉（霍）战役计划》时，还翻越了3座雪山。

一、木壳壳梁子

（一）史实依据

木壳壳梁子 位于四川省阿坝藏族羌族自治州小金县汗牛乡与美沃乡之间，因有树皮（即木壳壳）所盖的房屋而得名。主峰海拔4928米，垭口实测海拔高度4465米。1935年10月下旬，红四方面军发起天芦名雅邛大战役及西进康北之际，都曾派部登上并设防于这个垭口。

木壳壳梁子

1936年3月初，红军总部拟定的《康道炉战役补充计划》曾提到这个垭口：

我主力进出于道、炉、甘一带，相机取康定。准备消灭由康定方面进攻之敌，并肃清西北一带之藏反。争取这一广大地区中部队之补充、整理、休息，待机行动。派一部出观音河地区活动，以开通将来主力北进之道路。对夹金山、巴郎山、虹桥山、大炮山、木壳之［口］梁子应尽力牵制，并积极采取佯动姿势。[①]

按《康道炉战役计划》部署，红三十二军从两河口（宝兴）出发，经陇东、中岗进至枷担湾两河口，尔后沿铜陵沟进至金汤，1936年3月2日前，已进至金汤；[②] 3月10日23时，陈昌浩政委致周纯全等部署中，对红三十二军下一步行动作出明确指示："三十二军可全部开回懋功，留警备两连在两河口一带游击制敌，由三十二军给他一批牛羊粮食，听从灵官庙三十团政委严格指挥，并由三十团派一连人在木壳口梁子前面搭棚筑工策应之。"[③]

由此可证，红三十二军是由金汤经木壳壳梁子进至懋功的。

红军曾经翻越乃至设防于这个垭口，应属确凿无疑。

（二）踏勘和确认地理信息

木壳壳梁子现已开通公路，但一年有几个月是不能通行的。如今通过这个公路垭口也可去汗牛乡，所以小金县委宣传部安排了两位要

---

① 《康道炉战役补充计划（1936 年 3 月）》，《红军长征·文献》（中国人民解放军历史资料丛书编审委员会）第 830~833 页，解放军出版社 1995 年版。

② 《张国焘关于决取康定为向西北发展作准备致邵式平电（1935 年 3 月 2 日）》，《红军长征·文献》（中国人民解放军历史资料丛书编审委员会）第 829 页，解放军出版社 1995 年版。

③ 《陈昌浩关于三十二军全部开懋功致周纯全等电（1936 年 3 月 10 日 23 时）》，《中国工农红军第四方面军战史资料选编·长征时期》第 388 页，解放军出版社 1992 年版。

从县城返回汗牛乡的干部杨跃、何长友给我们带路。①

2016年4月4日上午，我们一行上午9时从小金县城出发，前往木壳壳梁子垭口。这个垭口距县城约30公里，到美沃乡已是硬化油面路，余下的路段还是以砂石路为主。虽然过了4月已能通车，但上山的路上仍有不薄的积雪，开车得十分当心。到了离垭口不远的一个拐弯处，我们的车开始打滑走不动，只好挂上防滑链。

木壳壳梁子有东西两个垭口，均通公路。西垭口通往汗牛乡中纳村（乡政府所在地），东垭口通往汗牛乡枷担湾的两河口，从那里就可以去宝兴的陇东。根据我们图测判读，可能有部分红军部队经美沃沟的双河村上山，翻越枷担湾梁子到枷担湾的两河口，然后经此去宝兴的陇东。

图 2-1　木壳壳梁子的地理位置

① 参加这次踏勘的成员除笔者外，还有志愿者赵文捷、魏京、张严、杨潇、马福文。

在木壳壳梁子垭口前升起红四方面军军旗

但天不作美，我们上了西垭口却未能上得东垭口——积雪太厚，我们几度尝试步行上去都未能成功，只得眼睁睁地瞅着这个近在咫尺似乎伸手可及的垭口干着急……

直到2016年6月16日，我们终于登上木壳壳梁子东垭口，完成了实地踏勘。①

经过实地踏勘的木壳壳梁子地理信息如下：

表 2-1　木壳壳梁子的地理信息

垭口	东经（E）	北纬（N）	海拔（H）	红军首次翻越时间
木壳壳梁子	102°21′48.90″	30°47′10.24″	4465 米	1935 年 10 月后

① 参加这次踏勘的成员除笔者外，还有志愿者赵文捷、魏京、张严、杨潇、马福文，枷担湾村支部书记邓贵祥为我们当向导。

二、党岭

党岭 位于今四川省甘孜藏族自治州丹巴县城西北约60公里的边耳乡党岭村西南部，为丹巴、道孚的界山，属于横断山系大雪山脉北段，主峰海拔高度为5470米。“党岭”之名，据传得名于唐初，当时党项地区迁来大批人马栖居于此，于是将现党岭村西南的雪山命名为党岭山。

1936年2月27~28日，为执行《康道炉战役计划》，以红三十军为先导的红四方面军主力翻越该山的夏羌涅阿向道孚进击。夏羌涅阿海拔4810米。夏羌涅阿是嘉绒藏语“美女神山”之意。

（一）史实依据

翻越党岭雪山，不仅是红军克服艰难困苦的自然环境的一个标志，实际上还有一层长期被忽视的意义：红四方面军的将士们，开始怀疑、

党岭雪山

质疑甚至要求改变张国焘的“南下”方针，这也是红四方面军广大将士认识发生转变，回归正确道路的一个标志。

张国焘主持的红军总部于1936年2月上旬制订的《康道炉战役计划》，其主要的宗旨还是“继续扩大南下胜利”，故而作出的部署是：“三十军、四军、廿五师、五军经丹巴以大部分出泰宁、毛［牦］牛，消灭毛牛李抱冰残部两团后，部分经大炮山、东谷、俄日，向康定进击，以首先消灭李抱冰匪部，取得康定，并迎击薛岳匪部为目的，同时以一部北进取得道孚，向炉霍地区进展。”[①] 也就是说：以取得康定为主，以取得道孚、炉霍为辅。

但要贯彻这个方针，要“以大部分出泰宁、毛［牦］牛，消灭毛［牦］牛李抱冰残部两团后，部分经大炮山、中谷、俄日，向康定进击”，那就必须首先恢复月前已失守的铜炉房、牦牛、大炮山一线阵地。如此一来，在高寒缺氧地带仰攻已取得地势之利且以逸待劳的敌人，战斗的激烈和伤亡的惨重那都是不可避免也是可以想象的。

所以，这个计划一开始下达，就遭到了朱德、刘伯承、徐向前、陈昌浩等不同程度的抵制、修正、补救，乃至最终放弃“决取康定”这个“继续扩大南下胜利”的战役目的。

2月14日，已准备随东征红一方面军主力行动的林育英、张闻天给朱德、张国焘发来了一个电报，就红四方面军下一步行动方针提出三个方案供他们选择：

(1) 育英动身时，曾得斯大林同志同意，主力红军可向西北及北方发展，并不反对靠近苏联。四方面军及二、六军团，如能一过岷江，一过长江，第一步向川北，第二步向陕甘，为在北方建立广大根

① 《康道炉战役计划（1936年2月上旬）》，中国人民解放军历史资料丛书编审委员会：《红军长征·文献》，解放军出版社1995年版，第824~828页。

据地，为使国内战争与民族战争打成一片，为使红军成为真正的抗日先遣队，为与苏联红军联合，反对共同敌人——日本，为提高红军技术条件，这一方针自是上策。但须由兄弟等估计敌情、地形等具体条件的可能性。

(2) 二、四方面军现在巩固的向前发展，粉碎“围剿”，第一步把苏区迫近岷江，第二步进入岷、涪两江之间，这是夺取四川计划。便需估计堡垒主义对我们的限制，需不失时机以主力跃入堡垒线外，在外消灭敌人，发展苏区。二、六军则靠近川南苏区，在云、贵、川三省之交建立根据地，与四方面军互相呼应。

(3) 四方面军南渡大渡河与金沙江，与二、六军取得近距离会合，甚至转向云贵发展，寻求机会的前进。以上三种方针，请兄等考虑选择之。[①]

红军总部得悉此电后，朱德、张国焘即召集红四方面军领导人在宝兴县灵关镇集会，讨论这三个方案——实际上也是讨论《康道炉战役计划》是否继续执行，如果要继续执行，是否有必要明确战役目的，究竟是要“扩大南下胜利”，还是按党中央三个方案中的“上策”而作准备？

有关这次会议的情况，与会者傅钟曾回忆：

四方面军东渡岷江，二、六军团北渡长江，在川北会合后北进陕甘。这是上策。但东渡已不可能；大家估计，二、六军团由原区北渡也难实现。第二方案是：四方面军进入岷江、涪江之间即宜宾、泸州山区（朱德、刘伯承同志当年曾在那里作过战，熟悉那里的山山水

① 《林育英、张闻天关于国际指示要点、战略方针等问题致朱德、张国焘电(1936 年 2 月 14 日)》，中国人民解放军历史资料丛书编审委员会：《红军长征·文献》，解放军出版社 1995 年版，第 862~863 页。

水），与二、六军团占领的毕、大地区靠近，毕、大以北还有支中央红军留下的川南游击队在活动，可以起到相互配合的作用。但进军宜、泸的通路，以红军现有的兵力是难以打开的；而且宜、泸与毕、大两区有长江相隔，江北的区域狭小，主力红军不可能在那里立足。第三方案是：四方面军南渡大渡河、金沙江，与二、六军团取得近距离的会合，在云贵川边转战、发展，但面临的敌我态势是：薛岳的六个师（二十多个团）正向北猛攻我军阵地；红三十军的八十八师已撤出天全、始阳，国民党五十三师李韫珩部正由康定向丹巴进攻；我军无论向西、向南都无法再过大渡河，同二、六军团在云贵川边会合也难实现。经过反复讨论，一致认为：只有按原拟的《康道炉战役计划》行动，在道、炉地区迎候二、六军团，两军会合后共同北上陕甘。这就是说，按照具体情况，坚持党中央提出的上策，贯彻要四方面军与二、六军团协同行动，共同北上的指导思想，采取不走东路走西路的方针，完成党中央的战略计划。这次会议开得顺利，朱德、刘伯承同志发言最多，分析、说理十分透彻。张国焘迫于形势没有节外生枝，顺从了大家的意见。①

另一位与会者徐向前的回忆可以与之相互印证：

我们讨论的结果，一致赞同继续北上的方案。因为朱德、刘伯承、陈昌浩和我，过去就同意中央的北进方针，只是由于张国焘坚持南下，才造成了现在的局面。张国焘南下碰壁，又见斯大林同意主力红军靠近苏联，准备与苏联红军联合抗日，自然顺水推舟，同意北上的方案。至于夺取四川或南下云贵川的方案，大家认为，根据敌情、我力及地形条件，难以实现。关于策应红二、六军团北进的任务，自然应由四

① 傅钟：《党中央的召唤》，中共中央党史研究室编：《中共党史资料》第42辑，中共党史出版社1992年版，第23~24页。

方面军承担，视发展情况再作决定。[①]

这次会议的讨论结果是：继续执行《康道炉战役计划》，但目的已不再是什么“继续扩大南下胜利”，而是要准备“会合红二、六军团继续北上”，也就是傅钟所说的：“按照具体情况，坚持党中央提出的上策，贯彻要四方面军与二、六军团协同行动，共同北上的指导思想，采取不走东路走西路的方针，完成党中央的战略计划。”

这是自南下以来，红四方面军领导层第一次违拗了张国焘的意志。而有了这次会议所达成的共识，朱德、徐向前、陈昌浩、刘伯承等在执行《康道炉战役计划》时，也就有了“便宜行事”将“北上”之议作为定局之依据。然而后来的事实同样也证明：张国焘虽然在会上“迫于形势没有节外生枝”，却并没有“顺从大家的意见”。[②]比如迟迟不将党中央提出的“三个方案”和灵关会议达成的共识传达给红二、六军团首长，并不时想回到南下或西进的轨道。

灵关会议后，朱德、徐向前马上找来红三十军代军长程世才交代任务：红三十军八十九师为全军先头部队，由红军总参谋长刘伯承任先遣队司令员，马上翻越夹金山，执行《康道炉战役计划》。[③]

多年后，带领先遣队率先翻越了党岭雪山的刘伯承回忆道：

我到前面调查情况，遇到董振堂（在丹巴），他说：“过来过去，乱整一气。”我说：“这次该你们两位（董和黄超）爬大雪山了，你们

---

① 徐向前：《历史的回顾》，解放军出版社 1988 年版，第 321 页。

② 灵关会议前的 1936 年 2 月 12 日子时朱德、张国焘致贺龙、任弼时、关向应电，对红二、六军团的指示是：“你们即应单独行动，暂不宜渡江，即在黔、滇、川、湘、鄂广大区域作运动战，争取你们的新根据地。”见《朱德、张国焘关于红二、六军团暂不宜渡江致贺龙、任弼时、关向应电（1936 年 2 月 12 日子时）》，中国人民解放军历史资料丛书编审委员会：《红军长征·文献》，解放军出版社 1995 年版，第 1006 页。

③ 傅钟：《党中央的召唤》，中共中央党史研究室编：《中共党史资料》第 42 辑，中共党史出版社 1992 年版，第 24~25 页。

侦查的怎么样哪?”他们都说不能过去，现在就没有粮食。于是我趁机说：“这是你们这样说哪，那就只有北上，我就打电报了，将来有乱子我们大家担。”我便给张国焘打了一个电报：大雪山过不去，我们只有北上，如果不同意，五点钟前回电。否则我们就北上了。电报发走后，我就按着黄超看表，到五点的时候，我问黄：你看时间到了没有?他说五点半了，我说：“好，走!”①

刘伯承这里所言的“大雪山”指的就是大炮山，这是《康道炉战役计划》的预定进军路线。此间的刘伯承站在三岔路口作选择：要么按《康道炉战役计划》和徐、陈首长2月18日致红五军军长董振堂、政治委员黄超电中“你们即准备好一个团，待八十九师到懋功后，立即出发，先取［泰］宁或登宝”②的指示，沿东谷河而下行夺取牦牛、大炮山一线阵地去完成“决取康定”的任务，要么翻越党岭雪山先夺道孚——因为国民党军第五十三师李韫珩部已控制大炮山、奎拥、牦牛、铜炉房一线阵地，封锁了红军经东谷河河谷出疙瘩梁子，经泰宁而取道孚的道路。③所以，要“先取道孚”，就必须改变原进军路线。

刘伯承选择了后者，董振堂支持，黄超也没有反对。

1936年2月23日，徐向前、陈昌浩致电董振堂、黄超并刘伯承等：“我军因粮道及完成战略计划，应先取道孚，然后再转取太宁，截毛牛后

① 《刘伯承与红四方面军战史编委会同志的谈话（从张国焘看红四方面军历史上的一些问题）(1961年1月26日)》，原件存中央档案馆。

② 《陈昌浩、徐向前关于部队转移等问题致董振堂、黄超电（1936年2月18日)》，中国工农红军第四方面军战史编辑委员会：《中国工农红军第四方面军战史资料选编·长征时期》，解放军出版社1992年版，第377~378页。

③当年沿东谷河河谷出泰宁的道路是在牦牛村的小奎拥分路，折向西北沿疙瘩梁子山麓出岔沟，抵可子石，达泰宁，不通驮运，只供徒步往来。民国二十八年（1939）西康省政府拨款万元，丹巴调集民工300余人，历经八个月完成改道、整治工程，全程250余里。丹巴至牦牛沿牦牛河，经银厂沟、河西、热水塘至板厂沟口，越疙瘩梁子至可子石抵泰宁，此道通行驮运。参见四川省甘孜藏族自治州丹巴县志编纂委员会编：《丹巴县志》，民族出版社1996年版，第287页。

路，开展新方向的发展。”[①] 这很可能是徐、陈首长对刘伯承的选择作出的“追认”，也是对《康道炉战役计划》战役目标的第一个重要修正！

而且根本不再提及“决取康定”，而是“开展新方向的发展”。

3月1日，徐向前、陈昌浩电告红三十二军军长罗炳辉、政治委员李干辉：“我主力一部今可抵道孚，再向康定方向进。”并指示：“你们仍以佯取康定的姿势向敌威胁，尽力集结小部猛力活动，牵制敌人。”[②]

实际上，红三十军先头部队2月28日当晚已进入道孚县城。[③] 据此亦可推算出他们翻越党岭的时间：1936年2月27日。

3月，《康道炉战役补充计划》下达，战役目标正式被作出修订：“我主力进出于道、炉、甘一带，相机取康定。准备消灭由康定方面进攻之敌，并肃清西北一带之藏反。争取这一广大地区中部队之补充、整理、休息，待机行动。派一部出观音河地区活动，以开通将来主力北进之道路。”[④]

“决取康定”，变成了“相机取康定”；“开展新方向的发展”进一步被明确：北进！

这是南下失败以来，红四方面军在战役部署中发出的第一次“北进”之声！

（二）踏勘与确认地理信息

党岭之夏羌涅阿现无公路通过，只能徒步登临或翻越。

---

① 《陈昌浩、徐向前关于取道孚和坚守铜炉房阵地致董振堂等电（1936年2月23日）》，中国工农红军第四方面军战史编辑委员会：《中国工农红军第四方面军战史资料选编·长征时期》，解放军出版社1992年版，第380页。

② 《陈昌浩、徐向前关于三十二军继续向康定佯动致罗炳辉等电（1936年3月1日）》，中国工农红军第四方面军战史编辑委员会：《中国工农红军第四方面军战史资料选编·长征时期》，解放军出版社1992年版，第385页。

③ 中共四川省委党史工作委员会：《红军长征在四川》，四川省社会科学院出版社1986年版，第261页。

④ 《康道炉战役补充计划（1936年3月）》，中国人民解放军历史资料丛书编审委员会：《红军长征·文献》，解放军出版社1995年版，第830页。

2016年4月，我们前往丹巴县准备对党岭进行实地踏勘。[①]但同第一次考察大炮山一样，因大雪封山，无法成行。

2016年6月，我们再次来到丹巴，对党岭进行了实地踏勘。[②]

2016年6月19日，我们赶到党岭村。从村主任那里了解到党岭垭口的信息：从党岭村去夏羌涅阿路途较远，机动车甚至摩托均不能往来，只能租用马匹，而且来回需要两天。与村主任协商好马匹等事宜后，我们当晚在村主任自办的客栈住下并作了上山露营的准备。

20日一大早，由村民耶布（女）、公珠多吉带路，我们起程前往党岭。从党岭村前往党岭的路途不仅长，而且很坎坷，乱石路、河滩路特别多。马匹是最怵这种乱石路的了，我们时常得下马步行。看得出来，这条路线已经很久没有往来人骑了。在临近宿营地时，一匹稍瘦小的马终于不堪重负，马蹄子卡在石缝中已没力气站起来，向导只好把它

图 2–2　党岭之夏羌涅阿的地理位置

① 参加这次踏勘的成员除笔者外，还有志愿者赵文捷、张严、杨潇。
② 参加这次踏勘的成员除笔者外，还有志愿者赵文捷、张严、杨潇、马福文。

在乱石滩中艰难行进

驮的东西全部卸下。我们磕磕绊绊走了一整天，好不容易到了党岭脚下。然而准备宿营时才知道，村主任派给我们做向导的耶布和公珠多吉竟然从来没有上过党岭，而且他们想的只是把我们带到山脚，并没打算上山。这可真是要了命了，这党岭的垭口很多很多，究竟哪一个是通向道孚的夏羌涅阿，要没向导是很难找准的。而且，这俩向导没有帐篷，没有雨具，我们五人还得挤进两个帐篷，挪出一个帐篷来让给他们。到了这会儿也没办法，我们五人也只能给他们做思想工作，希望他们次日跟我们一起上垭口。功夫不负有心人，动员他们到大半夜，我们的诚意终于还是感动了两位不称职的向导，答应次日与我们一起找路上山。

6月21日上午雨过天晴，我们开始上山。我们日前的宿营地海拔高度约4200米，起步后有相当一段能乘马，但植被越来越少，到达海拔4600米处时，已是满山乱石，没有明显道路，两个没来过的向导也只能跟着感觉走，这么走笔者心中也越来越忐忑。幸而夏羌涅阿是比较著名的垭口，一般GPS地图都有地名标示，赵文捷一路上不断地核对，终于还是对准了正确路线。

马匹已不堪重负

上得夏羌涅阿，天气正好放晴，可以清晰地看到道孚的龙普沟。

在垭口完成数据采集和拍摄后，我们赶紧下山回到营地，收拾好帐篷即返程。走到一半遇雷雨，雨势不小，等回到党岭村时，所有人都成了落汤鸡。因后面还有考察任务，我们赶紧换了衣服，连夜从党岭村赶回了丹巴县城。

党岭之夏羌涅阿海拔4810米，是红军长征翻越的三座海拔4800米以上的大雪山之一。

经过实地踏勘确认的党岭之夏羌涅阿地理信息如下：

表2–2 党岭之夏羌涅阿的地理信息

垭口	东经（E）	北纬（N）	海拔（H）	红军首次翻越时间
党岭之夏羌涅阿	101°19′08.13″	31°01′29.85″	4810米	1936年2月27日

三、松林口

松林口 位于四川省甘孜藏族自治州道孚县葛卡乡境内。

（一）史实依据

红三十军翻越党岭攻取道孚后，曾派出二六九团从道孚南下攻取泰宁。红二六九团于1936年3月5日从道孚出发，翻越松林口，在龙灯坝击溃了当地头人降措扎西的武装阻击，进逼泰宁。泰宁民团一触即溃，团总杨章瑞率部逃往康定。红二六九团攻占泰宁后，又派出三个连于4月南下营官附近，从西面形成对康定的威胁。①

鉴于松林口在红四方面军西进康北行动中威胁康定具有重要意义，所以本书将其作为特例列出。

松林口北麓

（二）踏勘与确认地理信息

2009年10月，我们曾对松林口进行过实地踏勘。②

---

① 中共四川省委党史工作委员会：《红军长征在四川》，四川人民出版社1986年版，第262页。

② 参加这次踏勘的成员除笔者外，还有志愿者张帆、张晓龙、杨亮、胡旭辉、熊文权、赵文捷、吴蕾、张吉、黄林、李力、陈智伟、陈敏锐、赖胜利、方小军、卢家荣、欧阳蜀勇、杨茜瑛、杨燕春。

经过实地踏勘确认的松林口地理信息如下：

表2–3　松林口的地理信息

垭口	东经（E）	北纬（N）	海拔（H）	红军首次翻越时间
松林口	101°18′46.90″	30°46′54.40″	3981米	1936年3月5日

四、洛戈梁子

洛戈梁子　位于炉霍县朱倭乡与甘孜县治所在地甘孜镇之间，实际上也是两县的界山。其山势平缓，延绵数十公里，没有明显的垭口。这个雪山梁子其实是由三道山梁组成，还是一个“三通”的梁子：通往甘孜的最高处为海拔4000米，通往色达的最高处在4100米以上。

洛戈梁子因其西坡脚下的洛戈村而得名。

（一）史实依据

红军集结党岭东麓准备进军道孚时，国民政府委派的“西康宣慰使”诺那活佛也在道孚最大的寺院灵雀寺。诺那闻“红军要来”的信息，当即召

洛戈梁子

集寺院上层喇嘛开会，煽动他们与红军对抗，还留下了一批枪支。然而诺那自己却不想在这是非之地多留，而是立马带上宣慰使公署百余人和他的卫队（也就是“反共别动队”）一走了之。道孚县长熊起本来就是个空头官僚，手下没有一兵一卒，见此情景也马上就见不着人影了。灵雀寺住持堪布麻顷翁是个“国民党党员”，反共情结根深蒂固，手头有了诺那相赠的枪支，又仗着灵雀寺僧众在藏区享有的“好勇斗狠”的盛名，派出数十名武装僧众前往红军下山后要经过的龙普沟觉洛寺（红军文献中译作“脚落寺”）去阻击红军。然而当喇嘛们赶到觉洛寺时，看到的却是“大队红军浩浩荡荡而来”，自忖不是对手的喇嘛们扭头就跑回灵雀寺的高墙大院，企图依托后山碉堡和寺院高墙上的交叉火力与红军对峙。而红军则找来当地群众带路连夜摸上后山，将后山碉堡逐一拿下，居高临下瞰制了灵雀寺庙大院。相持至3月1日，堪布麻顷翁率武装僧众几次突围不果后，只得率众弃寺逃跑。

红军并不追赶，且对俘获的喇嘛们十分优待，对经堂等也是严加保护。

西进康北乃至此后，红四方面军已经开始贯彻瓦窑堡会议“抗日民族统一战线”方针和政策，相应的民族、宗教和统战策略都有了较大的调整，已不似初入汶、茂、理那般动不动就给土司官寨点一把火的过火做法，统战政策也运作得十分到位。而这样的政策调整在西进康北的进军中得到了几乎是“立竿见影”的回报：红军“纪律严明、善待寺院和宗教人士”的口碑站站相传，众多的上层和宗教人士也从最初的疑惑、敌对，逐渐转向了与红军合作。

这个时候的刘伯承、程世才、郑维山等已得到《康道炉战役补充计划》，遂按“相机取康定”新指示，于3月5日派所部二六九团从道孚南下，直取泰宁。红二六九团南下后，在龙灯坝击溃了当地头人降措扎西的武装阻击，进逼泰宁。泰宁民团一触即溃，团总杨章瑞率部逃向康定。红军攻占泰宁，从西面形成对康定的威胁。①

---

① 中共四川省委党史工作委员会：《红军长征在四川》，四川省社会科学院出版社 1986 年版，第 262 页。

但这已经属于“佯动”的性质了。

同一天，刘伯承、程世才、郑维山率红八十八师主力从道孚出发，沿鲜水河直奔炉霍；7日，红八十八师在炉霍城东的将军梁子将炉霍寿灵寺派驻的武装击溃，红军乘胜进占炉霍县城老街。这时炉霍县长王政和已闻风逃跑，只有寿灵寺住持格聪活佛率精壮僧众千余，凭山势之险及诺那活佛代表国民政府赠予的步枪百余支与红军继续抗衡。那个时候的寿灵寺位于炉霍城南两公里处的山坡半腰，恰好扼住了坡下大道（1973年炉霍地震后原寺被毁，搬迁至炉霍城北鲜水河对岸）。

红军没有强攻，而是根据红四方面军总部“围而不打，政治争取为主，力争和平解决”的指示，对寺院开展“政治宣传”和统战攻势。“宣传攻势”是通过两位藏族通司进行的，结果寿灵寺武装僧众开枪打死了通司；红军又派出从丹巴带来的两位通司进寺送信，同样也被杀害！红军官兵虽然愤怒至极，却仍然恪守总部指示，没有发起强攻——虽然这个时候要点一把火或以迫击炮轰上一炮也相当方便……

相持十日后，寿灵寺得到了甘孜土司和寺院武装的驰援，寿灵寺武装僧众士气大振，以铁棒喇嘛公却娄罗为首的二百人敢死队从寺内冲出，扑向红军阵地。其凶焰炽甚，竟然一度冲进红八十八师一个团指挥所，打死团长还夺走一挺轻机枪。然而一群乌合之众难成气候，红军一发起反冲击，敢死队即行溃散，公却娄罗也被击毙。几天后红三十军李先念政委率八十九师一部赶到，与八十八师部队合力将增援寿灵寺的土司和寺院武装击散，也断了格聪活佛残存的一丝念想。

两天后红军施了个拖刀计：突然从寿灵寺撤围，佯装离开炉霍赶赴甘孜。格聪活佛在松了一口大气的同时也放松了警戒，武装僧众也放心大胆开始久违的酣睡。孰料红军却连夜杀回，突入寿灵寺大院，僧众们顿时阵脚大乱，纷纷缴械——除格聪活佛率少数人从后山逃走外，其余都做了俘虏。

红军攻占寺庙后除取用粮食外，对被俘喇嘛一律优待，其诵经等佛事一概照旧进行。这番作为不仅使僧众们大为惊诧，就连被寺院管家益西多吉派来探听情况的亲信绍古也大为感动，回头就把所见所闻向躲在炉霍泥巴沟的益西多吉作了详述。益西多吉壮着胆子回到炉霍后发现这些“红汉人”并非传闻中的青面獠牙嗜血成性，于是决心与红军合作，还向甘孜、炉霍等地的上层人士和寺院修书致信，以亲身见闻向他们宣传了红军的“宗教政策”和“打起仗来不要命”的精神。

这一切，都成为后来红军顺利翻越洛戈梁子进取甘孜的绝好铺垫。

洛戈梁子其东麓坡下有个寨子叫朱倭（现属炉霍县），朱倭北边不远处有个寺庙叫觉日寺。红八十八师从炉霍向甘孜进军时，“西康宣慰使”诺那活佛曾与甘孜县长马成龙、别动队大队长秦仲文策划，准备联合觉日寺武装僧众在洛戈梁子凭险阻挡红军。然而马、秦二位率部众从甘孜赶到洛戈梁子东麓的卡萨湖附近时，却得闻前边的朱倭寨子已出现了戏剧性的一幕：觉日寺住持扎日活佛因得到益西多吉的信札，此刻已阵前反戈，大开寨门寺门迎进了红军。马、秦自知大势已去，遂遁回甘孜。

然而遁回甘孜也不平安。甘孜最大的寺院甘孜寺也得到益西多吉和觉日寺住持扎日活佛的书信，随即派出了代表到洛戈梁子去和红三十军先头部队首长程世才、郑维山谈判，表示红军进甘孜后只要不进喇嘛寺，寺院会与红军和平相处并负责筹措粮草。这个条件本来就是红军政策的一部分，程、郑二位当然毫不踌躇答应得十分痛快，于是在僧众们的吹吹打打中，红军被迎进了甘孜城，而诺那活佛及其“反共别动队”则被一夜之间就反了目的甘孜寺僧兵逐出甘孜。

被僧人们驱逐的“西康宣慰使”队伍一分为二，秦仲文率别动队，逃向绒坝岔，红八十八师政治委员郑维山则率二六五团连夜猛追，在绒坝岔将这支别动队大部解决，仅秦仲文率少数随从经白玉逃到巴拖。“宣慰使”本人则率“公署”百余随从逃往瞻化，几天后还是落在了红军手中。

根据国民党军的档案文献[①]和当地史实依据可知：红军翻越洛戈梁子的时间是1936年3月30日，部队序列为：红四方面军三十军八十八师。

---

① 《重庆行营追堵红军长征报告书（1936年2~7月）》，《国民党军追堵红军长征档案史料选编（四川部分）》，档案出版社1986年版，第354页。

笔者（左）和赵文捷在洛戈梁子垭口

（二）踏勘与确认地理信息

317国道经过洛戈梁子垭口，采集地理信息很方便。

图2—3　洛戈梁子的地理位置

经过实地踏勘确认的洛戈梁子地理信息如下：

表2-4 洛戈梁子的地理信息

垭口	东经（E）	北纬（N）	海拔（H）	红军首次翻越时间
洛戈梁子	100°11′	31°36′	4000~4100米	1936年3月30日

第二节 四天跨越四个“涅阿”，长途奔袭夺取瞻化

在刘伯承等率红三十军先头部队沿鲜水河进取炉霍、甘孜的同时，红军总部也在策划夺取瞻化。这个行动原本并不在《康道炉战役计划》之内，但红军要在康北生存就必须扩大粮源，所以顺利夺取道孚后瞻化必然成为下一个目标。

实际上，年前绥崇丹懋战役期间，张国焘就已经开始打“西进康北”的主意了。为了把这个主意付诸实施，他甚至不惜信口开河：“西康为我唯一后路，不可以西康落后说自误。即道孚亦比绥靖人口多，出产多，康定、磨西面、道孚亦为我有，粮食解决，有宽广后方……”① 说得天花乱坠。待真到了道孚才知道，这牛皮是不能信口乱吹的，几万部队进了这片人烟稀少的所在，吃饭就是天大的问题！

1936年3月27日，张国焘、徐向前致电陈昌浩，指示：“四军以炉霍作后方，向瞻化进。”② 1993年10月出版的《红军长征·图片》中的《康

① 《张国焘、徐向前关于争取喇嘛等致陈昌浩电（1936年3月27日）》，中国工农红军第四方面军战史编辑委员会：《中国工农红军第四方面军战史资料选编·长征时期》，解放军出版社1992年版，第401页。

② 《张国焘关于南下受阻时退入西康致红四方面军总指挥部电（1935年10月31日24时）》，中国人民解放军历史资料丛书编审委员会：《红军长征·文献》，解放军出版社1995年版，第805~806页。

（定）道（孚）炉（霍）战役态势图》，可能就是根据这个信息绘制的。

［参见图 2-4：红四方面军康（定）道（孚）炉（霍）战役及其发展态势图（1936 年 2 月中旬~4 月上旬）］

但这是一个有误导的信息，这张图关于红四军十师奔袭瞻化的路线也是错误的。这也是笔者在做考据工作时悟得的：进行文献判读时，一定要尽可能多地参照其他相关信息，对于相关作战部署，一定要尽可能地查阅部署的后续事件的信息：这个部署执行了没有？有没有改变？“部署”与“落实”之间，是绝对不能随随便便画等号的！

根据时任红四军参谋长的陈伯钧将军日记记载，3月27日那天，红四军军部和红十一师驻扎在道孚附近的脚耳村（今足湾村），红十二师则驻扎在道孚以南的瓦日沟一线，而红十师当时刚过党岭雪山。当天

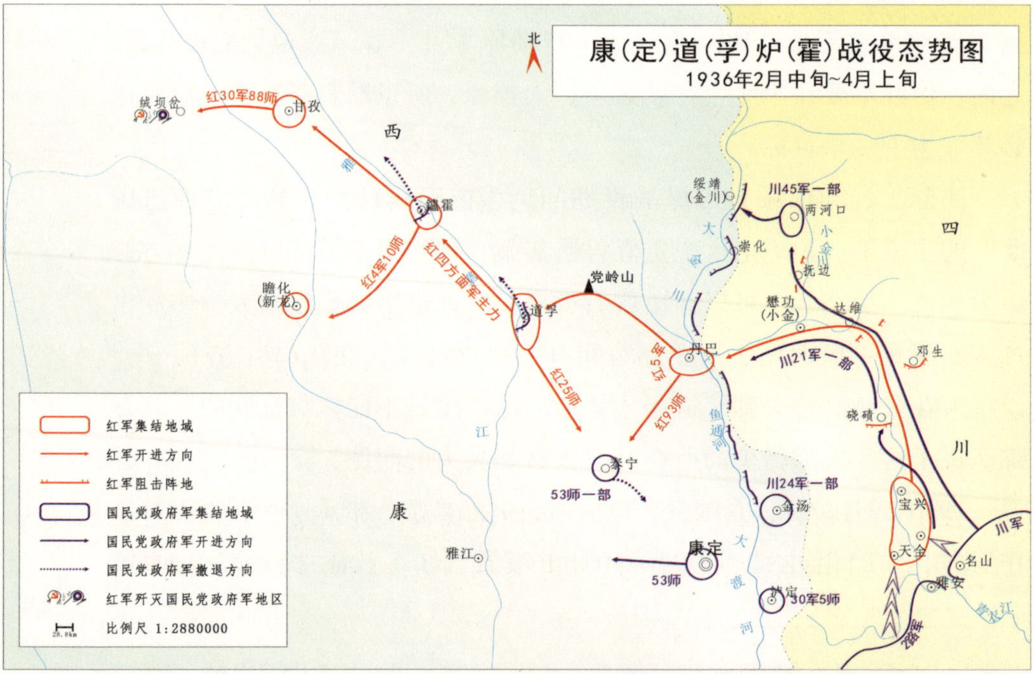

图 2-4　红四方面军康（定）道（孚）炉（霍）战役及其发展态势图（1936 年 2 月中旬~4 月上旬）①

① 来源：中国人民解放军历史资料丛书编审委员会编《红军长征·图片》，解放军出版社 1993 年版。

图 2–5　红四军主力奔袭瞻化路线（1935 年 4 月 1~4 日）

晚上，朱德总司令从觉洛寺（陈日记中记作“脚落寺”）赴驻道孚的总部途中，曾“到军部小坐，并同军长政委去总部谈话”。次日，张国焘还亲自来到红四军军部“谈四军工作”。[①]

这些谈话内容当然应该包括当日张、徐致陈昌浩电中关于红四军进取瞻化的设想。

然而，从陈伯钧将军3月27日至4月4日的日记记录中，我们也可以清楚地看出，就在这些“谈话”后，方面军首长已对原设想中的“四军以炉霍作后方，向瞻化进”中的“以炉霍作后方”作出了改变：红四军十师并未去炉霍，而是与十一师一起，于3月31日由道孚附近起程，到达道孚西北约10公里的麻孜乡后住了一夜，4月1日出发转向西南，连续翻越了4座雪山，于4月4日进占瞻化（今新龙）。

① 《陈伯钧日记·文选》，中国财政经济出版社 2002 年版，第 247~248 页。

下面我们根据陈伯钧日记提供的信息，来一一复原这4座雪山的位置和红四军主力的进军路线。因缺乏原始的文献和史志资料，我们只能以“最方便最快捷”的行军原则并参照陈伯钧日记中给出的地理信息来进行这种复原。

[参见图 2–5：红四军主力奔袭瞻化路线（1935 年 4 月 1~4 日）]

一、决益涅阿

决益涅阿　意为“世间山垭”，“涅阿”系藏语音译，意即垭口或山口。位于四川省甘孜藏族自治州道孚县麻孜乡与甲斯孔乡之间，实测海拔高度4525米。

（一）史实依据

1936年4月1日，红四方面军主力曾翻越这个垭口，进至亚洛阔地域，拟继续进取瞻化。

决益涅阿

根据陈伯钧1936年3月31日和4月1日日记记录，可以相对清晰地复原出红四军的行军轨迹以及他们翻越的雪山。

三月卅一日上午晴，旋阴，夜雨

行军，由脚耳经道孚到麻子沟，约廿里。我十师、十一师奉命向瞻化推进。十二师、独立师仍在将军桥、大寨、瓦日沟之线不动。军政委留道孚，指挥十二师及独立师。我同军长随十师十一师行动。上午到总部及张主席处，谈军事、政治工作应注意的事项。午，在骑兵司令部世友同志处闲谈并中餐。午后二时左右，到麻子沟的上半沟。十五时以后，召集连以上干部会议，由总政治部李副主任参加，到十九时前后才散会。晚，准备次日行动事宜。

四月一日雪，下午阴

行军。由麻子沟经热里科山到热里科喇嘛寺，约六十里。五时许开始出发，至八时许始完毕。昨晚得总部消息，甘孜亦被我军占领，稍有缴获，蒋逆西康宣抚使诺那喇嘛，率众四五十人逃瞻化。热里科山不甚高，但很长，约卅里。实际不过十余里，只有从麻子沟上山的二里路较陡，其余的好走。下山只五里就是平路，一直到热里科喇嘛寺。是日，没有掉队落伍的，只失联络一人。热里科及牛厂喇嘛均逃跑一空，亦未发现反动武装，我们仍准备继续西进。①

说明

● 麻子沟：今四川省甘孜藏族自治州道孚县麻孜乡西南一条山沟，麻孜乡海拔为3016米。

● 瞻化：今四川省甘孜藏族自治州新龙县，此处指的是县治所在地茹龙镇，其海拔高度为3050米。

① 《陈伯钧日记·文选》，中国财政经济出版社 2002 年版，第 248~249 页。

● 军政委、军长：指红四军政治委员王建安、军长王宏坤。

● 热里科和热里科山：“热里科”在现在不同版本的道孚县地图上有“亚洛阔”、“嘫洛科”，藏语语意不详。陈伯钧日记所言“热里科山”即“决益涅阿山口”，海拔高度为4525米，当年亚洛阔喇嘛寺已弃（海拔为3725米），新寺建在附近一海拔4010米的雪山上。

（二）踏勘与确认地理信息

首次踏勘。2009年10月，我们曾前往道孚，欲对决益涅阿等4座雪山进行实地踏勘。①

10月1日，我们从成都出发，当日在康定新都桥宿营；10月2日，赶到道孚县城宿营。

图 2-6　决益涅阿的地理位置

① 参加这次踏勘的成员除笔者外，还有志愿者张帆、张晓龙、杨亮、胡旭辉、熊文权、赵文捷、吴蕾、张吉、黄林、李力、陈智伟、陈敏锐、赖胜利、方小军、卢家荣、欧阳蜀勇、杨茜瑛、杨燕春。

10月3日，大家起了个大早，准备用完早餐后即向决益涅阿进发。因为行前作案头准备时笔者曾收集过相当多的当地信息，也在Google地图上作过图测。看到有一条砂石土路通过决益涅阿直达山那边的铁矿，所以对这一天的行程充满信心。

然而新得到的消息却给大家兜头浇了一盆凉水：因铁矿废弃年久失修，再加上地震造成的塌方影响，通往决益涅阿的那条简易路已经不能通行。这个消息源自饭店隔壁的一家摩托维修店主，是位藏族。为了证实，笔者亲自带着地图当面向这位藏族朋友请教，请教的结果才知道是他觉得对雪山应存敬意，别轻易去冒犯。

既然如此，我们也只好放弃由此上山的计划，但实地校核陈伯钧日记的想法又无法释怀。于是，我们打算沿鲜水河下行，从道孚—新龙间的简易公路绕行至决益涅阿西麓，从另一方向抵近看一看这座雪山和当年红军翻过的另一座雪山。

鲜水河是雅砻江的一个支流，起源于甘孜县的达曲河和色达县的色曲河，进入道孚地域后又得到了甲斯孔河、拉曲河等9条支流的灌注，水量非常丰富，这些河流纵横蜿蜒在茂密的森林和丰美的草场之间，风光秀美，别具特色，所以尽管这里交通不便，近年来却也吸引了不少国内外游客。

鲜水河流域还曾是“成色冠于全康”的沙金产地，享有“黄金河谷”之盛名。

过了鲜水河大桥后再沿甲斯孔河上行10余公里，之后在一个分岔口进入亚洛阔沟。沿沟行走一路都是陡崖峭壁，可以想见当年不太可能有人行便道——老版的道孚县地图甚至概略一点的交通图上就没有这条道。从前亚洛阔与甲斯孔之间的往来要翻越沟的东侧一座叫作夏尔涅阿的雪山（海拔4598米）。

沿沟走到尽头时，可以看见亚洛阔寺（陈伯钧日记中称“热里科寺”）的断垣残壁，现在的新寺建在附近一座雪山上。但我们上山时突降雨雪，上山的土路顿时泥泞不堪，一路都在打滑，我等手脚并用冒着危险挪了个把小时才到了这所寺庙。

建在海拔4010米处的亚洛阔新寺恰好坐落于东边的决益涅阿和西边的伊则涅阿之间，晴空之下这两座雪山均在目力所及范围之内。笔者询及当地藏民，他们也大都知道当年红军经过此间进取瞻化的行军路线，但遗憾的是亲历此事的老者如今已无人幸存于世，这条路线如果不是陈伯钧日记留下记载，恐怕我们也寻不到。

不过决益涅阿和伊则涅阿都不能车行——摩托也不成，所以大家只好扫兴下山。

第二次踏勘。几年之后的2016年6月26日，经中共道孚县委宣传部贺雄同志联系，我们来到了甲斯孔河畔的卡美村，村支书巴登热情接

骑马前往决益涅阿

待了我们并介绍了相关情况。巴登书记是当地的地理通，父亲曾是当地有名的民兵英雄，在民主改革和剿匪中立过大功。从巴登书记的口中，我们对红四军的这条奔袭路线上各个节点的判断终于得到了群众口碑的证实：这是一条茶马古道，是当年道孚到瞻化（今新龙）的主要通道，其间的骡马差役基本上都是由甲斯孔河流域的群众负担。当地群众深受旧政权及旧军队的奴役之苦——在出不起骡马时甚至人都被套上笼头当骡马使唤，甲斯孔河沿岸的群众对旧时代充满了仇恨，而对帮助他们获得身心解放的共产党充满了感恩之情。

巴登书记给我们介绍了洛须玛村的村民小组长扎西，因为没有手机信号，我们决定次日一大早赶到决益涅阿与伊则涅阿之间的洛须玛村，请扎西替我们租用马匹并提供向导，在两天内完成对决益涅阿和伊则涅阿的实地踏勘。①

27日一早我们驱车赶往洛须玛村，这条道我们几年前来过，路面已经硬化，不到一个小时我们就赶到了洛须玛村。这个村实际上是个新村，与陈伯钧他们当年宿营的亚洛阔寺旧址相距不过几百米。找到扎西备齐马匹后，我们在村民公布和布托的帮助下，前往决益涅阿。

上山的路不算远也不算难，不过公布等误解了我们的意图，把我们带到了直接通往道孚县城的另一个垭口热青涅阿，我们发现这个垭口的环境与陈伯钧日记的相关记录不符——陈日记记录的垭口是从道孚县的麻孜乡通往亚洛阔旧寺，好在从热青涅阿可沿山脊直接前往决益涅阿，不用再下山上山。

一个多小时后，我们来到了决益涅阿。

决益涅阿被当地群众称作“铁矿山”，甲斯孔河流域的铁矿有百年以上的历史，虽然现在已经停止开采，但地名还是流传了下来。我们在垭口上可以清楚地看见南麓的简易公路已修到半坡。但坡还是很陡。

---

① 参加这次踏勘的成员除笔者外，还有志愿者赵文捷、张严、杨潇、马福文。

经过实地踏勘确认的决益涅阿地理信息如下：

表2–5　决益涅阿的地理信息

垭口	东经（E）	北纬（N）	海拔（H）	红军首次翻越时间
决益涅阿	100°59′57.64″	30°59′10.56″	4525米	1936年4月1日

二、伊则涅阿

伊则涅阿　意为“山峰垭”。位于四川省甘孜藏族自治州道孚县甲斯孔乡，海拔4700米。该垭口属于工卡拉山脉，是工卡拉山的一个垭口。

（一）史实依据

1936年4月2日，红四方面四军主力曾翻越这个垭口，进至甲斯孔河畔的沙拥地域，拟继续进取瞻化。时任红四军参谋长陈伯钧在日记中称这个雪山垭口“与党岭不相上下”。

伊则涅阿

根据陈伯钧1936年4月2日日记记录，可以相对清晰地复原出他们的行军轨迹以及他们翻越的雪山。

四月二日　雪，阴

行军。由热里科翻山到甲子孔，约五十里。今日的山与党岭不相上下。午后二时许到甲子孔。下甲子孔时，反动武装打死我一战士，旋即逃窜。①

说明

- 今日的山：指伊则涅阿。
- 甲子孔："甲斯孔"之译音，根据陈伯钧日记所言行军路线及地形研判，此处似指流经道孚县甲斯孔乡的甲斯孔河，藏语之意为"铁渣河"（因该地有炼铁遗迹而得名）。甲斯孔乡所在地卡美村并非陈日记所言的"甲子孔"，实际上指的是地处甲斯孔河畔的沙拥（海拔高度为3430米，位于卡美村西北10余公里处）。"沙拥"，藏语意为"有土"，系因该地耕地面积大而得名，村中建有沙拥喇嘛寺，信教群众常聚集于此，十分热闹。

（二）踏勘与确认地理信息

伊则涅阿无公路通行，只能徒步登临。

2016年6月27日，我们在洛须玛村村民公布、布托帮助下登上决益涅阿后，28日，又在公布、布托的帮助下登上了伊则涅阿。这条登山路线较决益涅阿路途更长，也更为坎坷，不过坡度不算陡。现在洛须玛与沙拥之间已有公路可通，所以很少有人往返这条路线，山间的林中小路虽然依稀可辨，但因为长期无人往来，密集的树枝缠绕撩拨，非常影响我们乘骑上行。

到达海拔4000米以上高度时，森林逐渐稀疏，植被变成了草苔，山势也逐渐陡峭。

---

① 《陈伯钧日记·文选》，中国财政经济出版社2002年版，第249页。

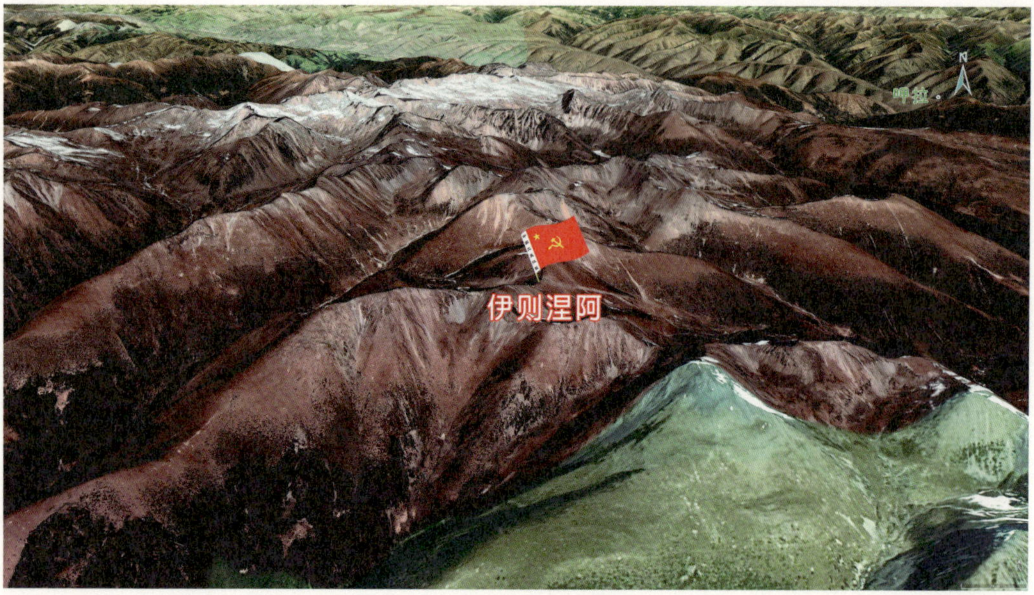

图 2-7 伊则涅阿的地理位置

再往后接近垭口时，已无明显的小路，我们只得从乱石堆上寻觅上行，行进状态的确很像党岭那个夏羌涅阿，人人都累得大喘气，笔者几乎是走十来步就得喘上好一阵才能缓过气儿来。

伊则涅阿都是裸露的岩石，寸草不生，而且非常狭窄，一两个人站在上面连打个转身都很困难。公布说，从这里下山进沟就是沙拥那个喇嘛寺。当年红军下山时，喇嘛寺的僧人们都逃之夭夭，后来看到这支从山上下来的队伍很规矩，又陆续回到了寺院。

据陈伯钧日记记载，红四军在沙拥住了一夜，次日又继续翻山向瞻化前进。

登上了伊则涅阿

经过实地踏勘确认的伊则涅阿地理信息如下：

表2–6　伊则涅阿的地理信息

垭口	东经（E）	北纬（N）	海拔（H）	红军首次翻越时间
伊则涅阿	100°52′12.12″	30°57′59.72″	4700米	1936年4月2日

三、伊涅阿

伊涅阿　位于四川省甘孜藏族自治州道孚县甲斯孔乡与新龙县拉日马乡之间，是道孚县和新龙县的界山，实测海拔高度为4616米。“伊涅阿”的藏语之意为“向阳的山垭”。

伊涅阿

（一）史实依据

1936年4月3日，红四方面军四军主力曾翻越这个垭口，进至亚柯沟口的拉日马，拟继续进取瞻化。时任红四军参谋长陈伯钧在日记中描述这座山“较平坦”。

根据陈伯钧1936年4月3日日记记录，可以相对清晰地复原出他们的行军轨迹以及他们翻越的雪山。

陈伯钧日记摘录：

四月三日　雪，阴。

行军。由甲子孔翻山到腊科，约四十里。昨日各团粮食已缺，只能暂从军直属队抽粮补充一部分。今日的山较小，较平坦。到腊科后，收集到粮食三千余斤，牛、羊、酥油一部分。甲子孔比热里科大。腊科又比甲子孔大。甲子孔有土司衙门一，出粮食，产金，腊科、热里科均系草地，只出牛羊，不出粮食。[1]

---

① 《陈伯钧日记·文选》，中国财政经济出版社 2002 年版，第 249 页。

说明

- 由甲子孔翻山：翻越的山即伊涅阿山口。
- 腊科："亚柯"之译音，今四川省甘孜藏族自治州新龙县拉日马乡境内的一条山沟，藏语意为"沟的上端"，陈日记所言"腊科"似指亚柯沟南的拉日马（藏语"安居乐业"之意），其海拔高度为3705米。

（二）踏勘与确认地理信息

2016年6月28日，我们在完成伊则涅阿的实地踏勘后，又在卡美村支书巴登帮助下，对伊涅阿进行了实地踏勘。

伊涅阿无公路通行，但山势平缓，小路可行摩托，上山并不困难。2016年6月29日，卡美村党支书巴登替我们联系了故拥村村主任巴登（他们都叫巴登）。巴登为我们找了五名熟悉路线的向导兼摩托车手：扎西泽登、曲多、仁孜松波、泽旺洛布、曲永。上午我们赶到故拥村

图 2-8　伊涅阿的地理位置

前往伊涅阿途中

后，即乘摩托向伊涅阿前进。据车手们说，从故拥村翻山到拉日马，不会超过三个小时。

通往伊涅阿的山路很平缓，风光极其秀丽，所经之地都是绿草茵茵鲜花盛开的大片草场。我们情不自禁地与车手们互换角色，驾着摩托在草地上开心驰骋。不到中午，我们就很轻松地来到了伊涅阿。

经过实地踏勘确认的伊涅阿地理信息如下：

表2–7　伊涅阿的地理信息

垭口	东经（E）	北纬（N）	海拔（H）	红军首次翻越时间
伊涅阿	100°43′44.20″	30°53′43.43″	4616米	1936年4月3日

四、俄里涅阿

俄里涅阿 意为“山顶垭口”。当地人称“梁阿卡”，语意不详。位于四川省甘孜藏族自治州新龙县甲拉西乡，实测海拔高度为4590米。又名“扎巴加”，藏语之意为“带回声的山”。

（一）史实依据

1936年4月4日，红四方面军四军主力曾翻越这个垭口，进至甲拉西，并于当晚22时夺取瞻化。可能是连续几天翻越雪山的缘故，故时任红四军参谋长的陈伯钧在日记中记载：“山虽不同，但空气稀薄，加之走了五六十里平路也气蹶力微了，所以是日落伍掉队的很多。”

根据陈伯钧1936年4月4日、4月5日日记记录，可以相对清晰地复原出他们的行军轨迹以及他们翻越的雪山。

俄里涅阿

四月四日　晴，微风

行军，由腊科进沟五十里，翻山到喇嘛寺，约九十里。今日行军所过地区，与草地情形略同，只多一点树木。途中获牛羊各百余头。因进沟后要走五六十里平路才上山，山虽不同，但空气稀薄，加之走了五六十里平路也气蹶力微了，所以是日落伍掉队的很多。最后决定，派兵在山脚担任收容，迟一天再赶到瞻化。到喇嘛寺时，已十七时以后了。当即命令卅六团继续前进，坚决夜袭瞻化城。我们及廿八团宿营喇嘛寺附近。是晚，廿二时卅六团已攻占瞻化。获迫击炮二、步枪五、驳壳一、子弹四百余排。

四月五日　阴，微雨

行军。由喇嘛寺经甲纳溪、磨子沟到瞻化，约卅里。晨起，即派人带一部分马匹去山脚接落伍人员。又令卅六团立即分头追击诺那，并派兵抢占瞻化。我们于六时左右开始向瞻化前进，至八时许抵瞻化。瞻化只四五十户人家，可住两三团人，但沿河上下尚多粮房。午间河西头人派人来接洽，说他们已将诺那围住，并将诺那送我投诚。午后追诺那无线电之连已回，可惜只获一台发电机，余均被敌毁坏或带走。晚，起草行动命令及训令。①

说明

● 由腊科进沟五十里，翻山到喇嘛寺：翻越的山即俄里涅阿。

● 甲纳溪：今译甲拉西，位于今四川省甘孜藏族自治州新龙县城东南3公里处（雅砻江东岸）。

● 磨子沟：今名磨房沟，今四川省甘孜藏族自治州新龙县城东，因有磨房而得名。

● 诺那：即诺那活佛。

---

① 《陈伯钧日记·文选》，中国财政经济出版社 2002 年版，第 249~250 页。

（二）踏勘与确认地理信息

俄里涅阿有砂石公路通行。2009年10月，我们对俄里涅阿进行了实地踏勘。[①]

2009年10月4日，我们从甘孜藏族自治州新龙县拉日马乡出发，翻越了俄里涅阿。

从拉日马乡的扎宗寺村出发后沿途都是草场，地势在不知不觉中逐渐递升，到了俄里涅阿的雪山脚下也并未对之生出巍峨的感觉，虽然这座山的海拔高度其实已远远超出了夹金山等。奔袭瞻化的红十二师从扎宗寺出发后一直就在3700米以上行进，日行程应在50~55公里之

图 2-9　俄里涅阿的地理位置

① 参加这次踏勘的成员除笔者外，还有志愿者张帆、张晓龙、杨亮、胡旭辉、熊文权、赵文捷、吴蕾、张吉、黄林、李力、陈智伟、陈敏锐、赖胜利、方小军、卢家荣、欧阳蜀勇、杨茜瑛、杨燕春。

间（陈伯钧日记估计为90华里，现在的盘山公路行程为62公里），就艰难程度来说绝不逊于年前红一方面军红四团在大渡河畔那个“昼夜兼程二百四”——这可是高原缺氧地带的徒步强行军啊！更何况，在此前的三天里，他们已连续翻越了决益涅阿、伊则涅阿、伊涅阿三座海拔均在4500米以上的雪山，疲劳程度可想而知。

攻占瞻化县城和活捉诺那活佛对于红四方面军在康北休整以及迎接红二、六军团北上具有非常重要的意义。诺那活佛在与朱德、张国焘、徐向前、陈昌浩等红军首长交谈后逐渐转变了立场，改取同情红军并与红军合作的态度，这对于当时康区宗教界对红军态度的转变也产生了一定的积极影响，称得上是红军民族政策和统战工作的一个成果。而两个月后萧克、王震率红六军团由乡城、稻城经理塘北上，也在瞻化得到了僧俗民众的热情欢迎和粮食补充。

骑摩托车前往俄里涅阿山口

红四军在此间的跋涉实际上是一段失传很久的传奇：当年西进康北的红四方面军四军主力曾由扎宗寺出发，日行百里奔袭瞻化县城(也就是现如今的新龙县城)。这个县城坐落在雅砻江西岸，那时整个县城只不过四五十户人家，与东岸只有一座铁索桥相连接，守军是以诺那活佛的“反共别动队”为主的当地土司武装。这些情况当然已被前来夺取该城的红四军指挥员所侦悉。为防止敌人在情急之下炸毁这唯一的一座桥梁，红四军前卫红十一师（师长周世元，政治委员陈锡联）凌晨即从扎宗寺出发，翻越了俄里涅阿，进抵与瞻化隔岸相望的雅砻江东岸，随即以强大的机枪火力封锁桥西两侧，突击队飞速攀铁索过桥冲进县城。

这实际上就是红四方面军的“飞夺铁索桥”。

经过实地踏勘确认的俄里涅阿地理信息如下：

表2-8 俄里涅阿的地理信息

垭口	东经（E）	北纬（N）	海拔（H）	红军首次翻越时间
俄里涅阿	100°26′26.10″	30°52′42.60″	4590米	1936年4月4日

第三节 南下雅江、理塘接应红二、六军团翻越雪山的行军路线

1935年9月9日夜，党中央率红一、三军单独北上。因与红二、六军团联络的密码掌握在已为张国焘所控制的红军总部手中，中共中央从此便失去了与红二、六军团的联系，但党中央和红四方面军的联系仍然保持着。1935年中共驻共产国际代表林育英回国到达陕北后，中共中央根据共产国际指示精神并结合中国革命的实际，在1935年12月底在瓦窑堡召开的中共中央政治局会议上，形成了“抗日民族统一战线”总方针。此后，中共中央通过林育英不断地对张国焘进行规劝，而张国焘在南下遭到失败的情况下，实际也已开始接受了中共中央的“抗日民族统一战线”的方针（但向下传达时把这个方针说成是自己那个“第二中央”的）。

1936年2月14日，林育英、张闻天致电朱德、张国焘，就红四方面军下一步战略方向问题提出了三种选择。而三个选择中，唯“重新北上”是上策。无论是“东进”还是“南下”，都将面对敌军重兵紧逼，已经元气大伤的红四方面军在应对上已是“有心无力”。红四方面军领导人必须面对和重新考虑“北上”问题。

中共中央提出这三种选择之时，正是红四方面军迫于当前困境，开始西进康北之际。但后来的事实证明，西进康北仍然没有解决南下以来所遇到的困难，甚至还有过之而无不及。

史载：

……康北地处高原，平均海拔在三千米以上，虽然地域辽阔，但气候寒冷，人烟稀少，出产不丰，物质条件很差，对部队的生存和发展极为不利。红四方面军进入康北后，很快就遇到了一系列不可克服的困难。

首先是粮食问题。当时红军占领的道孚、炉霍、甘孜、瞻化四县，因为自然条件恶劣，农业生产技术又十分落后，出产的粮食很少。道、炉、甘、瞻四县全年的粮食产量，除去很大一部分种子后，不过三千五百万斤左右。这样一点粮食，平时仅够本地人口的最低消耗。红四方面军进入这一地区后，四军、九军、三十军、三十二军、三十一军一部及后方机关共约四万人，如在这四个县就食，加上当地十多万人的消费，即使每人每天只按最低水平消费原粮一斤计，这四个县全年生产的粮食也只够半年多的消费。丹巴和金川两县，产粮虽较康北多一点，但自一九三五年十月以后，红五军、后方机关及医院长期停驻这里，粮食消耗也大。仅在丹巴，每天即有近万名红军吃饭，至一九三六年一月主力西进康北前，五军在丹巴征集了三十四万斤粮食，已全部吃完。在此以后，驻丹巴、金川的部队，就只能买多少，吃多少，边买边吃，时常断炊，缺粮情况较为严重。

除粮食外，部队的被服等御寒物资的补充也是一个很严重的问题。康北气候寒冷，既不产棉，又不织布，所需棉布，全部从内地运进。当地居民御寒遮体，都是用自产羊皮或者是牛、羊毛所制成的毡子。而羊皮及牛羊毛的产量又不多，除本地藏族群众消费之外，已经所余无几。红四方面军自一九三五年四月开始长征后，南下西进，历时近一年，转战几千里，部队的被服等御寒装备亟待补充。西进康北后，又时值严冬，气温经常都是零下一二十摄氏度，对被服的需求更加迫切。但由于上述原因，部队补充御寒物资很困难。至于武器、弹药更不易得到补充。

由于康北地广人稀，人口很少，兵源缺乏，当地的藏族群众历来又无入伍当兵的习惯；再加之对红军的不了解，以及其他一些原因，当地愿意参加红军的群众极少。而红四方面军自长征以来，两次穿越草地，多次翻越雪山，几经激烈战斗，致使方面军到达康北一带时，减员严重，急需补充。但由于上述条件的限制，使兵员补充无法实现。加上康北自然条件恶劣，战士吃不饱、穿不暖，伤病员继续增加，战斗人员不断减少。这使红四方面军在进入康北后，不但未能通过“扩红”来解决部队减员的问题，反而使这一问题更加严重。

除了上述困难外，同当地少数民族的关系也始终是一个问题。红四方面军进入康北地区后，虽然制定和执行了一系列正确的民族政策和宗教政策，基本上处理好了民族关系，但是，由于历代反动统治者对少数民族的压迫剥削，造成了很深的民族隔阂，当地藏族普遍存在着对外来汉族的敌视。特别是国民党利用藏族的上层人物大肆造谣污蔑红军，不可能不反映到群众对待红军的态度上。红军进入康北后，经过许多艰苦和耐心细致的工作，使当地藏族群众对红军的看法有了很大的改变。但几万红军天天要吃饭，要穿衣，虽然部队发动战士采野菜代粮，捻毛线做衣，仍不可避免地要与当地藏族在粮食和物资上发生矛盾。而这一点又被一部分反动的藏族上层统治者所利用，他们煽动和胁迫一些藏族群众埋掉粮食，赶走牛羊，上山躲藏，不与红军合作，这就给红军在粮食、物资和兵员补充上造成了更大的困难。

……

这些一时无法解决的困难，使得红四方面军难以在康北地区长期立足，必须寻求新的出路。当时的形势是，东面，有国民党薛岳部的六个师及刘文辉的二十四军，集结于康定、泸定、汉源、雅安、天全一带，东出已不可能，南下失利就是明证。西面的西藏，各方面的条件比康北更差，西入西藏更不可取。南面是康南和云南。康南的条件和康北一样，或者还更差。而云南虽好，不但路途遥远，还有在数量上占优势的敌人，南出必不可行。出路何在？只有一条路：北上。只有北上才是唯一的出路。①

这也是西进康北以来，红四方面军领导人中不断出现“北上”呼声的缘由之一。

然而张国焘本人对于北上方针始终是三心二意的。一方面，由于南下战略的失败和面对的困境，他不得不顺应来自红四方面军领导人内部的“北上”呼声，不得不同意下达《康道炉战役补充计划》，将《康道炉战役计划》的战役目标从“决取康定”改作“相机取康定”；另一方面，却仍然怀揣着凭侥幸“扩大南下胜利”的小九九。在刘伯承等率先遣队占领道孚的第二天，他还在跟下级说：“……决以主力首先灭李抱冰取康定，为将来向西北发展的准备。……必须立即向干部和群众大大解释这次行动的意义，主要是须建立西北抗日根据地。”②而

---

① 中共四川省委党史工作委员会：《红军长征在四川》，四川省社会科学院出版社 1986 年版，第 270~272 页。

② 《张国焘关于决取康定为向西北发展作准备致邵式平电（1935 年 3 月 2 日）》，中国人民解放军历史资料丛书编审委员会：《红军长征·文献》，解放军出版社 1995 年版，第 829 页。

就是这个“为将来向西北发展的准备”，他也是心有旁骛，意在“西去青海、新疆”，与党中央的“北出陕甘”和“黄河以东战略”根本不是一回事。3月15日，他在道孚的干部会议上作报告时还在鼓吹：“我们现在要在这里停留一个时期，要去打康定的敌人。二、六军在康定附近与我们会合有极大可能。所以我们的战役计划还未终结，完成这一战役计划与将来胜利的行动是密切联系着的。现在我们要进行许多准备工作，我们在这里不是借路经过，而是要整理部队，建立政权。摆在我们面前的任务是争取少数民族，建立政权，正确执行粮食政策，争取相机消灭李抱冰，拿下康定的战役胜利。”①

《康道炉战役计划》在解释西进康北战役目的时曾经言及“更有力地策应二、六军团行动”，但红四方面军开始西移时，红二、六军团还远在黔西北的黔西、大定（今大方），朱德、张国焘代表红军总部给他们的指示是：“你们即应单独行动，暂不宜渡江，即在黔、滇、川、湘、鄂广大区域作运动战，争取你们的新根据地。”②所以红四方面军西进康北的行动对红二、六军团当然就谈不上什么“有力的策应”。

到了3月下旬，由于红四方面军已经在作北上准备，红二、六军团的战略方向选择也就提上了日程：是就地坚持争取新根据地，还是北进与主力会合？

3月23日，朱德、张国焘致电红二、六军团贺龙、任弼时、关向应等首长，建议红二、六军团在“渡河技术有把握条件下及旧历三月水涨前，设法渡金沙江”，但如果“不十分疲劳，有把握进行运动战时，

① 《张国焘在干部会议上作关于中国苏维埃运动发展前途的报告（1936年3月15日晚于道孚）》，中国工农红军第四方面军战史编辑委员会：《中国工农红军第四方面军战史资料选编·长征时期》，解放军出版社1992年版，第399页。

② 《朱德、张国焘关于红二、六军团暂不宜渡江致贺龙、任弼时、关向应电（1936年2月12日子时）》，中国人民解放军历史资料丛书编审委员会：《红军长征·文献》，解放军出版社1995年版，第1006页。

则在滇黔边行动亦好”。[①] 30日，朱德、张国焘与贺龙、任弼时、关向应经过蹉商后最后决定：红二、六军团即刻准备渡金沙江北进，四方面军准备派部队接应。[②]

4月中旬，红二、六军团抵近金沙江畔时致电朱德、张国焘，请求红四方面军派部队前来接应。而这个时候红军总部已令红四军十一师[③]、独立师和红三十二军从道孚南下雅江。19日，红三十二军扎筏强渡雅砻江，当夜占领雅江县城（现名河口，当时的县治，与今县治所在地本达宗隔江相望）。红四军十二师、独立师随后赶到，一夜之间造出了三条木船渡过雅砻江。随即派出一部翻越高尔寺山向东俄洛侦察，并消灭驻康定的国民党中央军第五十三师李韫珩部派出的别动队百余人。[④]

4月27日，奉红军总部令，红三十二军从雅江西出理化（今理塘）、南下稻城。红四军十一师、独立师则留守雅江一线，准备阻击国民党中央军第五十三师李韫珩的西进。迄至5月6日，朱德、张国焘、徐向前等经红四军政治委员王建安转令红三十二军“勿再前进，速筹粮欢迎”[⑤]止，红三十二军连续翻越了三座雪山，已进至理塘的木拉—甲洼一线。

［参见图2—10：雅江战斗与策应红二、六军团北进要图（1936年4~6月）］

---

① 《朱德、张国焘关于建议红二、六军团北渡金沙江致贺龙、任弼时、关向应电（1936年3月23日）》，中国人民解放军历史资料丛书编审委员会：《红军长征·文献》，解放军出版社1995年版，第1013~1014页。

② 《朱德、张国焘关于红二、六军团最好北进与我们会合复贺龙、任弼时、关向应电（1936年3月30日）》，中国人民解放军历史资料丛书编审委员会：《红军长征·文献》，解放军出版社1995年版，第1017页；《贺龙、任弼时、关向应关于红二、六军团决定北进即向滇西方向移动致朱德、张国焘电（1936年3月30日23时）》，中国人民解放军历史资料丛书编审委员会：《红军长征·文献》，解放军出版社1995年版，第1018页。

③ 这个番号与一些当事人的回忆文字不合（回忆文字称为十二师），但陈伯钧日记和朱德、张国焘1936年4月27日致徐向前电均使用的是这个番号，因其时正是红四方面军整编部队，有可能番号有过互换。

④ 张贤约：《雅江阻击》，《艰苦的历程——中国工农红军第四方面军革命回忆录选辑》，人民出版社1984年版，第154页。

⑤ 《张国焘、朱德、徐向前为速筹粮欢迎二、六军团致王建安电（1936年5月6日）》，中国工农红军第四方面军战史编辑委员会：《中国工农红军第四方面军战史资料选编·长征时期》，解放军出版社1992年版，第442页。

图 2—10　雅江战斗与策应红二、六军团北进要图（1936 年 4~6 月）①

① 来源：中国人民解放军历史资料丛书编审委员会编《红军长征·图片》，解放军出版社 1993 年版。修订：周军；重绘：刘鹤。

一、高尔寺山

高尔寺山 因山顶东南的高尔寺得名，位于四川甘孜藏族自治州康定市新都桥镇与雅江县八角楼乡之间，当地藏语称“呷依纳托”，是进入雅江的屏障。高尔寺山山势宛如长蛇，东起康定东俄洛，南至雅江八角楼，延绵百里开外，无明显的山垭。实测海拔高度为4260米（垭口最低处）。

（一）史实依据

目前史籍乃至当事人的回忆文字中，几乎找不到红军翻越高尔寺山的直接文字记载，但通过《红军长征在甘孜藏区》中的间接文字还是可以作出比较接近史实的判读：红三十二军和红四军十二师占领雅江后，红四军“则派出一支部队布防于尼马宗、麻子石、八角楼一带，与活动于高尔寺山以北的红九军相联接，在高尔寺山以南形成纵深防御，警戒康定方向之敌；并把主力摆在雅砻江西岸的本达宗，准备凭

高尔寺山垭口

险阻击李抱冰部进驻雅江的部队，掩护红三十二军南出理化，迎接红二、六军团”。[①]

此外，民国25年（1936）六月《川边季刊》第二卷第二期亦载："雅江县治系于四月十九日告警，匪来时由甘瞻方面，沿雅砻江下至噶拉村河西渡河。该处现有一军长，匪方时派军兵至高尔寺山盘踞骚扰。"[②]

但红军翻越的具体时间难以确认，只能大体推断出在1936年4月20日左右。

（二）踏勘与确认地理信息

2012年10月，我们对高尔寺山垭口进行了实地踏勘[③]，旨在厘清：1936年4月下旬至5月初，红三十二军从雅江南下甲洼接应红二、六军团

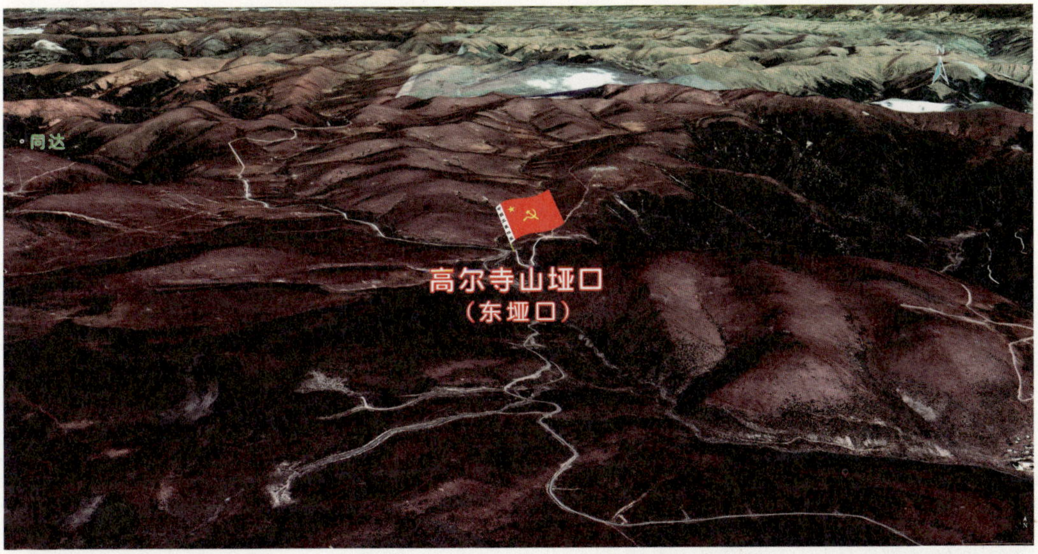

图 2-11　高尔寺山的地理位置

① 中共甘孜州委党史研究室：《红军长征在甘孜藏区》，成都科技大学出版社1993年版，第95~96页。

② 《国民党军追堵红军长征档案史料选编（四川部分）》，档案出版社1986年版，第386页。

③ 参加这次踏勘的成员除笔者外，还有志愿者杨亮、赵文捷、廖林科、张帆、蓝锦、陈敏锐、陈智伟、彭继欣、虞彬、熊文权、童小兵。

从稻城北进甲洼的行军路线。

我们于10月1日按预计日程翻越了高尔寺山。

现在川藏公路南线（318国道）高尔寺山隧道已开通，老路从高尔寺山垭口通过。以下是我们测得的地理信息。因高尔寺山山顶山势平缓，很难找到垭口的最高处，这个信息是据由东向西在山顶遇到的第一个垭口测得的。

经过实地踏勘确认的高尔寺山地理信息如下：

表2-9 高尔寺山的地理信息

垭口	东经（E）	北纬（N）	海拔（H）	红军首次翻越时间
高尔寺山	101°22′	30°03′	4260~4365米	1936年4月20日左右

二、剪子弯山

剪子弯山 又名剪子弯梁子，因山前山后道路形似剪刀而得名。位于四川省甘孜藏族自治州雅江县西俄洛乡与河口镇交界处。垭口的藏语

剪子弯山东麓

称谓为“薄浪共”或“墨龙共”。实测海拔高度为4455米。

盛绳祖《入藏程站》载：“中渡过河上山，行三十五里，过麻盖宗(按：今译麻格宗)，有碉房有柴草四十里大雪山，至剪子湾，有塘铺，山颇陡险，亦有瘴气。”

剪子弯山转向西俄洛的垭口被称作“牛西卡”，实测海拔高度为4137米。

（一）史实依据

关于红三十二军翻越剪子弯山的情况，目前在原始文献文电中找不到直接文字，当事人的回忆文字中也难以寻觅。但地方史志中均有言及。中共四川省委党史工委编撰的《红军长征在四川》记载：

（一九三六年）四月二十九日，三十二军翻越剪子弯山，由雅江向理化进发。同日，红军在剪子弯的麻格宗，遭雅江崇西土司阿曲的武装阻击。崇西土司阿曲，是雅江最大的世袭封建土司，权势很大，辖地有今雅江四区的全部和理塘的一部。国民党为了笼络他，封他为雅江四区区长。三十二军要西进理化、南下稻城，就必须经过阿曲的辖区。红军进占雅江后，阿曲听信反动谣言，即纠集所属土兵三百余人，驻守于剪子弯山口的麻格宗，企图据险阻击红军西进。二十九日晨，红三十二军先头刚进入麻格宗，预伏的崇西土司武装突然向红军射击，打了红军一个措手不及，几个红军战士当场牺牲。三十二军先头处于不利的情况下，根据麻格宗的地形，在向导的带领下，立即兵分四路向崇西土司武装发起猛烈进攻。经一个多小时的激战，崇西土司武装抵挡不住，退至墨龙共防守。三十二军先头乘胜追击，在墨龙共将崇西土司武装全部击溃，阿曲也逃去理化。[①]

---

① 中共四川省委党史工作委员会：《红军长征在四川》，四川省社会科学院出版社 1986 年版，第 287~288 页。

三个月后，阿曲还为伤亡部众向“上峰”索要“抚恤”：

案据县属崇西第四区区长阿曲禀称：“具禀恳请抚恤事，查赤匪未窜扰南路之前，迭奉唐（际时）前县长及各上峰命令，饬于各地要隘严为防御，倘能击毙匪徒，定予议奖等因。区长遵调民兵防守麻盖宗一线，于阴四月二十九日与匪接触，激战数日。卒因敌众我寡，势难相持，退守保牙柯。是役击毙赤匪八十余人，受伤颇多。我方民兵阵亡八名，负伤六名，均系为公报效，致死负伤。”

（一九三六年七月二十六日雅江县县长李药民呈文）①

《红军长征在甘孜藏区》亦有相关记载。②

此外，民国25年六月《川边季刊》第二卷第二期亦载：“五月一日某团方面消息，谓乡城稻城两县长已被迫向理化方面逃走，现匪在剪子弯大筑工事（剪子弯在雅江至理化途中，至理化约一站半，为康南要地）。”③

（二）踏勘与确认地理信息

2012年10月，我们对剪子弯山进行了实地踏勘④，旨在厘清1936年4月底至5月初，红三十二军从雅江南下甲洼接应红二、六军团从稻城北进甲洼的行军路线。

我们于10月1日按预计日程在翻越了高尔寺山后进至雅江县城，午餐后翻越了剪子弯山。这段公路正在翻修拓宽，行进困难（在119道班

---

① 《红军攻占雅江县有关档案摘录（1936年）》，《国民党军追堵红军长征档案史料选编（四川部分）》，档案出版社1986年版，第384~385页。

② 中共甘孜州委党史研究室：《红军长征在甘孜藏区》，成都科技大学出版社1993年版，第96页。

③ 《国民党军追堵红军长征档案史料选编（四川部分）》，档案出版社1986年版，第386页。

④ 参加这次踏勘的成员除笔者外，还有志愿者杨亮、赵文捷、廖林科、张帆、蓝锦、陈敏锐、陈智伟、彭继欣、虞彬、熊文权、童小兵。

图 2-12　剪子弯山的地理位置

附近转入小道）。当日17时左右进至西俄洛乡杰珠村一户藏民家宿营。拟于次日“择近道”继续向德差进发——这条道上有一座被当地人称为“嘎波拉”的雪山。此地已无见过红军的老人，仅从几位60岁以上的老者口中询得他们从长辈口中得到的红军从此路过的信息及去德差的路线。

现在川藏公路南线（318国道）剪子弯山隧道已开通，老路从剪子弯山垭口通过。

经过实地踏勘确认的剪子弯地理信息如下：

表2-10　剪子弯山的地理信息

垭口	东经（E）	北纬（N）	海拔（H）	红军首次翻越时间
剪子弯山	100°51′34.89″	30°00′43.80″	4455米	1936年4月29日

关于剪子弯山的地理信息特别是高程，各种资料不太一样。可能跟公路修建垭口的变化有关。

三、依比嘎山

依比嘎山 又名嘎波拉，位于四川省甘孜藏族自治州雅江县西俄洛乡与德差乡之间。实测海拔高度为4722米。

（一）史实依据

目前没有任何史志或档案文献或回忆文字等资料能够直接或间接地提供红军翻越这座雪山的情况。笔者只能按照在没有敌情的情况下“就简就易就捷”的行军原则，对红三十二军在从西俄洛到德差的过程中可能翻越的雪山作出判读。

红三十二军从西俄洛向德差进军途中，必须翻越依比嘎雪山——如果要走其他路线绕行，那就需要翻越不止一座雪山。至于翻越的时间，也只能作出大体判定：红三十二军在西俄洛休整一天后，有可能于1936年4月30日或5月1日翻越依比嘎雪山。

依比嘎山垭口

（二）踏勘与确认地理信息

2012年10月，我们对依比嘎雪山进行了实地踏勘[①]，旨在厘清：1936年4月底至5月初，红三十二军从雅江南下甲洼接应红二、六军团从稻城北进甲洼的行军路线。

依比嘎山已有简易土路通行，但质量很差，且经常因雨雪塌方而无法通汽车。10月2日9时，我们沿乱石嶙峋的简易公路向德差进发——摩托车勉强能行。中午时分，翻越依比嘎雪山（海拔4722米），于17时左右进至中德差，行程62公里。估计红三十二军从西俄洛进至此间需两日行程。

图 2-13　依比嘎山的地理位置

---

① 参加这次踏勘的成员除笔者外，还有志愿者杨亮、赵文捷、廖林科、张帆、蓝锦、陈敏锐、陈智伟、彭继欣、虞彬、熊文权、童小兵。

考察队全体人员

我们到达中德差时，当地群众正在“耍坝子”（即定期的传统集体活动）。问及红军过境情况，竟无一人知晓。后来通过村中一名在成都上大学的女大学生拉姆，找到了她的爷爷、村中最年长的老者昂旺次(77岁，红军过境时刚出生)，方询得他从长辈口中得知的红军过境时的一些零星情况。老者说，当地群众印象最深的是红军背负的“很亮很亮很大很大的铜锅”。同时也得知，红军翻越的喜麦拉卡摩托车不能逾越，但可由一条简易路翻越一座叫作“希里查拉”的雪山绕行。

经过实地踏勘确认的依比嘎山地理信息如下：

表2-11 依比嘎山的地理信息

垭口	东经（E）	北纬（N）	海拔（H）	红军首次翻越时间
依比嘎山	100°44′59.98″	29°51′03.52″	4722米	1936年4月30日或5月1日

四、喜麦拉卡

喜麦拉卡 位于四川省甘孜藏族自治州雅江县德差乡与理塘县中木拉乡之间。

（一）史实依据

关于红三十二军翻越喜麦拉卡的情况，目前在原始文献文电中找不到直接文字，当事人的回忆文字中也难以寻觅。但地方史志中均有言及。中共四川省委党史工委编撰的《红军长征在四川》记载：

> 红三十二军击溃崇西土司武装后，进入理化县境。但当时三十二军的任务是南出稻城，迎接红二、六军团，故未到理化县城，而是择近道向理化木拉区进军。当三十二军行至雅江与木拉区交界的德差时，理化木拉头人甲多彭错，纠集本地武装一百五十多人，在德差的喜麦拉卡凭险阻击红军。双方接火后，三十二军很快击溃了甲多彭错的武装，进入

喜麦拉卡

木拉和甲洼一带。这时，二、六军团已渡过金沙江，到了川滇交界的中甸一带休整，红三十二军如再继续南下，已没有必要。于是红四方面军在五月六日电令："勿再前进，速筹粮欢迎。"红三十二军接电后，即停驻理化木拉、甲洼一带，做迎接红二、六军团的准备工作。[①]

说明

- 理化：即今四川省甘孜藏族自治州理塘县。
- 中甸：即今云南省迪庆藏族自治州香格里拉市。

（二）踏勘与确认地理信息

喜麦拉卡位于四川省甘孜藏族自治州雅江县德差乡与理塘县中木拉乡之间，是两县的界山。因这片地域群峰林立，山峦纵横，仅凭现

图 2-14　喜麦拉卡的地理位置

① 中共四川省委党史工作委员会：《红军长征在四川》，四川省社会科学院出版社 1986 年版，第 288 页。

有的一个地名信息，很难在地图上准确标定这个垭口。但这个垭口是当年红三十二军为接应红二军团和红六军团北上的重要节点，还与当地土头武装发生过激烈的战斗，所以我们必须对这个垭口进行实地踏勘，准确标定其位置。

2012年10月，我们对喜麦拉卡进行了第一次实地踏勘[①]，旨在厘清1936年4月底至6月初，红三十二军从雅江南下甲洼接应红二、六军团从稻城北进甲洼的行军路线。

因喜麦拉卡垭口摩托车去不了，于是我们决定从希里查拉雪山绕行。

10月3日9时，我们由当地一位藏族青年带路进至希里查拉山口(海拔4564米)，之后继续前进，于当日中午进至无量河畔的中木拉。短暂停留后，沿路面已经硬化的土公路向甲洼进发。16时左右，进至甲洼，再行17公里，进至藏坝。当日行程约120公里。估计红三十二军进到木拉—甲洼的时间为1936年5月5日左右（6日即接到红四方面军总部“勿再前进，速筹粮欢迎”的电令）。

因天气原因，这次考察我们没有登上喜麦拉卡垭口。

2016年9月，我们进行了第二次实地踏勘。[②]

9月18日，经理塘县委宣传部联系协调，我们一行四人由县委宣传部常务副部长昂旺曲批同志陪同来到中木拉乡。因乡党委书记和乡长都到县里开党代会，乡上只有纪委副书记格让邓珠主持工作，他很热情地为我们安排了住宿，又为我们联系了马匹和上山的向导。计划次日上山，踏勘喜麦拉卡。

无量河畔的上、中、下木拉非常美丽，黄灿灿的青稞，绿油油的草场，晶莹的河水蜿蜒流淌，与山谷两侧的雪山相映生辉，呈现出一

---

① 参加这次踏勘的成员除笔者外，还有志愿者杨亮、赵文捷、廖林科、张帆、蓝锦、陈敏锐、陈智伟、彭继欣、虞彬、熊文权、童小兵。

② 参加这次踏勘的成员除笔者外，还有志愿者赵文捷、张严、马福文。

返回理塘县城途中陷车

派美丽的高原田园风光。时值秋收季节，赵文捷、张严、马福文等年轻人都纷纷参加到秋收的群众中间，共享丰收的快乐……

当年，红三十二军在这条河谷筹粮近一个月。

9月19日，我们按格让邓珠副书记的安排来到卡下村，联系上了村支部书记洛果同志。洛果同志为每个人都准备了一匹马，还派了一位叫德批的村民给我们带路。但这里的马匹很长时间没人骑，上路不久就惊跳不已。我们四个人分别都被颠下马来，赵文捷还被惊马拖在地上跑了二百多米，肩背多处擦伤，右手也严重挫伤，不能动弹。

最要命的是，随身背着的器材严重受损：航拍器损失不能再用，手机摔坏两部。

有一匹马干脆就撒丫子一路狂奔跑回了家。

这下难办了，大家对那几匹尥了蹶子的马心有余悸，都有点战战兢兢不敢骑了。但徒步上山究竟有多远需要多少时间谁也说不清楚。原想让赵文捷留下，可他宁愿骑没有鞍子的光背马也要继续上行，大家还是壮着胆子继续上马前行……

经过一段不长的陡峭山路后到达坡顶，此后就是在起伏不大的山脊上行走，个把小时后就到达了传说中的喜麦拉卡。喜麦拉卡海拔高度4585米，垭口两边都是纵横的山峦，群峰林立，要不是有人带路，我们真还不知道去德差的喜麦拉卡究竟是哪个垭口。

下山比较顺利，天色也还早。因赵文捷需要诊治，我们当天即赶回了理塘县城。

经过实地踏勘确认的喜麦拉卡地理信息如下：

表2–12　喜麦拉卡的地理信息

垭口	东经（E）	北纬（N）	海拔（H）	红军首次翻越时间
喜麦拉卡	100°41′37.77″	29°39′23.79″	4585米	1936年5月2日

本章小结

1936年2月底至5月初，红四方面军为实现“西进康北”战略方针，在实施《康道炉战役计划》和接应红二、六军团北进过程中，共翻越木壳壳梁子、党岭之夏羌涅阿、洛戈梁子、决益涅阿、伊则涅阿、伊涅阿、俄里涅阿、高尔寺山、剪子弯山、依比嘎山、喜麦拉卡共11座雪山（首次翻越）。其中红四军从道孚出发，四天内连续翻越四座雪山，在高原缺氧地带长途奔袭，飞夺瞻化铁索桥，堪称高原行军和作战的经典战例。

而当红三十二军翻越喜麦拉卡进至甲洼—木拉一线时，红二、六军团已经渡过金沙江，奔甘孜而来。

[参见图 2–15：红四方面军西进康北及南下雅江接应红二、六军团翻越雪山（11 座）的行军路线(1936 年 2 月 18 日~5 月 7 日)]

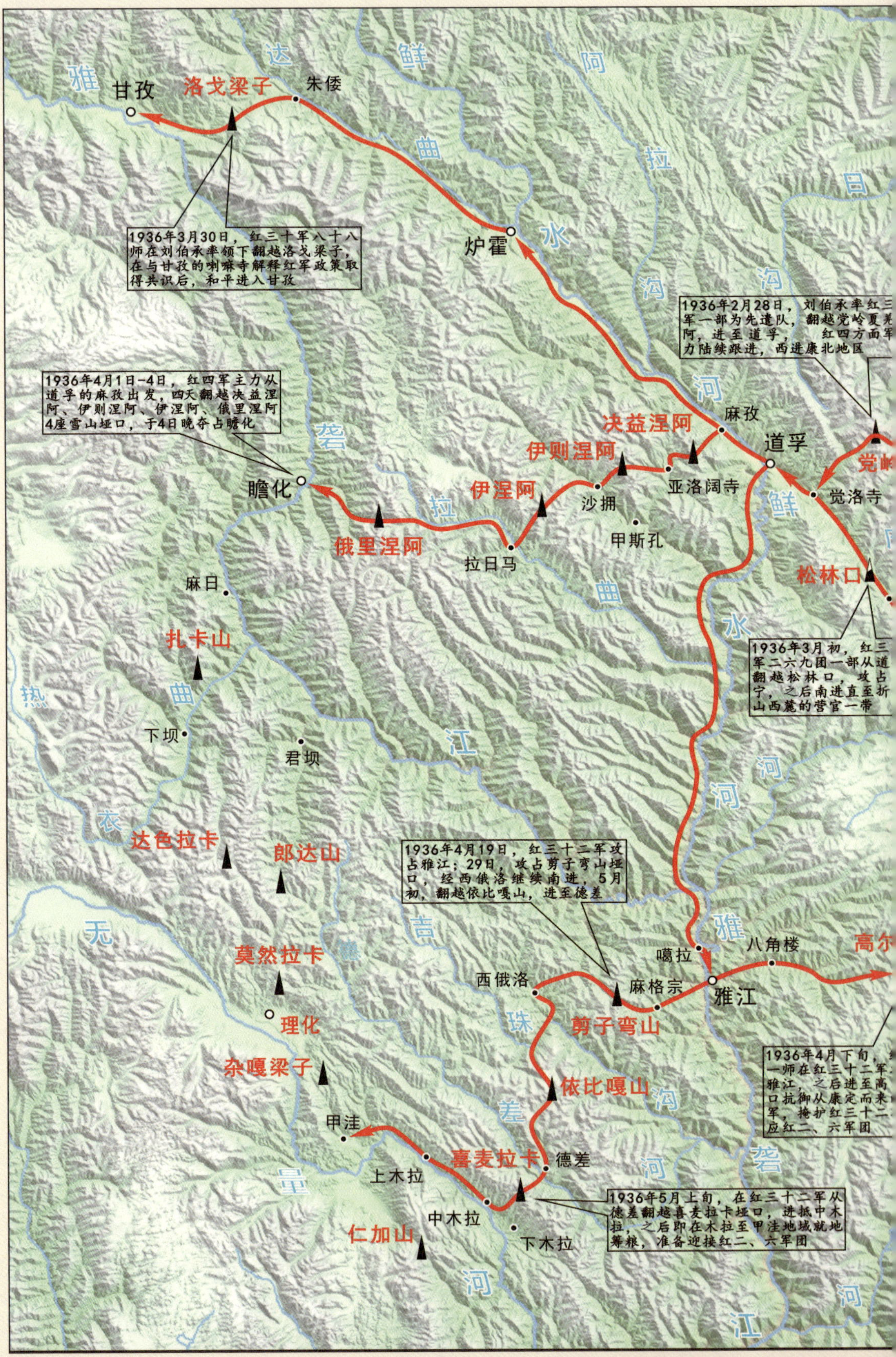

图 2–15　红四方面军西进康北及南下雅江接应红二、六军团翻越雪山（11 座）的行军路线(1936 年 2 月 18 日~5 月

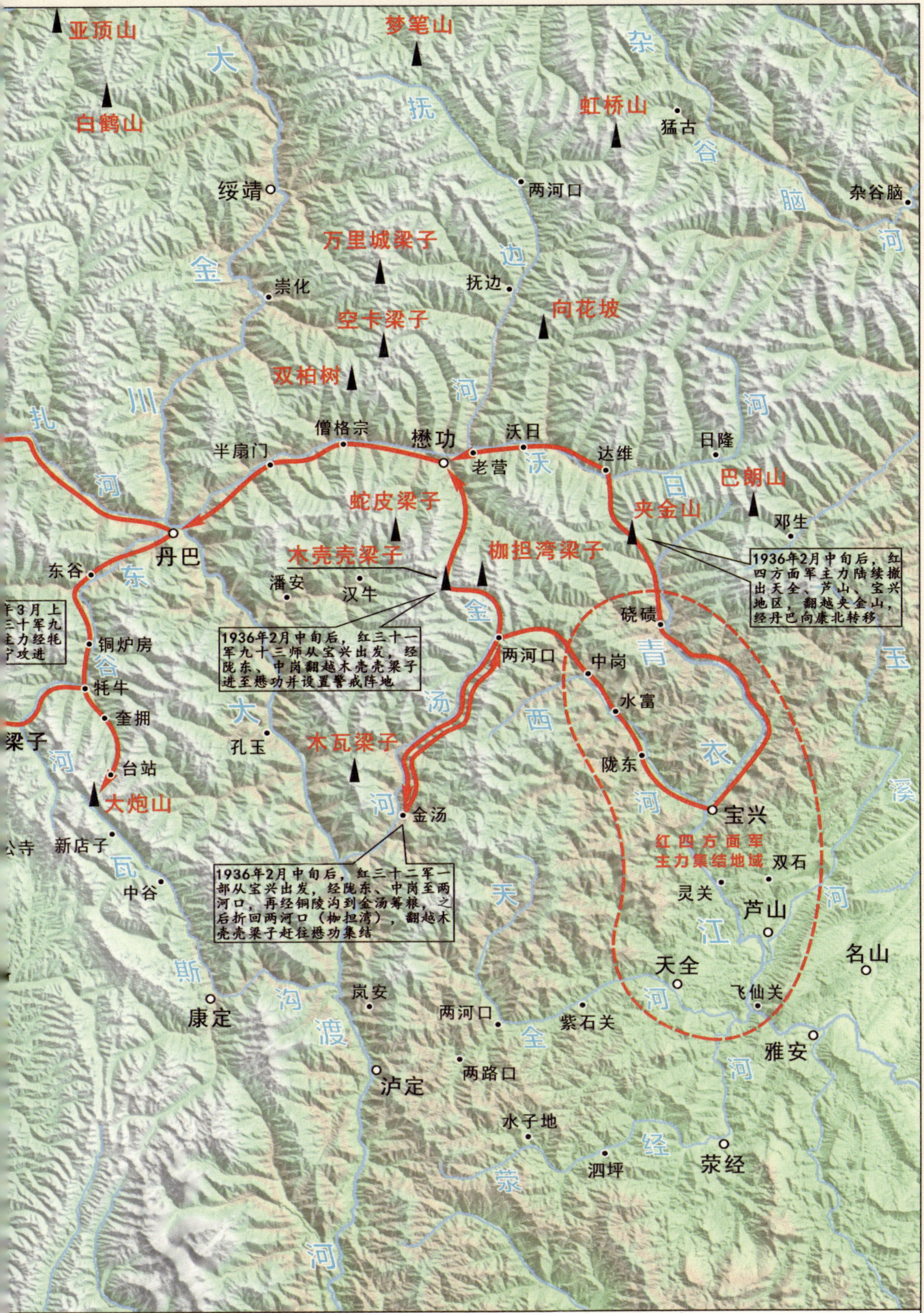

红四方面军西进康北及南下雅江接应红二、六军团翻越雪山的行军路线

（1936年2月18日～5月7日）

第三章　红二、六军团（含会同红三十二军）从金沙江畔北进甘孜翻越雪山的行军路线

1936年3月30日，红二、六军团首长与红军总部朱德、张国焘取得“红二、六军团渡金沙江北进会合红四方面军”的共识后，立即开始了以抢渡金沙江为目的的战略进军。途中，在国民党军各路的围追堵截中，灵活机动，随机应变，多次改变行进方向和路线，在普渡河和六甲战斗中重创国民党滇军一部，重演了年前红一方面军“威逼昆明虚晃一枪”那一幕，进占昆明附近的富民县城，迫使龙云急调滇军回防，红二、六军团则乘机涉过普渡河，转向滇西疾进。17日，攻占姚安，20日，攻取宾川，23日攻占鹤庆，24日，拿下丽江，以势如破竹之势，横扫滇西，以神速动作抢占了金沙江边的石鼓镇。

石鼓镇一带，江宽流急，地势险恶，红二、六军团在当地群众的密切配合下，找来为数不多的渡船，加上自扎的木筏，从4月25日晚上开始，在石鼓、巨甸多个渡口开始渡江，经两个昼夜的艰苦奋战，全军迅速从多个渡口渡过了天险金沙江。渡江后的红二、六军团未作停留，4月29日，立即沿金沙江东岸逶迤行进，翻越雅哈山（又称雪茶梁子）。4月30日，到达川滇交界的云南中甸（今香格里拉）。

［参见图3-1：红二、六军团抢渡金沙江示意图］

红二、六军团到中甸后，进行了短期的休整和补充，作继续向甘孜进军的准备。

休整期间，贺龙等领导人还亲自到中甸归化寺拜访喇嘛，向他们赠送了“兴盛番族”的锦旗，并在喇嘛寺为部队购买了一批粮食和物资。

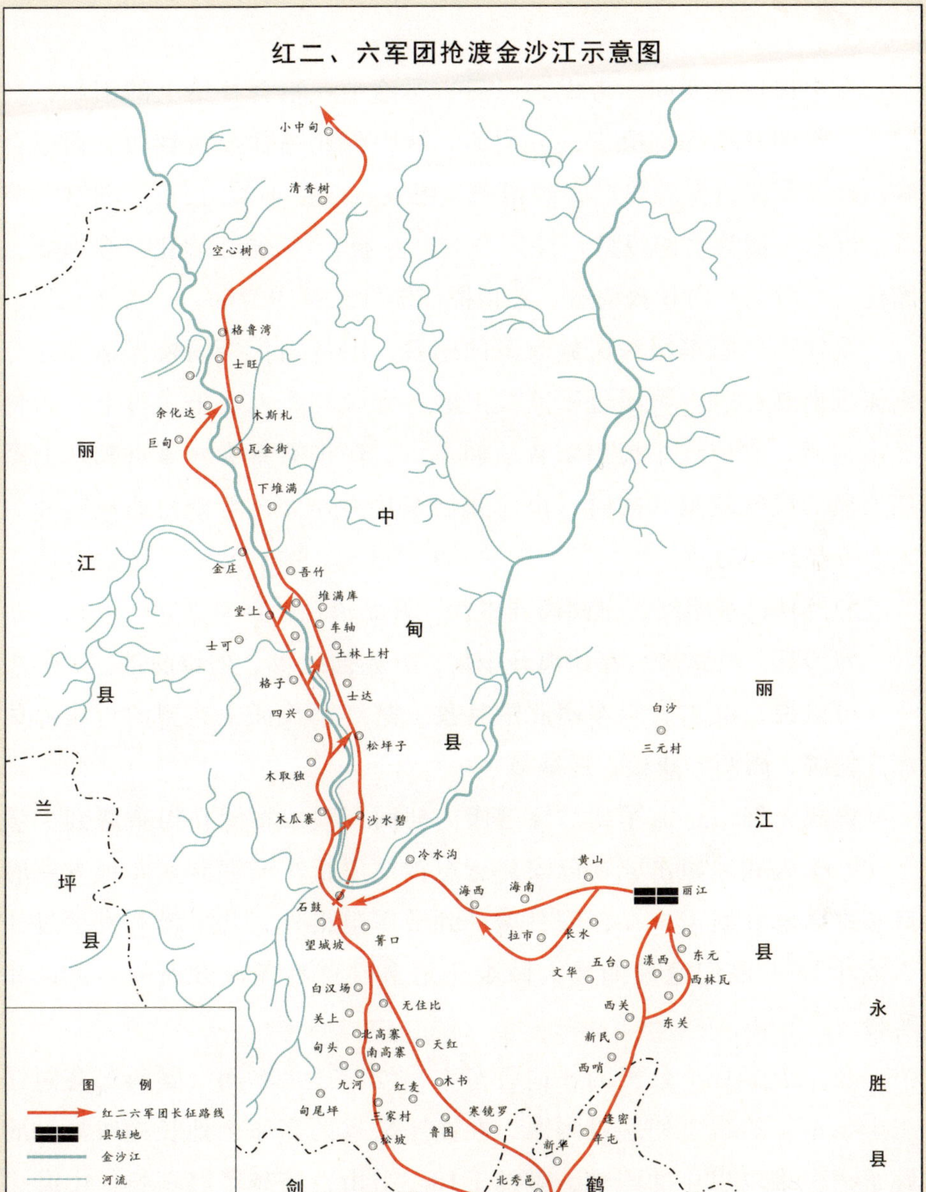

图 3–1　红二、六军团抢渡金沙江示意图①

① 来源：中共云南省委党史资料征集委员会编《红军长征过云南》，云南民族出版社 1986 年版。重绘：刘鹤。

在中甸休整期间，考虑到以后行军途中在粮食补给上的困难，红二、六军团总指挥部决定兵分两路，从中甸北进甘孜与红四方面军会合。红二军团为左路纵队，经得荣、巴安（今巴塘）、白玉，向甘孜前进；红六军团为右路纵队，经定乡（今乡城）、稻城、理化（今理塘）、瞻化（今新龙）向甘孜前进。总指挥部随红二军团行动。

受红军严明军纪和民族政策的感召，中甸归化寺的松谋活佛还分别派人向红二、六军团进军路线上的各寺院和头人、土司等上层人物送出信函，宣传红军提倡宗教信仰自由，保护喇嘛寺，尊重和帮助藏族人民的民族政策；同时，也告知红军兵力强大，希望沿途寺院和头人不要与红军为敌。

5月5日，左路红二军团离开中甸，开始沿金沙江畔北进；

5月9日，右路红六军团离开中甸，开始向定乡、稻城前进。

可以说，红二、六军团北进甘孜，是红军长征中典型的行程：荒凉，偏僻，高寒，缺粮，还缺氧……

史载：红二、六军团“穿越康南期间，除二军团在得荣遇到少量土司、头人武装阻击，在巴安靠近金沙江岸行军时遇到西藏地方政府武装部队隔江射击，在巴安县城受到敌军阻击外，几乎没有发生过什么战斗”。[①] 他们遭遇的最大困难还是来自自然环境方面的：饥饿和寒冷。

在一个多月千余里的长途行军中，红二、六军团（其间曾会同红三十二军）的战士们忍饥耐寒，在高寒缺氧的高原山地长途跋涉，战胜了诸多难以想象的困难，翻越了18座雪山，跨越了红军长征中海拔之最，还创造过高原徒步机动的非常纪录。

---

① 中共甘孜州委党史研究室：《红军长征在甘孜藏区》，成都科技大学出版社1993年版，第100页。

第一节　红二、六军团翻越雅哈山进至中甸

目前诸多的红军长征史籍俱称：红二、六军团抢渡金沙江后，首先翻越了哈巴雪山[①]，甚至有称红军翻越的是玉龙雪山。[②]实际上这是不同的雪山。哈巴雪山、玉龙雪山之间隔着一条金沙江，哈巴雪山在金沙江以北，玉龙雪山在金沙江以南，哈巴雪山与红军翻越的雪山之间隔着一条硕多岗河，哈巴雪山在硕多岗河以东，红军翻越的雪山在硕多岗河以西。

红军首先翻越的这座雪山有过多种命名，民国前期的地图标作“十二栏干山”，但却未被地方史志和当地群众普遍认可。目前笔者见到过两种命名：一曰“雪茶梁子”，意即滇西茶马古道要隘；一曰“雅哈雪山”。[③]本书暂以后者为准。

雅哈山

雅哈山位于云南省中甸县（今香格里拉市）小中甸乡境内，实测海拔高度为3940米左右，并非如一些红军长征史籍中所称的海拔5300米，实际上远逊于红二、六军团此后翻越的任何一座雪山。只是红二、六军团渡过金沙江后看见因相对高差较大而陡然拔地而起的山岭，加

---

① 《中国工农红军第二方面军战史》，解放军出版社 1992 年版，第 486 页。

② 中共四川省委党史工作委员会：《红军长征在四川》，四川社会科学院出版社 1986 年版，第 285 页。

③ 陆廷荣、周涛整理：《红军长征过云南行程纪略》，载《红军长征过云南》，云南民族出版社 1986 年版，第 266 页。

雅哈山

上登山道路陡峭难行而产生了海拔很高的错觉。

雅哈山目前只能徒步翻越。

（一）史实依据

关于红二、六军团翻越雅哈山的情况，见诸不少当事人的回忆，只是这些回忆文字多将这座雪山误作“哈巴雪山”或“玉龙雪山”。至于翻越时间，根据1936年4月28日红二、六军团领导人致红军总部朱德、张国焘电和有关回忆文字可获确认：“我两军团本日已安全渡过金沙江北岸，渡江时仅翻了一只船，损失人、枪百余，另□溺毙马几十匹，明二十九日开始向中甸继进。”①

① 《贺龙、任弼时、关向应关于红二、六军团已安全渡江向中甸继进致朱德、张国焘电（1936年4月28日）》，中国人民解放军历史资料丛书编审委员会：《红军长征·文献》，解放军出版社1995年版，第1032页。

（二）踏勘和确认地理信息

雅哈山是红二、六军团渡过金沙江后遇到的第一个地理障碍。

关于这座山产生过许多误会，也有诸多疑问。而最大的疑问之一，就是这座山究竟有多高？是雪山还是亚雪山？笔者在Google地图图测过多次，大致能判定红二、六军团通过此山的跨越高度在海拔4000米左右。另外，就是这座山的名称：目前香格里拉市红军长征纪念馆称作雅哈雪山，海拔4200余米，甚至还有当地“重走长征路”的报道称，这个雅哈雪山有海拔4560米。

所以我们必须亲自登临，实地踏勘，标定并确认这些地理信息。

2016年9月26日上午，与香格里拉市委宣传部的同志取得联系后，笔者与赵文捷、张严、马福文等一行四人前往云南省迪庆藏族自治州香格里拉市小中甸乡团结村，拟从那里租用马匹或徒步上山。到了团结村后，一位叫马玉志的村民小组长已经等在那里，准备为我们找马匹并带路。团结村的高度大约是海拔3100米。马玉志告诉我们，从团结村已有简易公路通到半山腰，从那里到垭口还得步行数公里。于是我们决定不再寻马匹，把车开到半山腰后再步行去垭口。

出村后上山要经过一片很漂亮的草场，旁边有一片树林，当地群众称这里是“清香树”。现在香格里拉市已在此刊有一块石碑：“红二、六军团入藏第一站”。我们驱车七绕八绕上得半山腰海拔3500米处后，即下车徒步开始攀缘。因山势平缓并不陡峭，我们行走并不费力，约两个小时，就到达了垭口。

GPS标定的海拔高度是3940米——这是一座亚雪山。

这个垭口实际上是一片平缓的坡地，马玉志说，这个地方就是从金沙江畔的上江到小中甸的最高点。但从上江上山的山势远比小中甸这边陡峭，上山很费劲。实际上，这个地方当地群众称之为“古然”，距离那个香格里拉市认定的“雅哈雪山”还有不短的一段距离。

这也说明了为什么红二、六军团的将士们会将这座亚雪山误判作

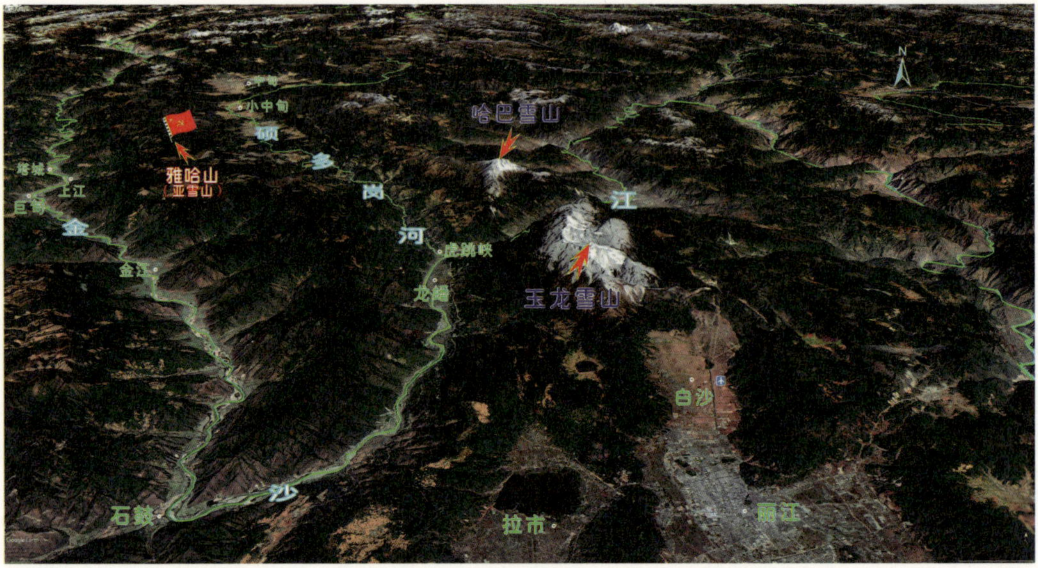

图 3-2 雅哈山、哈巴雪山和玉龙雪山的地理位置

“大雪山”：红二、六军团翻越此山的时间是4月底，山上还有很厚的积雪覆盖，刚渡过金沙江的红军将士们从海拔1800余米的上江附近开始上山，乍见这座拔地而起相对高差超过2000余米的雪山，肯定会产生很压抑很高大的错觉。

经过实地踏勘确认的雅哈山地理信息如下：

表3-1 雅哈山的地理信息

垭口	东经（E）	北纬（N）	海拔（H）	红军首次翻越时间
雅哈山	99°44′09.94″	27°27′24.29″	3940米	1936年4月29日

雅哈山实际上是一座亚雪山，由于其重要性及造成的错误认知，所以本书作为特例收入。

第二节　红二军团北进甘孜翻越雪山的行军路线

贺龙、任弼时、关向应等率红二、六军团总指挥部和红二军团向甘孜的进军，是红军长征中最为艰辛最为困难的行程之一，途经的得荣、巴安、白玉三县，当年地域荒僻辽阔，人烟却极为稀少，其间还横亘着一座座大雪山。部队上路不到一个星期，红二军团对这段行程的巨大挑战就已经有所感知："我军入西康害病异常之多，带粮食、银物；房屋稀少，粮食很少，盐大感困难。"①

找不到房屋，露营成了寻常之事；筹不到粮食，挨饿就是家常便饭。

红二军团在进入四川藏区（当时的西康省）后的第一场战斗，是渡过岗曲河之后，在今四川省甘孜藏族自治州得荣县境内的扎纳亚卡山口发生的。据《得荣县志》记载：

1936年5月，红二军团在贺龙、任弼时同志率领下，长征抵达云南省中甸县以后，略作暂时的休整。这时，中甸喇嘛寺的松谋活佛先后两次致函维西东竹林水边活佛，告诉他"红军系借道北上，他们食宿付钱，民心倾仰"。并告诉他红军在中甸十分友好。恰在此时，水边活佛又收到了另一方面的两封信，命令他"务必堵截红军北上，不得有一人逃脱"。水边活佛听信了后者，立即召集得荣县的阿村群则（本名洛绒西绕）等人集会，研究如何阻击红军北上的对策。阿村群则受命

---

① 《贺龙、任弼时、关向应关于红二、六军团行动情况致朱德、张国焘电(1936年5月10日)》，中国人民解放军历史资料丛书编审委员会：《红军长征·文献》，解放军出版社1995年版，第1036页。

后，即在于庚乡一带召募兵勇，规定凡年满18~60岁的男性，全部参战，有枪的带枪，无枪的搬运石块。准备在扎纳亚卡与红军决一死战。到5月7日，已集结了170余人，在扎纳亚卡设伏，等待红军的到来。①

这里所言的“另一方面的两封信”，据称有来自西藏噶厦政府方面的。

战斗的情况和结果是：

扎拉亚卡山怪石林立，陡峭险峻，隔河可与中甸的上桥头相望，是中甸到得荣南端的第一个险关……七日晨，红四师先头部队刚刚爬上扎拉亚卡山口，埋伏在山上的洛绒喜绕武装，立即对红军发起突然袭击。他们凭借居高临下的有利地势，从山上射下一阵阵排子枪，滚下一个个巨大的石头，山上山下，顿时硝烟弥漫，尘土飞扬；先头部队在敌突然袭击之下，一时无法还击，红四师参谋长汤福林等人当场被子弹和石头击中，不幸牺牲。在此紧急的时刻，四师先头部队很快一面隐蔽自己，一面抢占有利地形，组织反击。未过河的后续部队，也迅速爬到扎拉亚卡对面山上，用机枪等火力压制敌人。洛绒喜绕的武装本来是临时拼凑起来的，武器也大多是一些土枪，火力较弱，在红四师强有力的反击下，很快崩溃。洛绒喜绕无法阻止所部溃散，只好放弃扎拉亚卡逃跑，红四师对逃敌紧追不舍，将洛绒喜绕等人击毙。红军占领了扎拉亚卡山口，打开了进军得荣的门户。②

坐落在岗曲河畔的扎纳亚卡，是红二军团进军甘孜的第一道门户。

多年后，当年的老战士陈靖在给得荣县史志办的信中说：“贺老总站在这山口上说：‘这边就是川边管了，现在叫西康。’关副政委

① 《得荣县志》，四川大学出版社2000年版，第306页。

② 中共四川省委党史工作委员会：《红军长征在四川》，四川社会科学院出版社1986年版，第294~295页。

说：‘现在正往屋脊上走，红军往后要到世界屋脊上看全中国！’我们当时年少无知，不知道他们这些话的意义。但后来结合事实一想，印象很深，记得也深。得荣就成了我们印象中的新起点。”①

门户是打开了，有了新起点，但更大的困难也来了——粮荒！

一、扎格山

扎格山　位于四川省甘孜藏族自治州得荣县城松麦镇与日龙乡之间，是一座海拔4000余米的雪山。

（一）史实依据

在得荣县城，红二军团遇到了头等重要的大问题：吃饭。

史载：

五月十日，红二军团陆续进入得荣县城。得荣属于旱河谷地区，山高水深，气候干燥，产粮不多，人口稀少。二军团进军得荣，一路上黄

扎格山

① 《得荣县志》，四川大学出版社2000年版，第307页。

沙迷漫，烈日炎炎，十分疲劳。原计划到得荣县城后进行短暂的休整补充，筹集一些粮食。但部队进城后才发现所谓的得荣县城实际上只是一个小村子，全城仅有十几户人家，而且也在红军到来之前就全部逃走了。在这里根本筹不到粮食，部队处于绝粮境地。这时，红二军团的干部战士，只有一方面勒紧肚皮，一方面到附近的村子里去找粮食。①

一位亲历的红军老战士记下了他和战友们满怀希冀到达得荣后的沮丧心境：

"为了革命，为了胜利，忍着饥饿，继续前进。"这是我们的口号。同时，我们也有个共同想法，就是"到了得荣来个'大会餐'"。能走的病号都坚持着，不能走的由别人扶着走，我们把一切希望都寄托在得荣。得荣，简直就成了我们心目中的"圣地"。

谁料到一心向往的得荣县城，原来是只有三间房子的荒废不堪的地方。我们找遍了整个县城，连一粒粮渣子也没有。希望破灭了。②

笔者在此补充两个数字：

其一，红二军团从中甸出发时，计有兵员9995人。③

其二，得荣县设治时（1911年），全县共有1413户、7721人。民国27年（1938）全县共有1037户、3982人。1950年10月，得荣县和平解放。据得荣县统计局统计，全县共有9525人。④

来了一支大军，人数比当地人口还多，吃饭问题的严峻可想而知。

---

① 中共四川省委党史工作委员会：《红军长征在四川》，四川社会科学院出版社1986年版，第295页。

② 钱治安：《一次支委会》，《星火燎原》，战士出版社1960年版，第320页。

③ 《贺龙、任弼时、关向应关于红二、六军团北进部署致朱德、张国焘电（1936年5月4日）》，中国人民解放军历史资料丛书编审委员会：《红军长征·文献》，解放军出版社1995年版，第1035页。

④ 《得荣县志》，四川大学出版社2000年版，第407~408页。

贺龙总指挥不得不变成了一位“粮草官”：

红二军团政治部主任关向应在和一个喇嘛谈话中，得知得荣只有日雨的龙绒喇嘛寺才有粮食。龙绒喇嘛寺是得荣最大的一个喇嘛寺，位于县城西面几十里的半山上。贺龙得知这个消息后，亲自率领一支部队，翻山越岭到龙绒喇嘛寺筹粮。贺龙在龙绒寺通过宣传说服，才从寺里买了一批粮食带回，缓解了部队的燃眉之急。[①]

这里说的“翻山越岭”，指的就是今得荣县城松麦镇以西的扎格山；这里所说的龙绒寺，就位于扎格山垭口西麓的龙绒村，距县城松麦镇22公里（但不通车）。

当时红二军团全军近万人，一天最低限度的口粮需求也是上万斤。这是当时的得荣县根本无法承载的压力，寺院筹粮也只能解燃眉之急。5月14日，贺龙、任弼时、关向应等不得不放弃此前预计在得荣休整的计划，率领红二军团离开得荣，向巴安前进。

他们能带着上路的粮食，肯定是不足的。只能边筹粮，边行军。

红二军团在得荣遇到的粮荒问题，四川省的省、州、县志都有记载。但除了省、州志记录了“龙绒寺筹粮”的故事外，《得荣县志》反而没有任何记录。从得荣县城松麦镇到龙绒寺要翻山，而且要翻的是一座雪山，则是笔者考证、图测和实地考察的结果。

（二）踏勘与确认地理信息

首次考察。[②]2015年4月1日，我们从得荣县城出发，前往藏巴拉所在的亚日贡乡，途中绕行一段先去了龙绒寺。

得荣县城松麦镇很小，正在扩建中。我们开车要在城里打个转身

---

① 中共四川省委党史工作委员会：《红军长征在四川》，四川社会科学院出版社1986年版，第295页。

② 参加这次踏勘的成员除笔者外，还有志愿者赵文捷。

图 3–3　扎格山的地理位置

都必须把车开到城外才能掉头。龙绒寺距县城并不远，不过22公里，但翻扎格山去的路却不通公路。我们要去龙绒寺，必须经过得荣县正在打造的“嘎金雪山—金沙江峡谷风景区”的景区公路绕行80公里。这条景区公路有些路段尚在硬化中，虽然险峻，却并不难行。而且风光相当不错，能看见雪山环抱，下到日龙乡附近还能看见在阳光下闪闪发光的金沙江峡谷，煞是壮观。

只是沿途很冷清，见不到车来车往，也见不到人来人往。

行驶了两个多小时，中午时分，远远就看见了龙绒寺。

行前笔者作案头准备时，曾查阅过一些资料：

龙绒寺原名卡格寺，占地百余亩，现有僧侣近500人。该寺为五世达赖创建，距今已有500余年的历史。寺院属黄教，是康区黄教十三大寺庙之一（亦为康南六大寺庙之一），在西藏三大寺庙占有席位，直属西藏“嘎登”大寺的普空喇嘛寺。寺顶上光彩灿烂的金顶，有1500斤重。大殿中，三尊精美别致、栩栩如生的佛像是黄教创始人宗喀巴三师徒的塑像。寺中除有大量的佛教经文外，还有许多其他经典。

我们到达龙绒寺时，发现寺院虽然修得不错，厅堂也金碧辉煌，与周围的民居形成了鲜明的对比，但大殿前却是空旷冷落，既听不见朗朗诵经声，也见不到善男信女。好不容易找到两个喇嘛，却因语言不通，一问三不知。又费了一番功夫，才从见不到几个人的村里找了一个在外读过书的小青年当“通司”，总算马马虎虎可以搭上腔。我们问了一些当年红军的事。其中一位年长的喇嘛说：听师父的师父说过，当年这里来过红军大官，是从松麦那边翻山过来的，牵了很多骡子和马来，又带了很多粮食翻山回了松麦。再问知道来过的红军姓甚名谁不？回答是不晓得。

龙绒寺海拔高度为3500米，寺的背后就是扎格山垭口，只能徒步攀缘，看样子坡度不算太陡，但来回一趟恐怕也得几个小时，这寺院里冷冷清清的，找匹牲口来代步都难。而我们当天已与巴塘县亚日贡乡及县委宣传部派来协助的同志约定在乡政府会合，所以也只好忍痛把实地踏勘扎格山的计划留给了“下次”，并准备下次来还是选择从龙绒寺上山，因为那里（海拔3500米）比县城的起点高（海拔2400米），可以省去不少的体力与精力。

第二次考察。[①]2016年9月23日，我们一行四人赶到得荣县城。得荣县委宣传部部长贡布、副部长张雪峰等同志热情接待了我们，对我们的工作给予了很高评价并提供了极大的支持。考虑到得荣县城松麦镇海拔较低(2400余米)，由此上山至少有1600多米的高差，且去龙绒寺山路崎岖陡峭，连续多日奔波的我们比较劳累，当天徒步登山若还要到龙绒寺的话，一天之内很难往返，而从嘎金雪山的绕行路线又因雨季塌方不能通行，故决定下行从云南德钦县境的金沙江西岸绕行120公里，再转东岸上行至龙绒寺。龙绒寺坐落在扎格山西麓半山腰海拔3500米处，由此可将上行高差缩短至600米左右，既省体力又节约时间。

24日，我们一大早就从得荣出发，中午时分即到达龙绒寺。得荣的同志替我们联系的向导扎西次仁已在龙绒寺等候，我们当即开始上山。

---

① 参加这次踏勘的成员除笔者外，还有志愿者赵文捷、张严、马福文。

龙绒寺

扎格山看起来很近也不高，但攀缘起来实际上很吃力。向导说他们上山得一个多小时，我们上山却接近了三个小时。因为这座山山势陡峭，盘山路绕来绕去，非常费力费时，笔者也觉得很纳闷，比这山高的山说起来也翻过不少，怎么这次就这么吃力？完全是一步三大喘！

扎格山垭口是一块篮球场大小的平地，主峰则与理塘的那座扎卡山一样，是一座光秃秃的石头山。从山垭是看不到得荣县城的，但从西麓下山只几步，龙绒寺和山下的村庄就能看得清清楚楚。我们告诉向导，当年贺龙同志率领的筹粮队就是从松麦翻到这边的龙绒寺，为集结在松麦的红二军团近万将士筹得了救命的口粮。

向导是当地人，表示很惊讶：我怎么没听说过这事？

下山后，我们受到了龙绒寺僧人的欢迎。这次僧人们大都在寺中，但三位活佛都不在，寺管会副主任罗绒吉村等几位僧人告诉我们：贺龙将军当年来过，寺院已经故去的几位老喇嘛知道，现在寺里还有几口大锅，是贺龙将军当年在寺里筹粮时借用过的。我们这座寺院历史很悠久，鼎盛时有僧众数千人，现在尚有五百余位。但因地处偏僻，香火远不如当年旺盛，就是僧人们的居所也多是危房，大殿也是多年没有整修过的，希望你们向政府有关部门反映反映……

僧人们说的是实际情况，但我们也看到，如今得荣打造的嘎金雪山旅游路线已经与从金沙江对岸的滇境道路接通，柏油路面已铺设至寺院门口，较之我们上一次到来时寺院的情况实际上已经在改善之中，随着地方各种建设的进步，这里的情况还会有更大的改善。当然，我们也希望红二军团老战士的后人们，能够关注到这里，有机会到这里来看看，为你们父辈走过的地方尽一些力所能及的绵薄之力。

告别龙绒寺僧众们后，我们赶往了川滇边境的瓦卡。

25日在赶往香格里拉市之前，我们又专程去了一趟上桥头村的红军桥（又称“贺龙桥”）。

经过实地踏勘确认的扎格山地理信息如下：

表3–2 扎格山的地理信息

垭口	东经（E）	北纬（N）	海拔（H）	红军首次翻越时间
扎格山	99°13′57.44″	28°42′01.50″	4110米	1936年5月11日

二、帕聪亚山

帕聪亚山 位于四川省甘孜藏族自治州得荣县茨巫乡与巴塘县中咱乡之间，是两县的界山。实测海拔高度为4138米。藏语意为“野猪

帕聪亚山北麓

沟”，当地群众另有“俩希那”的称谓，藏语意为“压在耕牛脖子上的杠子”。山之北麓为平原草场。

1936年5月14日，红二军团离开得荣向巴安前进。

一路上，红二军团经得荣的斯闸、茨巫，于20日左右，进至仁波寺一线。在茨巫与仁波寺之间，必须翻越一座雪山——帕聪亚山。这座山虽然不见诸任何史籍史志和回忆文字，但的的确确是红军一定会逾越的地理障碍。

（一）史实依据

1936年5月中旬，从得荣北进的红二军团经茨巫翻越帕聪亚山，进入中咱。

红二军团在翻越了帕聪亚山向中咱前进的途中，与仁波寺有过一次武装冲突。

1936年5月20日，红二军团先头部队四师在此受到了仁波寺武装僧众的拦阻：

仁波喇嘛寺是巴安较大的一个寺院，有喇嘛五百余人，并有武装力量。寺庙位于巴安的茨乌［巫］与中咱之间。红二军团向巴安县城进军，仁波寺是必经之路。由于反动宣传的影响，喇嘛凭借其有利地形，用火力封锁了红军前进的道路。四师对此决定采取围而不打的办法，争取和平解决。三天之后贺龙、任弼时等到达前沿，在当地找到一个较孚众望的喇嘛拉波，通过对拉波做工作，取得了他对红军的理解和支持。这样，红二军团就利用拉波在当地的声望，请他用藏文给仁波寺写了一封信，将红军的宗教政策告诉仁波寺，说明红军只是借路，并不想侵害寺庙。拉波在信中，还对仁波寺晓以大义，喻以利害，希望他们放下武器，与红军和平相处。仁波寺喇嘛见红军有诚意，又见红军不断增加，在权衡利害之后，决定不再与红军对抗下去，于是打开寺门与红军谈判。双方经过协商，仁波寺同意将寺内所存的粮食和寺庙的牲畜卖给红二军团。在这次和平解决仁波喇嘛寺的冲突中，拉波做了许多工作。经过动员，拉波同意随红军北进，作贺龙等的翻译，一直跟随到达甘孜，后在返回巴安途中，在理化被国民党军抓住杀害。[①]

5月24日，仁波寺冲突被和平解决，红二军团筹得一批粮食，当夜进至中咱。

红二军团翻越帕聪亚山的准确时间很难确认，只能根据他们20日在仁波寺被阻的时间倒推，很可能是1936年5月19日。

红二方面军政治部1936年12月19日编撰的《二、六军团长征的政治工作总结报告》称："由白松到茨乌走错了路，过了一雪山死亡亦数十。"其中的"雪山"指的就是帕聪亚山。[②]

（二）踏勘与确认地理信息

2015年4月1日，我们从得荣县城出发，绕行80公里到龙绒寺后又原路返回，沿公路北行，赶往巴塘县亚日贡乡，准备次日踏勘[③]藏巴拉垭口。

前往巴塘亚日贡乡的公路是砂石土路，虽然崎岖，但经过硬化，却并不泥泞。茨巫乡是个三岔口：向北去巴塘，向东去乡城。规模不大，但却很整齐。我们向藏民询问道路和这座雪山的情况，藏民们说他们都称这座山叫"俩希那"，与笔者在巴塘县地图上找到的"帕聪亚"相差很大。

沿着公路直接可达帕聪亚山垭口。帕聪亚山垭口是个天然分界：垭口南麓陡峭崎岖，北麓却是坡度很舒缓的草场，甚至不容易看出明显的起伏。沿公路下山不久就可以看到路旁高坡上的仁波寺旧址（新寺已迁往

---

① 中共四川省委党史工作委员会：《红军长征在四川》，四川社会科学院出版社1986年版，第296页。

② 《二、六军团长征的政治工作总结报告》，《中国人民解放军历史工作历史资料选编·土地革命战争时期》（三），解放军出版社2002年版，第634页。

③ 参加这次踏勘的成员除笔者外，还有志愿者赵文捷。

路边沟里，不当道）的断壁残垣：地势很高，当道耸立，扼住了这条咽喉要道。

从仁波寺到中咱一路下坡，车行得很快。看看时日还早，我们又赶到了红六师遭遇藏军隔江枪击的王大龙村——这可能是共产党军队与西藏地方政府军队的第一次交火。这条公路建在金沙江东岸的悬崖峭壁上，完全可以想象出当年的小道是如何的艰险难行，但这里大部分地段江面很宽，步兵武器很难形成有效的封锁效果——就是王大龙村的地形也是如此。根据我们在这段行程的江面来回观测的情况来看，彼岸能够封锁此岸的“瓶颈”应该是王大龙村上游两三里路的钢索吊桥处。那里江面仅百余米，刚好卡在此岸的道路最低处。架桥当然也肯定是考虑了寻找最狭窄江面的——特别是钢索吊桥。

当晚，我们到了亚日贡乡，乡长扎西吉村是个当地藏族干部，非常热情，安排我们在乡政府住下，等待巴塘县委宣传部的徐鑫前来会合后一

图 3-4　帕聪亚山的地理位置

笔者在帕聪亚山垭口

起上山。他则与距藏巴拉垭口最近的刀许村的村主任小昂翁联系住宿与马匹——我们要上山，头一天晚上得住在离山垭口最近的一个放牧点。

经过实地踏勘确认的帕聪亚山地理信息：

表3–3　帕聪亚山的地理信息

垭口	东经（E）	北纬（N）	海拔（H）	红军首次翻越时间
帕聪亚山	99°20′03.96″	29°08′17.40″	4138米	1936年5月19日

三、藏巴拉

藏巴拉　位于四川省甘孜藏族自治州巴塘县夏邛镇与亚日贡乡之间。实测海拔高度为4903米。藏语意为“金牦牛”或“财神之山”。藏巴拉还盛产虫草，亚日贡乡刀许村的村民们都以采虫草为生。

（一）史实依据

在中咱休整五天后，红二军团则兵分两路，继续向巴安前进。贺龙总指挥亲率红六师从中咱经昌波进至金沙江畔，拟沿江边小路迂回巴安；任弼时、关向应则率红二军团主力直接北进，经亚日贡、东南多（即东兰多）翻越藏巴拉，进取巴安县城。

但此时西藏噶厦政府已令防守于金沙江西岸的藏军隔江用火力封锁了金沙江东岸的羊肠小道，致使红六师无法通过。金沙江岸边地势险峻，小路崎岖难行，为避免不必要的伤亡，贺龙率红六师循原路退回中咱，在四、五师之后向巴安前进。①

［参见图 3–5：红二军团从中咱向巴安北进路线（1936 年 5 月 27 日~6 月 9 日）］

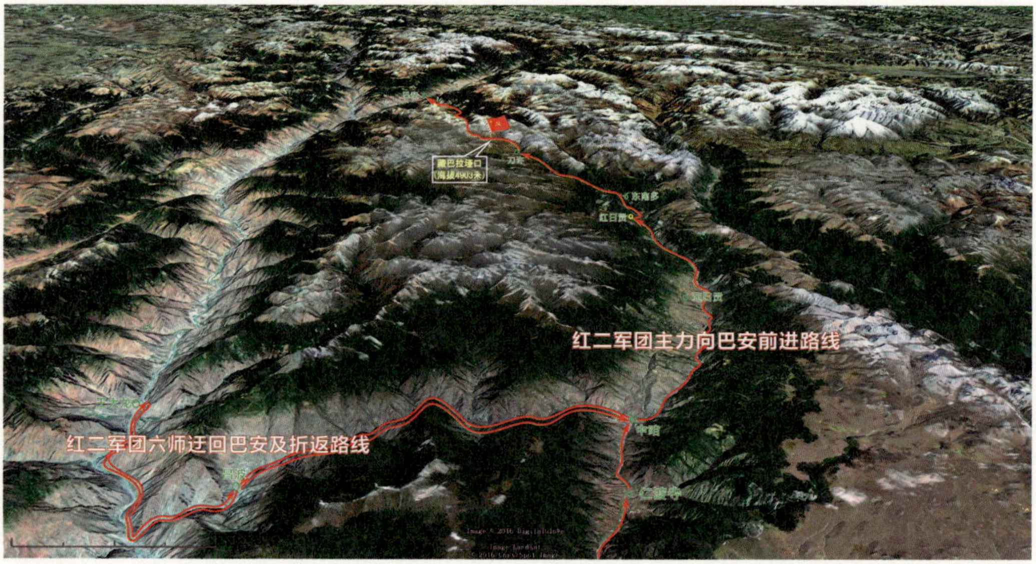

图 3–5　红二军团从中咱向巴安北进路线（1936 年 5 月 27 日~6 月 9 日）

① 中共四川省委党史工作委员会：《红军长征在四川》，四川社会科学院出版社 1986 年版，第 296 页。

藏巴拉垭口

藏巴拉，虽藏语意为“财神之山”，然而红军当年过境时，根本就没有沾上“财神”什么光，其饥寒交迫的状况，从1936年6月4日贺龙、任弼时、关向应致朱德、张国焘电中可窥一斑：

朱张：

（一）我四师昨（三日）已到巴城附近，军直及五师本日进至红日公东南多，六师昨到金江边，但河西藏军射击不能通过，将回头继我们后进；

（二）部队给养困难，除挖窖找夹墙外，并远出金江边割一部已黄麦子解决，很少找到牛羊；

（三）两个团去年均未做棉衣，现有棉皮衣不足五分之一，沿途很少见到羊皮，更没有见过帐棚，因此找帐棚和羊皮毛等无成绩。六军最近是否找到则不明。

贺、任、关[1]

---

① 《贺任关致朱张电（1936 年 6 月 4 日）》，中国工农红军第二方面军战史编辑委员会：《中国工农红军第二方面军战史资料选编》（四），解放军出版社 1992 年版，第 253 页。

说明

● 红日公东南多：地名，应为“红日贡”和“东兰多”。

翻越藏巴拉的损失情况，一周后贺龙、任弼时、关向应致朱德、张国焘电中也有说明：

朱、张：

（一）□六日贺已到巴安，报称：据说计全军由东南多过大雪山百余个，死亡百廿余；由任波露到巴安死亡、落伍共约二百五十，司令部叛变六人。

（二）巴城无放弃希望，现决十九日开始分三个梯队向白玉继续进，还正多方收粮食。

十二日于巴[①]

说明

● 东南多：地名，即东兰多村，“过大雪山百余个”疑为“过大雪山百余里”之误，此处的“大雪山”，即为藏巴拉雪山。这个地名对于判读这个电报的内容极为关键：如果“东南多”这个小村名不辨析清楚，电报的这句话恐怕很难破解，而且极易发生误读误判。

● 任波露：疑为位于四川省甘孜藏族自治州巴塘县中咱乡的“任波寺”之误。

《红军长征在四川》[②]《甘孜州志》[③]都有红二军团翻越藏巴拉的记

① 《贺龙、任弼时、关向应关于红二军团拟向白玉继进致朱德、张国焘电（1936年6月12日）》，中国人民解放军历史资料丛书编审委员会：《红军长征·文献》，1995年版，第1045页。

② 中共四川省委党史工作委员会：《红军长征在四川》，四川社会科学院出版社1986年，第296页。

③ 甘孜州志编纂委员会：《甘孜州志》，四川人民出版社1997年版，第788页。

载。

红二方面军政治部1936年12月19日编撰的《二、六军团长征的政治工作总结报告》称：“由东南多又过一雪山，四师因当时前面被番反破坏道路，阻碍我军，部队走不动，后面部队仍在山上，突然天变下大雪，冻死近四十人，十三团亦因前面队伍走不动停止，被冻死者近三十余人，六师亦死亡数十（仅军直死亡较少）。”其中的“雪山”指的就是藏巴拉。[①]

（二）踏勘与确认地理信息

2015年4月2日，我们在亚日贡乡与从巴塘赶来的徐鑫一起，乘乡政府司机德格松吉村开的越野车赶往刀许村。[②]据说这条路要与波密乡通往巴塘县城的那条路会合，将来从亚日贡去巴塘县城也就不用再从金沙江边绕行了。这当然也让笔者有了几分遗憾，因为从波密乡来的那条路是真正的

图 3–6　藏巴拉的地理位置

① 《二、六军团长征的政治工作总结报告》，《中国人民解放军历史工作历史资料选编·土地革命战争时期》（三），解放军出版社 2002 年版，第 634 页。

② 参加这次踏勘的成员除笔者外，还有志愿者赵文捷及巴塘县委宣传部干事徐鑫。

川藏故道：从理塘到喇嘛垭再到波密乡，是甘孜行政沿革中曾经有过的一个叫作“义敦”的县治，治所就在波密乡后山上的“刀许柯”。

从那条路去巴塘也得翻越一座大雪山——大溯山。

因为预感到藏巴拉有可能是红军在长征中翻越的海拔之最，所以在行前作案头准备时，笔者曾在Google地图反复观察过这座雪山和上山的道路。这是一件非常费神的工作：在参照参考信息不多的情况下，很难在林立的垭口和山峰中准确找出“红军翻越”的那一座。根据已往的经验，图测出来的垭口很少能与实地踏勘确认的垭口完全重合的，能够大体吻合那就是非常值得庆贺的事情了。这次让笔者非常欣慰的是：笔者根据电报信息判断辨析出来的路线，基本上是准确的，我们果真要经过“东南多”，而那个村已然不是小村而已有800多人口了。从东兰多分岔，一条折向东北与通大溯山那条路会合。一条折向西北那就是去藏巴拉南麓的最后一个村庄——刀许村。

实际上我们从亚日贡出发以来，就一直在缓缓上坡，到东兰多村时坡度开始逐渐变大，天也开始下起雪来，待到了刀许村最后一个牧点时，海拔高度已升到4300多米，雪已经下成了鹅毛状。这让笔者非常担心：这会影响我们明日上山么？

进得村主任小昂翁的帐房围着火炉坐下，就听得吉村在一边跟村主任嘀嘀咕咕用藏语说个不停。吉村是个非常利落的藏家小帅哥，他手舞足蹈比画着跟村主任忽悠，直到把村主任忽悠得眉开眼笑——笔者知道，这是价侃好了，明天的事也落实了。

吉村告诉笔者，村主任怀疑我们是来探矿的因而怀揣敌意。吉村告诉他我们不是来探矿的而是来探险的，他才收起了怀疑——真要探着了矿就有可能砸了这满山的虫草生意。但他收起了怀疑却又盯上了笔者身上挎着的六二式望远镜，非要笔者卖给他不可。笔者知道这个村是巴塘县海拔最高的一个村，但也是富得流油的一个村：村民们靠着这一山的冬虫夏草，一年挣个几十万那是再平常不过的事情。

然而这望远镜笔者一路都要用，只好告诉他回成都后一定给他弄一个。村主任很认真地告诫笔者：我们藏家人喜欢说话算数的正派人，你要不是正派人就不要瞎给我许愿。这句话倒把笔者说得很动容：藏家人说话算数，我这个汉家男儿说话也绝不含糊，说给你找一个就给你找一个！

笔者从来没有过高原反应，那天晚上却很久不能入睡：那是因为兴奋，要登上万里长征第一峰的兴奋。

4月3日一大早，天色出奇的好。由村主任带路，我们五人骑马上山。上山的道路比我们想象的状况好得多：虽然没有明显的道路但也不特别陡峭和泥泞。只是从东兰多那头上来的上坡路太漫长太磨人，红二军团是唯一把红军最重的火器——一门山炮扛过了雪山草地扛到了陕北的队伍！扛着山炮走这种路那肯定不会有什么观山玩景的好心情！

藏巴拉在红军翻越过的雪山中真正属于“终年积雪不化”的雪山。一路上景色的确是壮观，接近垭口处的景色特别有意思：三面都是雪峰环抱，恰似一个天井，垭口两侧的雪峰呈新月状，而垭口则恰好位于新月的弧状底端。在那里我们测出了地理信息，确认：藏巴拉垭口是红军在长征中跨越的最高海拔。

我们把红二军团的军旗插在了山口，立正肃立，向所有翻越过这个长征海拔最高的雪山的红军战士们致敬！

骑马前往藏巴拉垭口

接近垭口处雪峰环抱，恰似一个天井

经过实地踏勘确认的藏巴拉地理信息：

表3–4　藏巴拉的地理信息

垭口	东经（E）	北纬（N）	海拔（H）	红军首次翻越时间
藏巴拉	99°12′56.63″	29°48′52.37″	4903米	1936年6月3日

四、欧帕拉

欧帕拉　位于四川省甘孜藏族自治州巴塘县与白玉县之间，是两县的界山，藏语意译为“银猪山”，因山形似银猪而得名。实测海拔高度为4212米。

（一）史实依据

红二军团到达巴安后，原拟夺取城池，解决粮食和物资问题。

巴安县城是康南的一大重镇，这个区域的物产也比康南各县丰富，

欧帕拉北麓

但也因此而成为国民党军的重点设防区域。说是重点当然也是相对的，康北康南原本属于刘文辉二十四军的统治管辖范围，由二十四军傅德全团驻守。1935年国民党中央军第五十三师李韫珩部进驻康定后，派出其参谋长沈凤威率工兵营，协同傅德全团在巴安修碉防守。沈凤威率部到巴安后，在巴安城内及城四周大修碉堡，到红二军团兵临巴安城下时，巴安城周围已然形成了一个纵横交错的碉堡网，城内守军除了二十四军傅德全团和五十三师工兵营外，还有刚从康北逃到巴安的诺那“反共别动队”残部，兵力虽不算太多但城池却很坚固。

红二军团一路扛着过来的山炮原本是攻坚利器，可惜这个时候连一发炮弹都没了。

贺龙、任弼时、关向应等审时度势，决定对巴安围而不攻：“在此情况下，非几日时间可能攻克巴城，而且须有较大之伤亡。因此，我军现只从东、西、北三面包围威逼。现正多方向喇嘛寺及傅营进行勾引瓦解工作，在这一工作有较［效］条件下才施行攻击，如四五天收不到效果，则拟放弃该城，向白玉继进。”①

---

① 《贺龙、任弼时、关向应关于红二军团进抵巴安附近及今后行动计划致朱德、张国焘电（1936 年 6 月 7 日亥时）》，中国人民解放军历史资料丛书编审委员会：《红军长征·文献》，解放军出版社 1995 年版，第 1044 页。

史载：红二军团在夺取了巴安城外东隆山的碉堡后，以一部兵力佯攻县城，其主力部队则从城边的东隆山绕城而过，到巴安城北二十里的党村一带休整筹粮。党村一带是巴安产粮较多的地方，但在红军到来之前，存粮已被沈、傅所部搜刮一空，当年的夏粮也还未完全成熟。为了解决粮食问题，红二军团只好在取得群众的同意后，买了一部分地里的麦子。由于麦子尚未完全成熟，无法脱粒，广大干部战士只好人人动手，将麦粒用手搓下，就这样勉强地解决了几天的粮食问题。

6月14日，红二军团从党村一带出发，离开巴安，向白玉前进。

红军离开巴安使龟缩于城内的沈风威如释重负，连忙向蒋介石邀功请赏，谎称“巴安大捷”。蒋介石也乐得假戏真做，自欺欺人地“通报嘉奖”沈风威等所谓“守城有功的将士”。

而在巴安与白玉的盖玉之间，就横亘着一座雪山——欧帕拉。

1936年6月14日，由巴安县城附近北进的红二军团翻越欧帕拉垭口进入白玉县境内。在翻越欧帕拉之前还要翻越一座被称作“拉拉山”的亚雪山，海拔3931米。

6月17日，红二军团到达白玉县的盖玉、康翁寺一带。①

《白玉县志》记载：红二军团于1936年6月“14日，经郎翁、措翁、郎多、莫西，翻越欧帕拉雪山到达白玉沙马乡。15日守军工兵营奉命率别动队追击红二军团，结果扑了一场空。”②

如此，可以确认红军翻越欧帕拉的时间：1936年6月14日。

1936年6月21日，贺龙、任弼时、关向应致电朱德、张国焘报告红二军团行程时称：“四师因为走错路十九日始到白玉，五、六两师在距白玉两天路，正筹粮。”③可见，红二军团的先头部队是红四师。

---

① 中共四川省委党史工作委员会：《红军长征在四川》，四川社会科学院出版社1986年版，第297~298页。

② 白玉县地方志编纂委员会：《白玉县志》，方志出版社2010年版，第624页。

③ 《贺龙、任弼时、关向应关于红二军团直属队及红四师拟二十三日向甘孜进致朱德、张国焘电（1936年6月21日）》，中国人民解放军历史资料丛书编审委员会：《红军长征·文献》，解放军出版社1995年版，第1049页。

如此，可以确认最先翻越欧帕拉的红军序列为：红二军团四师。

（二）踏勘与确认地理信息

2015年4月，我们对欧帕拉进行了实地踏勘。①

图 3-7　欧帕拉的地理位置

笔者在欧帕拉垭口

① 参加这次踏勘的成员除笔者外，还有志愿者赵文捷。

2015年4月4日，我们从巴塘县城出发前往白玉县城。途中穿过拉拉山隧道后翻越了欧帕拉。巴塘到白玉的公路因为不是干线公路，目前还是砂石土路，欧帕拉隧道正在施工，通车后将会大大提升巴塘—白玉间的交通质量。

经过实地踏勘确认的欧帕拉地理信息：

表3–5　欧帕拉的地理信息

垭口	东经（E）	北纬（N）	海拔（H）	红军首次翻越时间
欧帕拉	99°13′25.05″	30°33′30.20″	4212米	1936年6月14日

五、麦拉

麦拉　藏语意译为“黑痣山”，位于白玉县绒玉乡和盖玉乡交界处。实测海拔高度为4350米。

麦拉

（一）史实依据

1936年6月14日红二军团翻越欧帕拉后，当日宿营于沙马甲空车的兵营里，兵营士兵听见红军来后早已逃跑。据传，贺龙、任弼时、关向应、李达、甘泗淇等还到邓朱多温泉洗澡，先头部队也派人前往盖玉与盖玉头人和寺院联系。1936年6月17日，盖玉头人洛绒彭措和邦达多吉带兵迎接红军到盖玉，红军分别驻在盖玉头人廊嘎顶官寨和康翁寺，康翁寺当时的活佛是彭措多吉，管家降拥西绕和降拥登珠负责接待红军。据彭措多吉的父亲泽翁回忆：当时的红军人数十分多，从康翁寺出发到很远的山头后，寺庙里还有很多的人。①

1936年6月18日，红军兵分两路，一路由盖玉头人官寨出发经向导引路，从亚达到洞中，翻越恶热拉雪山；另一路从康翁寺出发，由向导带路沿大一西翻越麦拉雪山到达绒盖乡。②而跟进的红二军团主力则"突破巴塘沈凤威、傅德全的层层封锁，由党巴、沙马、盖玉翻越海拔4921米的麦拉山，经绒盖于23日到白玉县城"。③

（二）踏勘与确认地理信息

2015年4月，我们对麦拉进行了实地踏勘。④

2015年4月4日，我们从巴塘县城出发前往白玉县城。当日午后，翻

① 白玉县地方志编纂委员会：《白玉县志》，方志出版社2010年版，第624页。

② 白玉县地方志编纂委员会：《白玉县志》，方志出版社2010年版，第624页。白玉县地名领导小组：《白玉县地名录》，第4页。笔者对此说存疑。这条道绕道过远，翻越的雪山也不止一座。根据6月21日贺、任、关致朱、张电中"四师因为走错路十九日始到白玉"分析，可能是四师先沿这条道走发现不对后又折返回去翻了麦拉。

③ 白玉县地方志编纂委员会：《白玉县志》，方志出版社2010年版，第624页；白玉县地名领导小组：《白玉县地名录》，第4页。另据《白玉县志》载，红四师"另一路"是"从康翁寺出发由向导带路沿金沙江边到协塘至绒盖乡"，后续的军团主力则是翻越麦拉进军白玉。文中"海拔4921米"是指麦拉的主峰。

④ 参加这次踏勘的成员除笔者外，还有志愿者赵文捷。

图 3–8　麦拉的地理位置

越麦拉。巴塘到白玉的公路因为不是干线公路，目前还是砂石土路，但已硬化。

经过实地踏勘确认的麦拉地理信息：

表3–6　麦拉的地理信息

垭口	东经（E）	北纬（N）	海拔（H）	红军首次翻越时间
麦拉	98°58′08.59″	30°58′04.61″	4350米	1936年6月18日

六、恶热拉

恶热拉　藏语意译为“头巾山”，又名呷有日玛山，位于四川省甘孜藏族自治州白玉县盖玉乡境内。实测垭口海拔高度为4645米。

恶热拉

（一）史实依据

1936年6月18日，红军兵分两路，其中一路由盖玉头人官寨出发经向导引路，从亚达到洞中，翻越恶热拉雪山。①

翻越麦拉和翻越恶热拉的红军，都要经过盖玉，又都是从盖玉出发的。

（二）踏勘与确认地理信息

2015年4月，我们前往恶热拉进行实地踏勘。②

恶热拉不通公路。2015年4月4日，我们从巴塘县城出发，前往白玉县城。因天色已晚，我们决定先到白玉县城听县里同志介绍情况后再行

---

① 白玉县地方志编纂委员会：《白玉县志》，方志出版社2010年版，第624页；白玉县地名领导小组：《白玉县地名录》，第4页。

② 参加这次踏勘的成员除笔者外，还有志愿者赵文捷。

图 3–9　恶热拉的地理位置

定夺。但几天后车辆在白玉赠科乡出现大故障，致使此后的计划无法完成，也与恶热拉失之交臂。

2016年7月9日，我们再次前往白玉县对恶热拉进行实地踏勘。[①]

经中共白玉县委宣传部安排，我们在章都乡边坝村与村主任索比取得联系，商定由边坝村四位村民用摩托带我们前往恶热拉垭口。行前经我们图测并向有关干部询问，得悉恶热拉南麓最近的村落是盖玉乡的洞中村，从边坝上山有摩托车道可抵半山腰。

但这次上山我们又遇到在党岭遇到过的同样问题：四位担任向导兼摩托车手的竟然没有一个到达过恶热拉垭口，而且道路也不熟悉。上山的摩托车道非常崎岖坎坷，一路上到处是乱石壅塞，河流阻断，林中荆棘丛生，草甸里泥泞不堪，足足折腾了几个小时，还仍然挣扎在泥潭与

① 参加这次踏勘的成员除笔者外，还有志愿者赵文捷、张严、杨潇、马福文，边坝村村民阿塔、泽仁巴登、白玛泽它、扎西为我们当向导兼摩托车手。

树丛之间，那个垭口连影子都没看见。

后来才知道，四个向导方向没错但路走错了：摩托车道是沿山脊延伸，而我们却误入山谷中的水草地。14时30分，行至海拔4000米左右时，我们的摩托车在荆棘丛中就陷入了进退两难的境地。从GPS上看，这里距垭口还有5公里左右，升起航拍无人机观察，去洞中的方向至少有两个以上的垭口，很难判明究竟哪个是通往洞中的恶热拉垭口。如果徒步前往，是否能控制在天黑之前返回没有把握；就地返回，又心有不甘。

不过航拍无人机升起后发现半山腰的草场似有牧户，这让我们又升起些许希冀。

大家讨论一番，为节省往返时间，确保能在天黑前下山，决定由精壮人员组成一个突击组，立即徒步前进，其他人员则就地等候。突击组最后确定由赵文捷、马福文和三位村民泽仁巴登、白玛泽它、扎西组成。

14时50分，突击组出发。徒步走出森林步入草场后，天地豁然开朗：一条明显的摩托车道沿着平缓的山势延伸，直抵山腰那家牧户。赵文捷等加快步伐，进至牧户后询得了通往洞中村恶热拉垭口的路，而这里距垭口的高差也不过两百米开外。

骑摩托前往恶热拉

16时30分，突击组进至恶热拉垭口。迅速完成实地踏勘和航拍任务后，立即返回。

他们回到我们等待之处时，还不到18时。

不过下山却很费周折。突然下起雨来，磕磕绊绊回到边坝村时，已是20时左右。

经过实地踏勘确认的恶热拉地理信息如下：

表3-7　恶热拉的地理信息

垭口	东经（E）	北纬（N）	海拔（H）	红军首次翻越时间
恶热拉	99°03′33.21″	30°52′04.18″	4645米	1936年6月18日

七、米作拉和嘎多拉

米作拉和嘎多拉　“米作拉”藏语意为“耕牛山”，位于四川省甘孜藏族自治州白玉县境内（金沙乡正东），垭口实测海拔高度为4890米。“嘎多拉”是因山东麓的嘎多寺(今译作噶陀寺。也译作嘎托寺、嘎掩寺、呷掩寺）而得名，垭口处海拔高度为4585米。

（一）史实依据

红二军团先头部队红四师两路部队于1936年6月19日会聚白玉城①，一面休整，一面等待军团主力。23日，军团主力到达白玉县城，分驻在县政府和学校，贺龙、任弼时、关向应等领导同志还拜访了白玉寺住持噶玛活佛，因为白玉是红四方面军在甘孜成立的波巴依瓦得政府辖地，所以受到了寺院和上层人士的热情款待和欢迎。管家达瓦活佛和堪布邓葛多吉一直和红军联系，并帮助协调有关方面事宜，还送去粮食。红军离开时，寺院支援红军1000多斤粮食和三匹好马。红军留下了一些伤病员，其中有不少人后来在白玉娶妻生子，安家落户。②

6月25日，红二军团离开白玉县城，翻越米作拉和嘎多拉，前往嘎多寺（今译作噶陀寺）。

① 《贺龙、任弼时、关向应关于红二军团直属队及红四师拟二十三日向甘孜进致朱德、张国焘电（1936年6月21日）》中称“四师因为走错路十九日始到白玉，五、六两师在距白玉两天路，正筹粮”。见中国人民解放军历史资料丛书编审委员会：《红军长征·文献》，解放军出版社1995年版，第1049页。

② 白玉县地方志编纂委员会：《白玉县志》，方志出版社2010年版，第624~625页。

米作拉

雾中的嘎多拉

关于红二军团前往嘎多寺的行军路线，《红军长征在四川》是这样陈述的：

白玉休整五天后，兵分两路，向会师目的地——甘孜进发。军团之一部沿金沙江到白玉的河坡，又遭西岸藏军隔江阻击，部队略有伤亡。军团主力则从白玉翻山而行，于六月二十五日到达呷拖，受到呷拖喇嘛寺的欢迎。呷拖寺是白玉最大的寺庙，也是德格土司的家庙。二军团到呷拖后，住了几天，整肃了军容军纪，作了一些会师前的准备工作。[①]

文中言及“翻山”，却没有说明是翻的什么山，哪座山。

《白玉县志》的记载也很简略：

1936年6月25日，红二军团在寺庙安排的向导带领下，太阳没有出来时开始向嘎拖方向前进。达科山上全部是红军战士，十分的壮观，一直到太阳出来很久才在山上消失，管家达瓦活佛亲送红军离开。傍晚，红军从多尼山上到嘎拖寺庙，寺庙点燃柏丫烟，鼓乐齐奏，斯德活佛亲自迎接贺龙一行的红军……[②]

说明

● 寺庙：指白玉寺。

根据我们在白玉的实地考察和图测，可以确认红二军团是从达科山梁上行，翻越了米作拉和嘎多拉，进至噶陀寺的。米作拉与嘎多拉实际上是连体的，但两者之间隔着山沟，所以我们仍然将其视作两座雪山。

---

① 中共四川省委党史工作委员会：《红军长征在四川》，四川社会科学院出版社1986年版，第297~298页。

② 白玉县地方志编纂委员会：《白玉县志》，方志出版社2010年版，第625页。

米作拉有可能是红军在长征中跨越的海拔高度第二的雪山。

据《白玉县志》记载：红二军团在噶陀寺休整了四天，夏克刀登派来的河坡头人昂戈琼也来到寺庙欢迎红军，寺庙管家登果多吉负责接待事宜。红军在寺庙和昂戈琼的协调下购买了足够的粮食和骡子，寺庙还赠送了3000斤粮食、600斤酥油。休整期间有红军战士不慎失火烧毁了一间僧房，红军首长亲自调查原因，处理失火者，并赔偿火灾损失50块大洋。临行前，贺龙总指挥给斯德活佛和寺庙送去一封正式书信，信上盖有贺龙的印章和亲笔签名（信的原件在“文化大革命”中被焚毁）。①

（二）踏勘与确认地理信息

2015年4月，我们对米作拉和嘎多拉进行了实地踏勘②。

2015年4月4日，我们到达白玉县城后，与当地出生的原副县长根秋则仁和县委宣传部长徐顺发同志参照地图、史志，并通过根秋副县长与他的父亲、现在的噶陀寺住持莫扎活佛进行了电话沟通（活佛正在闭关打坐），还由县委宣传部的陈波同志陪同拜访了噶陀寺。最后确认：红二军团于1936年6月25日翻越了米作拉和嘎多拉，进至噶陀寺。

2016年7月，我们再次来到白玉县，对米作拉和嘎多拉进行实地踏勘。

1. 对米作拉的考察踏勘③

2016年7月6日，经中共白玉县委宣传部门联系，达科村五位村民担任向导，用摩托车将我们从白玉县城载至达科村附近的山谷，然后我们步行攀缘登山。当年这条道是从白玉县城到噶陀寺的必由之路，近数十年来，因从白玉县城沿金沙江畔有公路通往河坡乡，河坡至噶陀寺也已建有公路。这条翻山路线实际上早已废弃，除了一些采集虫草的群众外，基本上已无人经此间往返噶陀寺。牧户们也已不再养马，

① 白玉县地方志编纂委员会：《白玉县志》，方志出版社2010年版，第625页。
② 参加这次踏勘的成员除笔者外，还有志愿者赵文捷。
③ 参加这次踏勘的成员除笔者外，还有志愿者赵文捷、张严、杨潇、马福文。

图 3–10 米作拉和嘎多拉的地理位置

我们要登上米作拉垭口也就只能靠两条腿了。

我们徒步登山的起点约为海拔4000米，登临高差约为900米，路不算太难走，就是呼吸很急迫，行几十米就得大喘气一回。而当年红军登山的起点是海拔2900米的白玉县城，要完成将近2000米的高差，其艰巨程度远较我们为甚。

从米作拉垭口上，可以清楚地看到从米作拉西麓谷底延伸到嘎多拉垭口的小道。按预定计划，我们应该继续循这条小道前往嘎多拉垭口，完成实地踏勘的任务。但这时已是午后16时左右，如果贸然前行，那么在天黑之前肯定无法返回。最后决定，另择时间从噶陀寺那边上嘎多拉垭口完成实测。

2. 对嘎多拉的考察踏勘[①]

因7月7日白玉普遍降雨，我们于7月8日赶到河坡乡，与乡政府商洽

① 参加这次踏勘的成员除笔者外，还有志愿者赵文捷、张严、杨潇、马福文、肖津。

徒步行走

后，由乡干部扎西和我们一起到噶陀寺寻觅嘎多拉垭口。然而当我们赶到噶陀寺时，山上浓雾迷漫，来自丹巴的扎西也不知道嘎多拉垭口的具体方位，我们只好朝着最近处的山垭上行。

从噶陀寺到这个垭口并不困难：山势平缓，距离也不算远。

然而回到成都后，我们将这个垭口与Google地图上图测判定的垭口比对后才发现我们还是走错了路：嘎多拉垭口位于我们所上垭口以南的同一山脊上，相距约2公里，大致位于同一高度。虽然我们没能登上这个垭口，但根据实地踏勘航拍并与Google地图对比校核，已经可以确认，这才是红军从米作拉到噶陀寺的最便捷最直接的垭口——嘎多拉垭口。

经过实地踏勘确认的米作拉和嘎多拉地理信息如下：

表 3–8　米作拉和嘎多拉的地理信息

垭口	东经（E）	北纬（N）	海拔（H）	红军首次翻越时间
米作拉	98°54′06.31″	31°15′05.57″	4890 米	1936 年 6 月 25 日
嘎多拉	98°55′42.37″	31°18′13.63″	4585 米	1936 年 6 月 25 日

八、生欧拉

生欧拉 藏语意为“哭泣的山”，又名“则生拉”，位于四川省甘孜藏族自治州白玉县赠科乡与新龙县银多乡之间，是白玉县与新龙县（今山北已划归新龙县）的界山。

（一）史实依据

这座雪山，几乎所有的长征史籍都没有言及。

红二军团于1936年5月29日离开噶陀寺，经河坡、热加和赠科，前往甘孜。

《红军长征在四川》关于红二军团从白玉去甘孜的记述非常简单：

六月三十日，二军团直属机关和红四师经白玉赠科翻山到达甘孜绒坝岔，受到四方面军及专程赶来的中央波巴政府代表和当地藏族群

生欧拉

众载歌载舞的欢迎。[①]

《白玉县志》记述则更简略：

6月29日，红二军团在向导泽翁的引导下浩浩荡荡经河坡、热加到赠科。休息一天后第二天一早就向甘孜出发，与红四方面军会师。红二军团抵达甘孜绒坝岔大金寺后，受到了红三十军八十八师、波巴中央政府代表及当地群众的热烈欢迎。[②]

连“翻山”二字都省略了！

实际上，这次翻越的可不是一座小山，而是一座叫作“生欧拉”的大雪山。

红二军团翻越的时间是1936年6月30日。

（二）踏勘与确认地理信息

2015年4月，我们拟对生欧拉进行实地踏勘。[③]

2015年4月5日，我们到达白玉县城后，与当地出生的副县长根秋则仁和县委宣传部长徐顺发同志参照地图、史志，并通过根秋副县长与他的父亲、现在的噶陀寺住持莫扎活佛进行了电话沟通（活佛正在闭关打坐），还由县委宣传部的陈波同志陪同拜访了噶陀寺。随即前往赠科乡政府，准备租用马匹上山，完成实地踏勘。但据乡政府的同志称，当地群众正与生欧拉北麓的新龙县群众（这里原属甘孜县辖地，现已划归新龙县）因挖虫草问题发生纠纷，为避免冲突，已用巨石将上山道路封锁（已建有机耕道）。所以我们也只好等待下次。

---

① 中共四川省委党史工作委员会：《红军长征在四川》，四川社会科学院出版社1986年版，第299页。

② 白玉县地方志编纂委员会：《白玉县志》，方志出版社2010年版，第625页。

③ 参加这次踏勘的成员除笔者外，还有志愿者赵文捷。

图 3-11　生欧拉的地理位置

涉水前进

2016年7月，我们再次来到白玉县对生欧拉进行实地踏勘。①

2016年7月4日，经白玉县委宣传部联系，我们来到赠科乡政府商洽上山事宜，乡党委书记地巴登冒雨开车送我们到达上山的起点洛巴二村，与洛巴二村支书亚玛多吉商定次日由该村村民驾摩托送我们上山。5日，村民亚玛桑洛、泽翁郎布托、扎西泽仁、松吉次仁驾摩托带我们前往生欧拉垭口。因为此处已有简易公路可通垭口，所以上山没有难度。不到两个小时我们就赶到这个垭口。

通过生欧拉垭口的公路过了垭口就已停建，垭口东麓已属今新龙县地域。据村民们说，骑摩托从此到甘孜只需要两个小时。

经过实地踏勘确认的生欧拉地理信息如下：

表3–9　生欧拉地理信息

垭口	东经（E）	北纬（N）	海拔（H）	红军首次翻越时间
生欧拉	99°28′15.97″	31°33′59.79″	4758米	1936年6月30日

第三节　红六军团北进甘孜翻越雪山的行军路线

与左路红二军团向甘孜进军不同，萧克、王震所率右路红六军团在进军行程中，几乎没有遇到过武装拦截和发生过战斗，进入康南后遇到的都是寺院和群众的热烈欢迎和帮助，饿肚子的状况相对来说也不太严重，所以他们后发而先至。红六军团1936年5月9日从中甸出发，6月22日即赶到甘孜普玉隆村与红四方面军主力会师，所用时间不到一个半月。

这期间，红二、六军团在中甸，红四方面军在瞻化，都曾通过中甸

① 参加这次踏勘的成员除笔者外，还有志愿者赵文捷、张严、杨潇、马福文。

和瞻化的寺院写信给定乡、稻城的喇嘛和头人。这些由不同方向不同渠道发出的信函，都起到了非常积极的作用。

据《红军长征在四川》载：

定乡是康南重镇，气候较好，出产较丰，在历史上，这里的藏族人民曾多次进行反抗汉族封建官僚统治的武装斗争。红六军团到此之前，红四方面军即通过瞻化的喇嘛寺，写信给定乡、稻城的喇嘛寺和头人，宣传红军提倡宗教信仰自由，保护喇嘛寺，尊重和帮助藏族人民的民族政策。同时，也告知红军兵力强大，希望定乡及稻城喇嘛寺和头人不要与红军为敌。中甸喇嘛寺内的定乡籍喇嘛，也派人送信给定乡喇嘛寺，告知红军在中甸礼待喇嘛的情况及红军军威。定乡和稻城的喇嘛上层及头人，在红军民族政策、宗教政策的感召下，权衡利害得失，决定不与红军为敌，同红军进行友好合作。同时，他们也企图趁机报复平时压迫他们的国民党官员。在红军入境前，定乡的大头人彭诺大吉即在喇嘛寺的支持下，以要国民党定乡县长请兵来县保境安民为借口，将定乡县长赶走，县署人员遣散。稻城大头人甲骨倾真，也用同样的办法，赶走了国民党的稻城县长。①

这段日子里，驻康定的国民党中央军第五十三师李韫珩部一部拟按蒋介石部署西进与巴安守军打通联系，共同拦截正从康南北进的红二、六军团。然而李韫珩部被红四军十一师拦阻于雅江以东；巴安的川军二十四军傅德全团和十六军工兵营，又被红二军团围困牵制于孤城之内，自身尚且难保，更无暇东顾理化；理化毛丫土司的武装被长青春科耳寺调到理化以北的君坝、霞坝一带防堵瞻化方向的红四方面军，长青春科耳寺被红六军团成功“统战”后，这部分武装对红六军团的进军也就不再构成任何威胁了。

---

① 中共四川省委党史工作委员会：《红军长征在四川》，四川社会科学院出版社1986年版，第291页。

这也是红六军团顺利进军的主要原因之一。

红六军团在进军途中遇到的最大困难，仍然还是来自严酷的自然环境。

一、小雪山和大雪山

小雪山 准确而言只是一座亚雪山（海拔高度3933米），位于云南省迪庆藏族自治州香格里拉市格咱乡境域内。

大雪山 川滇界山，位于四川省甘孜藏族自治州乡城县与云南省迪庆藏族自治州香格里拉市之间。

小雪山

大雪山

（一）史实依据

红六军团进入康南翻越的第一座雪山，就是川滇边境的界山——大雪山。

据《红军长征在四川》载：

> 一九三六年五月九日，红六军团从中甸出发，向康南的定乡、稻城挺进。十日，开始翻越大、小雪山。这两座雪山位于中甸和定乡之间，海拔四千多米，山势陡峭，道路崎岖。当时虽值春暖时节，但山上仍铺满了厚厚的积雪。气候瞬息万变；时而阴霾密布，狂风大雪；时而天高气爽，阳光刺目。这样的大雪山，对六军团的南方战士来说，是见所未见，闻所未闻。但英勇的红军战士仍然不惧雪山艰险，奋勇攀登。经过一周的艰苦跋涉，于五月十四日抵达定乡县城。[①]

这个叙述比较简略，而且关于雪山的叙事顺序也有问题：按红六军团从中甸出发的翻越顺序，应该是小、大雪山，而不是大、小雪山。[②]

大雪山是一座非常有名的雪山，也早见诸各种长征史籍和回忆文字。这是红六军团翻越的第一座雪山，至于翻越时间，除了各种史籍外，也可从红军的电文档案中推断。

贺龙、任弼时、关向应致电朱德、张国焘

（1936年5月10日）

朱、张：

（一）二军团前卫师今可到德荣，余到距德荣约百里上下地区。

---

① 中共四川省委党史工作委员会：《红军长征在四川》，四川社会科学院出版社1986年版，第290~291页。

② 笔者曾经受这个叙事顺序的误导，在地图上的大雪山垭口以北去寻找小雪山垭口，结果把川境内的“小雪山道班”误认作“小雪山垭口”，从而将大雪山和小雪山误认为是一座连体山。

（二）六军团于九日已由中甸向定乡出动，本日抵宁水、瓮三之线。

（三）我军入西康害病异常之多，带粮食、银物；房屋稀少，粮食很少，盐大感困难。

贺、任、关

5月10日

“瓮三”即为今香格里拉市格咱乡翁上村，位于小雪山之南。根据这个信息，可以很方便地推断出红六军团翻越小雪山的时间应该是：1936年5月12日。

考据红六军团行军路线有一个很大的方便，红六军团有相当多的人留下了日记，如王恩茂、吴德峰、张子意（只有1936年7月10日以后的）乃至甘孜会师后担任红六军团军团长的陈伯钧。这里选摘王恩茂和时任红六军团政治保卫分局局长吴德峰在这几天的日记。

王恩茂日记摘录：

五月九日

午前6时出发，向北前进，下午1时半到达格咱。是日从中甸城到格咱，一路都是山林，没有房子。

五月十日

午前6时出发，经过都是山地，但道路比较平坦，下午2时许到达翁上。该地只有几栋房子，我们全部露营，好在没有下雨，亦很安全地度过了这一夜。

五月十一日

午前5时半出发，翻了一个大坡，上下约四五十里，继续又翻了一个小坡，上下约十余里。沿途没有人烟，山林茂盛，有些地方尚有白雪，午后1时许到达翁水。

五月十二日

午前6时出发，走了约四五十里的平路即翻大山，翻山时即下大雪。人上山头晕、眼花、气喘，下山五六十里，沿途均下大雪，满地雪白，再走几里没有雪了，才到易窝宿营。此时已午后6时半了，共走了100里以上。①

说明

- 格咱：今云南省迪庆藏族自治州香格里拉市格咱乡格咱村。
- 翻了一个大坡：此指小雪山。
- 走了约四五十里的平路即翻大山：此指大雪山。
- 易窝：似为今四川省甘孜藏族自治州乡城县然乌乡。

吴德峰日记摘录：

五月九日

在格扎宿营，行程60里。

五月十日

在瓮上宿营，行程70里。

五月十一日

在瓮水宿营，行程80里。

① 《王恩茂日记——红军长征到“七七事变”前夕》，中央文献出版社 1995 年版，第 66~67 页。

五月十二日

经过雪山，在易窝宿营，行程80里。[①]

说明

- 格扎：即格咱，今云南省迪庆藏族自治州香格里拉市格咱乡。
- 瓮上：即翁上，今云南省迪庆藏族自治州香格里拉市格咱乡翁上村。
- 瓮水：即翁水，今云南省迪庆藏族自治州香格里拉市格咱乡翁水村。

通过上述记述可以确认红六军团翻越小雪山、大雪山的时间：1936年5月11日、12日。

（二）踏勘与确认地理信息

2015年3月30日，我们从乡城县出发，前往大雪山、小雪山进行实地踏勘。[②]从乡城县城到大雪山垭口这段公路实际上很早就有了，但却多年没有硬化和升级，迄今仍只是一条砂石土路，每遇雨雪，道路就泥泞不堪，车行非常困难。乡城的同志告诉我们，乡城的人若驾车到中甸，宁愿选择经马鞍山从茨巫绕行得荣的路线，也不愿经大雪山垭口取捷径。因为仔细盘算起来，取捷径反而有可能耗时费力，徒劳无功。但我们为复原当年红军走过的路线，还非得上这条道不可！

从乡城出来上这座山才发现，这条道不光是难走，而且荒僻冷清。这一路，就没有看见过一个人一辆车！比较幸运的是，那天天气极好，没有雨没有雪，道路虽然坑坑洼洼，却并不泥泞。虽然我们都在提心吊胆，生怕在这又没手机信号又没往来车辆人员的路上抛了锚陷入叫天天不应叫地地不灵的处境，但好在上这山也就是半天工夫，中午时分我们颠颠簸簸就上了山垭。

---

① 《吴德峰日记》，《中共党史资料》2004年第3期。
② 参加这次踏勘的成员除笔者外，还有志愿者赵文捷。

图 3-12　小雪山的地理位置

图 3-13　大雪山的地理位置

大雪山垭口

大雪山垭口还有些残雪，测得高度为海拔4327米。

从大雪山垭口下山后进入云南境内，路况好了很多，渐渐地还有了硬化路面、柏油路面，翻越小雪山垭口后，看见一路都在整修路面。待赶到中甸，已是下午时分，看了里程表，从大雪山垭口到中甸约为140公里，是红六军团三天行军日程；大雪山垭口到乡城桑披寺约90公里，是红六军团两日行程。

经过实地踏勘确认的小雪山、大雪山地理信息如下：

表3–10　小雪山、大雪山的地理信息

垭口	东经（E）	北纬（N）	海拔（H）	红军首次翻越时间
小雪山	99°45′29.68″	28°19′12.03″	3933 米	1936 年 5 月 11 日
大雪山	99°49′36.24″	28°34′37.91″	4327 米	1936 年 5 月 12 日

在乡城逗留期间，得到了中共乡城县委宣传部部长江勇刚同志的热情帮助，宣传部干部洛桑达瓦陪同我们采访了曾任县长的钟吉则仁老人。这位老者是新中国成立后培养的藏族干部，对红六军团过境情况也很了解。

从他口中，我们了解了很多信息。

其一，当时定乡的国民党县政府形同虚设，不管事。几个大头人互相割据，谁也管不了谁。唯一跟各方说得上话也能拿大主意、说话算数的，就是桑披寺住持纳瓜活佛。这位活佛当时拿的大主意是：定乡境内的僧俗民众谁也不能与红军为敌，要善待红军，家里粮食不要带走，留给红军。

纳瓜活佛实际上起的是一锤定音的作用。

其二，红军在定乡纪律严明，打破一个碗都要赔偿八个藏洋，对群众秋毫无犯，留下了许多口碑和传说。红军留下的伤员，都得到了群众的救治，甚至被护送到甘孜。军民双方没有发生任何冲突。纳瓜活佛还动员群众卖给红六军团大量的粮草。红六军团在定乡休整七天，临行前，萧克、王震、张子意等将一面"扶助番族独立解放"的锦旗和银锭、银壶等物赠送给了寺院。

其三，纳瓜活佛是一位阅历相当复杂的宗教界人士，人生结局也是悲剧性的。他在乡城民众中声望很高，红六军团过境时他大力帮助过红军；也支持当地群众抗拒过国民党川军的压迫和统治。新中国成立后，他接受共产党的领导，但对党的宗教政策很有疑虑。他反对叛乱，但也反对民主改革，不希望触及寺院特权。1956年他在成都开会时，乡城发生武装叛乱，纳瓜活佛从成都赶回后配合部队劝降叛匪，起到了积极作用。①

这也是以往的史志资料中很少提及这位活佛的缘由。但他对红六军团的帮助甚大。

其四，现在乡城县建有红军长征纪念馆，洛桑达瓦带我们去参观了这座纪念馆。我们在纪念馆门前广场上，看见了塑有萧克、王震和纳瓜活佛的雕塑。馆内陈列也展示了纳瓜活佛的图片、生平及贡献。表明了历史终究会回归其本真，做过好事就是做过好事，历史是不会

---

① 纳瓜活佛始终对党的宗教政策心怀疑虑，放不下保持寺院特权的心结，1958年7月29日在桑披寺自焚身亡。其生平详见四川乡城县志编纂委员会：《乡城县志》，四川大学出版社1997年版，第386~387页。

遗忘的。

其五，红六军团在乡城休整了一个星期，1936年5月20日，离开定乡，沿硕曲河北上，翻越苦鲁柯山，进至稻城。

二、苦鲁柯山

苦鲁柯山　位于四川省甘孜藏族自治州乡城县与稻城县交界处，是两县的界山，“苦鲁柯”是藏语“无名山”之意。

（一）史实依据

红六军团离开乡城的时间是1936年5月20日，5月22日进入稻城。稻城是这一带的产粮区，雄登喇嘛寺、桑堆喇嘛寺及当地群众对红军非常欢迎，红六军团筹粮相当顺利，并在此休整了一个星期。

关于红军翻越苦鲁柯山的情况，笔者还没有找到直接言及的史籍史志或回忆文字。但王恩茂日记和吴德峰日记间接言及了红六军团翻越这座雪山的时间和状况。

苦鲁柯山

王恩茂日记摘录：

五月二十日

向稻城城前进。上午5时半出发，沿硕楚河而上，经过义司田、沙村、归日、喜友，到水洼休息半小时，再前进至百根宿营。经过地区都有房屋、田垅，路旁有不少的番民群众卖东西，并烧茶送给我们吃。这是由于我们在定乡城传播了党和苏维埃对少数民族政策的影响的结果。

说明

- 百根：今名白格。

五月二十一日

上午5时半出发，继续沿硕楚河而上，经过沙古、相店，即上坡三十余里。山上尚有部分白雪没有融完。下山三十余里，到达桑川宿营。沿途多系大山，没有房子，气候比定乡要冷，后面掉队的在山上还遇到了大雪。

说明

- 沙古：今名沙贡。
- 山上：指苦鲁柯山。
- 桑川：今名桑堆。

五月二十二日

上午6时出发，满地白霜，气候犹如冬天，上午经过地带都是平地，但很荒凉，极少人烟。下午1时许到达稻城城。该县没有城墙和街道，只有十几栋零散的房子，和乡下没有什么分别，但不过有五个喇嘛寺。群众粮食很少，多是吃牛、羊，山上柴火也少，多是烧牛粪。[①]

---

① 《王恩茂日记——红军长征到“七七事变”前夕》，中央文献出版社 1995 年版，第 69~70 页。

吴德峰日记摘录：

五月二十日

经过西洼，在柏洼宿营，行程40里。

说明

● 柏洼：由《中国地图册》查得，应为北洼。与王恩茂日记和里程对照，似应为白格。

五月二十一日

在桑堆宿营，行程90里。

五月二十二日

在稻城宿营，行程50里。①

由上可以确认红六军团翻越苦鲁柯山的时间：1936年5月21日。

（二）踏勘与确认地理信息

2015年3月，我们对苦鲁柯山进行了实地踏勘。②

2015年3月29日，我们经稻城翻越苦鲁柯山到达乡城。从理塘到稻城的公路非常好，但从稻城到乡城的公路就差了许多，苦鲁柯山有积雪覆盖，海拔高度超过4700米，在红军长征中翻越过的雪山中，高度排名应该很靠前，但却长期无人言及，令人遗憾。

经过实地踏勘确认的苦鲁柯山地理信息如下：

---

① 《吴德峰日记》，《中共党史资料》2004 年第 3 期。
② 参加这次踏勘的成员除笔者外，还有志愿者赵文捷。

图 3–14　苦鲁柯山的地理位置

表3–11　苦鲁柯山地理信息

垭口	东经（E）	北纬（N）	海拔（H）	红军首次翻越时间
苦鲁柯山	100°02′39.26″	29°08′15.50″	4712米	1936年5月21日

三、加依贡山和仁加山

加依贡山　又名“拉波山梁”，位于四川省甘孜藏族自治州理塘县拉波乡与德巫乡交界处，藏语意为“神山咀”。

仁加山　又名“帕拉勇山”，位于四川省甘孜藏族自治州理塘县德巫乡与藏坝乡交界处，藏语意即“土匪出没的山”。

（一）史实依据

加依贡山和仁加山，也是两座名不见经传的红色雪山，当前所有的长征史志史籍，都没有直接言及的文字。在这两座雪山间发生的一

加依贡山

仁加山北麓

段红色传奇，也就在尘封记忆中渐渐消失。如今，还有很多人——包括众多“重走长征路”者，都想当然地把如今稻城—理塘公路要通过的海子山当作红军翻越过的雪山。这座海子山数十公里路段全部在海拔4000米以上，地形地貌相当奇特，几乎囊括了诸多高原地貌特色，数十里内荒无人迹，号称“川藏高原的活化石”。“一天之内难以逾越无法宿营”，至少有可能是红六军团首长的考虑之一。故红六军团当年没有选择翻越海子山直奔理塘，而是选择从理塘的拉波绕行。

红六军团军团部和十六师翻越加依贡山和仁加山的情况，没有任何史志史籍直接言及。但王恩茂日记和吴德峰日记均有记录。

王恩茂日记摘录：

六月一日

因昨夜下大雨，从拉波至德巫有一个大山，为了避免下雨过山掉队落伍增加的现象，故在拉波休整一天，准备过山的一切事宜。

六月二日

上午6时出发，走了80里，下毛毛雨，经过地区都是崎岖上下，翻了一个坡又一个坡，但是每个坡都不高大。沿途没有房子。本来到德巫宿营，因前卫走错了路，超过了德巫，向藏坝前进，再走50里，到藏坝宿营，但这50里很蛮，要当80里，同时最后还有一个高雪山，所以摸了二三十里夜路，掉队落伍的很多，到藏坝房子很少，有部分部队露营。①

吴德峰日记摘录：

五月三十一日

经过协坡，在那坡（那坡应为拉波）宿营，行程90里。

---

① 《王恩茂日记——红军长征到“七七事变”前夕》，中央文献出版社1995年版，第71~72页。

六月二日

在藏坝宿营，行程140里，至晚十时到达宿营地。[1]

据时任红六军团政治部秘书长的王恩茂（当时随十六师行动）在当日日记中写的“从拉波至德巫有一个大山”，其实就是一座被当地人唤作“拉波山梁”的雪山（“拉波”的藏语之意为“神山咀”，此山正式名称为加依贡山），此间如今已有公路贯通，公路垭口的海拔高度为4573米，而从拉波经此垭口到德巫（海拔3640米）的公路里程为51公里。

当年红军由此过境时，并没有这条公路，红军的行军路线当然也不是这条公路，他们翻越的雪山垭口也不是如今的公路垭口。红六军团当年的行军路线是由拉波涉过拉波河，在正呷村附近则由东北方向进沟上山，辗转行进后翻越加依贡山公路垭口以东的另一个垭口（图测海拔4650米），由公路以东的另一条山沟进至德巫；而如今的公路路线则要在拉波河西岸北行一段后才过河翻山。两者相较，红六军团的行军里程略少于如今的公路里程——王恩茂日记中估计为“80里”。

据王恩茂日记记载，红六军团军团部和前卫十六师的行军计划是：6月2日经一日行军进至德巫宿营，这在低海拔平原地区是一个相对平常的行军速度。然而，因为红六军团十六师前卫的一个不留神儿，这个计划最终还是没有赶上变化。

按王恩茂日记这个记录，红六军团军团部和十六师当日行程130华里——吴德峰的估计是140华里，其间翻越了两座雪山：前一座是海拔4650米的加依贡山，而后头那个“高雪山”则是仁加山。其实这后一座“高雪山”海拔高度还不如前一座“每个坡都不高大”的雪山，不过前者坡度较缓高差较小而后者坡度较陡高差较大，跋涉者们产生“后来的雪山更高”的感觉错位当然也在情理之中。

---

① 《吴德峰日记》，《中共党史资料》2004年第3期。

而就高原山地徒步机动的日行程而言，这已经是一个相当优秀的纪录了。

然而笔者将这个纪录与实际地形道路情况对照后不能不坦率而言：王恩茂的日记可能比较谨慎和保守，其中前“80里”可能略少，而后来那个被称为“很蛮”的“50里”，实际上真的就是“很蛮”！至少也在60里上下——这条道基本上与公路重合，有公路里程参照（37公里，盘山公路有绕行），Google地图折线图测的距离也接近30公里。

也就是说，在1936年6月2日这天，红六军团军团部和十六师的行程应在70公里以上。

作为有过从戎经历的老兵，笔者不能不对当年的红军肃然起敬：就以今天准备充分保障到位的情况而言，日行70公里以上也是一个大部队高原山地徒步机动的非常纪录！就在距此一年前差不多同一段日子里，中央红军的红四团飞夺泸定桥曾创造过“昼夜兼程二百四”的极限行军纪录，但那是在一个昼夜24小时里创造的，而且是在海拔2500米以下的低海拔地区；而红六军团十六师这个16小时“行140里”，则是在海拔3800米以上的高寒区域创造的。

时任红六军团十六师师长为周球保（后来改名周仁杰），政治委员为晏福生。

[参见图3-15：红六军团高原山地徒步机动的行军路线]

（二）踏勘与确认地理信息

2012年10月，我们对仁加山和加依贡山进行了第一次实地踏勘[①]，旨在厘清1936年4月底至6月初，红三十二军从雅江南下甲洼接应红二、六军团从稻城北进甲洼的行军路线。

---

① 参加这次踏勘的成员除笔者外，还有志愿者杨亮、赵文捷、廖林科、张帆、蓝锦、陈敏锐、陈智伟、彭继欣、虞彬、熊文权、童小兵。

图 3-15　红六军团高原山地徒步机动的行军路线

图 3–16　仁加山的地理位置

图 3–17　加依贡山的地理位置

10月4日9时，我们从藏坝出发，首先翻越仁加雪山（海拔4509米）进至德巫（行程34公里），在询及当地群众，得知红军垭口无摩托可行的道路后，决定按预定计划，攀上红军垭口后返回继续经公路垭口向拉波进发。向红军垭口前进13公里后已无路可行，有部分人出现高原反应，有的摩托车出现故障，遂决定由赵文捷、张帆、虞彬、熊文权、廖林科等5人继续向垭口前进，其余的就地等待并处理故障。赵文捷等在接近垭口约3公里处时已无摩托行进道路，遂步行，因桥断河阻，无法继续前进。他们在垭口附近测得坐标（N：100°37′30.30″；E：29°22′8.75″；H：4265米）后即返回。

之后，我们继续翻越加依贡山公路垭口，向拉波前进。行前当地藏民告知这段行程约40公里，但实际上为51公里，大部分路段是在海拔4000米以上的悬崖上行走，景色虽美，但道路崎岖难行，且惊险震撼，而且除我们外沿途无人烟。到达拉波时已是傍晚，就地在一户藏民家宿营。

当晚，在当地群众中询得如下情况：

其一，红军的确从此过境。

其二，拉波河水势很猛，红军是从一座木桥上过的河（现在是座水泥桥），从正呷村上的山——这与我们此前图测和实际目测的道路情况吻合。除从正呷村上山外，拉波以北河段均系悬崖峭壁，无上山道路，现在公路是经拉波以北近20公里处的拉波河大桥，与红军上山道路并不重合。据此估计，红六军团军团部和先头部队十六师1936年6月2日从拉波一日翻越两座雪山进抵藏坝的实际行程至少在70公里以上（公路行程为85公里）。

其三，拉波河与稻城河交汇处，红军过境时并无道路，红军是从省母以东翻山来到拉波的，这与王恩茂、吴德峰日记记载的情况吻合。这条道路摩托不能通行。

根据这个情况，我们决定次日沿简易路（正改造中）经两河交汇处的两河口向稻城前进。

次日，中午12时左右我们进至稻城，下午继续翻越海子山、兔儿山，向理塘前进。海子山、兔儿山地区海拔在4500米以上，被称为川藏高原的活化石，为徒步行军的生命禁区，其间数十公里都是乱石林立，亦无遮风蔽雪的宿营之地，还要经过一片高原沼泽——这也可以解释红六军团萧克、王震当初为什么会不从此道走而选择从拉波去藏坝的行军路线的原因。

在兔儿山垭口附近，队友赵文捷的坐骑发动机出现故障，队友们只能拖拽前进了70多公里，于当晚20时左右才进至理塘。

第二次实地踏勘。① 为实地取得加依贡山的实测数据，2016年9月22日，经理塘县委宣传部联系协调，我们一行四人来到德巫乡，准备登上加依贡山的垭口完成考察任务。

德巫乡是个半农半牧乡，乡党委副书记斯郎翁堆及一位叫阿格的女干部很热情地接待我们，招待我们进了午餐。一边吃饭我们就一边打听如何上加依贡山垭口。说了好半天，两位乡领导才听明白我们要去的地方。加依贡山是军用地图的标注名称，我们在Google地图上结合《王恩茂日记》的记载观察过多次，初步判定这就是红军翻越的垭口。这个垭口现在不通公路，但其西侧数公里之处有一个公路垭口。我们就请教去那个垭口最省事的路径。斯郎副书记说那得找几个骑摩托车的来问问，有没有可能从公路垭口直接横插过去。饭后，乡干部们找来了斯郎曲珠、更呷、斯郎平措、曲珠四人，都是当地人，他们听了我们的意图后说可以。虽然没有路，但摩托能过。我们一听非常高兴，当即就搭上了他们的摩托上了路。

这段路正在修建，比2012年我们第一次来时好太多了，那会儿这条路根本不能跑车，现在已经基本平整，正准备硬化成柏油路面。出德巫乡政府半个多小时我们就上了加依贡山的公路垭口。过了垭口又拐弯上坡西行，上坡后的确如向导所言没有路，全凭着他们熟悉情况，在坑坑洼洼的泥泞草甸中转来转去，蜿蜒前行。笔者观察，这里山垭

① 参加这次踏勘的成员除笔者外，还有志愿者赵文捷、张严、马福文。

到达加依贡山垭口

很多，如果没有向导而仅知道方向的话，很容易转晕以致走错地方。好在这里坡并不陡，摩托车行走并不费力，也就半个小时左右我们到了一个垭口。在垭口上笔者对照Google地图与现地作了对比：垭口以北有一条沟，经藏族向导确认，这条沟可通往德巫——而且仅此一条道可以通往德巫；向南则可以观察到渐趋走低的山脊。根据《王恩茂日记》记载，他们从拉波过河（有桥）后顺沟上行，行80多里到了德巫。那么经过的最高点就只能是这个加依贡山垭口。

经过实地踏勘确认的加依贡山和仁加山地理信息：

表 3–12 加依贡山和仁加山的地理信息

垭口	东经（E）	北纬（N）	海拔（H）	红军首次翻越时间
加依贡山	100°37′38.76″	29°19′58.54″	4661 米	1936 年 6 月 2 日
仁加山	100°30′44.73″	29°33′24.54″	4509 米	1936 年 6 月 2 日

四、杂嘎梁子

杂嘎梁子 位于四川省甘孜藏族自治州理塘县奔戈乡境内，又名“扎嘎拿卡”，当地藏民视为神山。

杂嘎梁子

（一）史实依据

红六军团前卫十六师连续翻越加依贡山、仁加山，连夜赶到藏坝的第二天，早已在甲洼备粮备房准备迎接的红三十二军就派人员前来联络了。当日，红六军团前卫十六师和军团部赶到了10余里外的甲洼。

王恩茂日记记录了当天的情况：

六月三日　下雨和雪

上午9时听见九军团（三十二军）来了代表在军团部，他们在呷洼木拉一线等我们一个多星期了，我们非常兴奋。10时向九军团附近转移，将到呷洼附近，九军团排列队伍欢迎我们，并有化装跳舞等慰劳我们。沿途用木板竖起，上面贴着艺术字的标语：“欢迎善打运动战、河川战的二、六军”“学习二、六军巩固部队的经验”“会合二、六军消灭卖国匪军”……到呷洼寺门前，又有九军团部队欢迎，并有很多番民群众参加欢迎。我们即宿营于呷洼寺，与九军团司令部一起驻着。[①]

6月6日，红六军团主力陆续赶到甲洼；7日，先头部队红五十一团和红三十二军先行出发，前往理化（今理塘）。[②]

目前没有任何长征史籍史志乃至回忆文字言及过红军翻越杂嘎梁子，但红六军团和红三十二军从甲洼到理化，这又是一个必须经过的山隘。对于这片已处高原的地区来说，杂嘎梁子起伏并不算太大，这或许也是当年的长途跋涉者对之忽略的原因。

王恩茂和军团部是6月9日从甲洼出发赶往理化的。

王恩茂日记摘录：

六月九日　晴

午前6时许出发，向理化前进。经过路途都很平坦，特别是离理化30里路的中间都是大坝子，可惜没有一点种植业。下午4时才到达理化。[③]

根本就没提及“翻山”，但这座“山”的确非翻不可。

（二）踏勘与确认地理信息

2012年10月，我们对杂嘎梁子进行了实地踏勘[④]，旨在厘清：1936年4月底至6月初，红三十二军从雅江南下甲洼接应红二、六军团从稻城北进甲洼的行军路线。

10月5日，我们从稻城出发，连续翻越了海子山、杂嘎梁子。

---

① 《王恩茂日记——红军长征到“七七事变”前夕》，中央文献出版社 1995 年版，第 72 页。

② 《王恩茂日记——红军长征到“七七事变”前夕》，中央文献出版社 1995 年版，第 73 页。

③ 《王恩茂日记——红军长征到“七七事变”前夕》，中央文献出版社 1995 年版，第 74 页。

④ 参加这次踏勘的成员除笔者外，还有志愿者杨亮、赵文捷、廖林科、张帆、蓝锦、陈敏锐、陈智伟、彭继欣、虞彬、熊文权、童小兵。

图 3–18　杂嘎梁子的地理位置

笔者曾经来过杂嘎梁子，但当时也没在意，这回才测得相关地理信息。

经过实地踏勘确认杂嘎梁子地理信息如下：

表3–13　杂嘎梁子的地理信息

垭口	东经（E）	北纬（N）	海拔（H）	红军首次翻越时间
杂嘎梁子	100°20′16.37″	29°52′15.15″	4125米	1936年6月7日

五、理塘

理塘　位于四川省甘孜藏族自治州西南部，海拔高度4014米。民国时期设理化府，后改理化县。新中国成立后的1952年经中华人民共和国国务院批准，将带有民族歧视、妨碍民族团结的县名“理化”，改为理塘，沿用至今。

准确而言，理塘并不是“山”，但却是红军长征中到达过最高海拔

理塘

的县城，也是唯一一个海拔4000米以上的县城，所以本书将其作为特例列入。

（一）史实依据

王恩茂 1936 年 6 月 8 日日记称："前方来电，五十一团于 7 日午后 3 时攻克理化，击溃守城之卖国军李抱冰部，反动喇嘛均纷纷投诚。"这个信息恐为误报，理塘当时并无国民党军队，也没有发生战斗。长青春科耳寺喇嘛大部分逃走，仅少数僧人留守寺庙，与红军没有发生冲突。

《红军长征在四川》记载：

> 理化长青春科耳寺，是康南最大的喇嘛寺，连同其分寺一起，有喇嘛三千多人，枪七百余支，是理化最大的一支地方武装力量。同时，长青春科耳寺还能利用其宗教地位，调动理化所有土司头人武装为其所用。如毛丫土司武装就被调到理化、瞻化交界的地方去防堵红军。

从长青春科耳寺在理化的地位及拥有的武装力量来看，本可以同红军在理化一战。但该寺在红军进入理化之前，即接到瞻化喇嘛寺写来的信，宣传红军到瞻化后，不杀不抢，尊重藏族的风俗习惯和宗教信仰，对喇嘛寺秋毫无犯。后来，康北最大的甘孜喇嘛寺也写信给长青春科耳寺，以该寺为例，说明只要不与红军为敌，红军不会给寺庙带来任何危害，希望理化寺不要与红军发生冲突。同时，红军在进入甲洼后，十分注意执行民族和宗教政策，用事实教育了长青春科耳寺的僧众。在多种因素的作用下，长青春科耳寺决定不与红军为敌。但根据他们过去和汉族军队打交道的经验，也不敢完全相信红军。于是，决定留下二十多个喇嘛看守寺庙和接待红军，叫留守喇嘛尽力满足红军的要求，不要与红军发生冲突，一定要保全喇嘛寺不受损害；其余的喇嘛，则由住持香根活佛率领，带上贵重财物到毛丫牧场躲避。由于这个喇嘛寺不与红军为敌，六月九日六军团和三十二军进军理化时，未受任何阻击，顺利进入县城。进城后，进行了几天的休整补充。在这几天里，长青春科耳寺的留寺喇嘛支援了红军一大批粮食和酥油。红军也未进驻喇嘛寺，并赠给喇嘛寺一批银两和财物，双方关系处得很好，以至后来红军离开理化后，留寺的喇嘛都以办事得力，保全了喇嘛寺而受到寺庙的提拔和奖励。①

红六军团在理塘休整了一个星期（从红五十一团进入理塘算起）。6月13日，与红三十二军一起离开，前往瞻化。除了相关史志史籍记载外，王恩茂也留下了日记：

六月十日　晴

在理化休息。得接通报，从本日起在理化休息三天。

① 中共四川省党史工作委员会：《红军长征在四川》，四川社会科学院出版社1986年版，第293~294页。

六月十一日　晴

在理化休息。闻中央电报，两广爆发反蒋武装行动，并出兵占领湖南衡阳，白崇禧为反蒋革命军前敌总指挥，李宗仁、陈济棠为副司令。

六月十二日

原命令向瞻化前进，后改了命令，仍在理化休息一天。①

（二）踏勘与确认地理信息

2012年国庆大假期间，笔者和四川凯旋摩托车俱乐部的队友们一起，组织了一次摩托车骑行考察②，旨在厘清1936年4月底至6月初，红三

图 3–19　理塘的地理位置

① 《王恩茂日记——红军长征到“七七事变”前夕》，中央文献出版社 1995 年版，第 74~75 页。

② 参加这次踏勘的成员除笔者外，还有志愿者杨亮、赵文捷、廖林科、张帆、蓝锦、彭继欣、陈敏锐、陈智伟、虞彬、熊文权、童小兵。

十二军从雅江南下甲洼接应红二、六军团从稻城北进甲洼的行军路线。

10月5日，车队从拉波出发，经稻城，连续翻越了海子山、兔儿山、杂嘎梁子，当晚宿营理塘。

理塘现在已是规模相当大的高原新城，地理信息是现成的，照录如下：

表3–14 理塘的地理信息

垭口	东经（E）	北纬（N）	海拔（H）	红军首次翻越时间
理塘	99°19′~100°56′	28°57′~30°43′	4014米	1936年6月7日

六、莫然拉卡、郎达山和达色拉卡

莫然拉卡 位于四川省甘孜藏族自治州理塘县村戈乡境内，又名崩拉。

郎达山 位于四川省甘孜藏族自治州理塘县村戈乡境内，因山南麓的郎达村而得名，藏语意为“獐谷”，即獐子出没的地方。

达色拉卡 位于四川省甘孜藏族自治州理塘县村戈乡境内，又名布希纳（“死人山”）、张拉拉。

莫然拉卡

郎达山

达色拉卡

（一）史实依据

1936年6月13日，红六军团和红三十二军离开理化（今理塘），前往瞻化（今新龙）。

目前没有任何长征史籍史志乃至回忆文字言及这三座雪山。只有《红军长征在甘孜藏区》一书中有过这样的叙述：红六军团和红三十二军“6月13日，离开理化经穹、霞二坝于17日到达瞻化，受到红四军及当地僧俗各界的热烈欢迎”。①

穹、霞二坝系现在的君坝乡和下坝乡（亦称觉吾）。这两个地方不在同一条行进路线上，红六军团和红三十二军从理塘出发后翻越了莫然拉卡，进至达西贡巴村则兵分两路前往瞻化：左路经下坝前往瞻化，途中要翻越达色拉卡；右路经君坝前往瞻化，途中要翻越郎达山。这一片地域，都是高寒地区，平均海拔高度都在4000米上下。

因红六军团的王恩茂、吴德峰关于这个地段的行军均留下了日记，所以我们可以确认：红六军团是经左路前往瞻化的，而红三十二军很可能是从右路前往瞻化的。当然，也不排除红六军团也有人员随红三十二军经右路前往瞻化。

王恩茂日记摘录：

六月十三日　晴

上午6时半出发，经过地区都是荒山草地，时晴时雪。本来要到牙坝宿营，因路程太远（130里），天黑了，走了十几里夜路，到离牙坝30里的树林里露营。天气很冷，有些战士全靠烤火过夜，好在没有下雨，我们很安全地过了一夜。②

---

① 中共甘孜州委党史研究室：《红军长征在甘孜藏区》，成都科技大学出版社1993年版，第101页。

② 《王恩茂日记——红军长征到“七七事变”前夕》，中央文献出版社1995年版，第75页。

吴德峰日记摘录：

六月十三日

在牙坝后山宿营，行程120里，露营。①

说明

- 牙坝：即下坝，今四川省甘孜藏族自治州理塘县觉吾乡。

（二）踏勘与确认地理信息

2015年3月，我们为实地踏勘赶到理塘②，与中共理塘县委宣传部副部长巴桑取得联系。准备即前往君坝、下坝（觉吾）。这两个地方不能形成环线，只能先去一个，再回县城去另一个。因去君坝的路是理塘与新龙之间的等级公路，我们决定先去君坝。

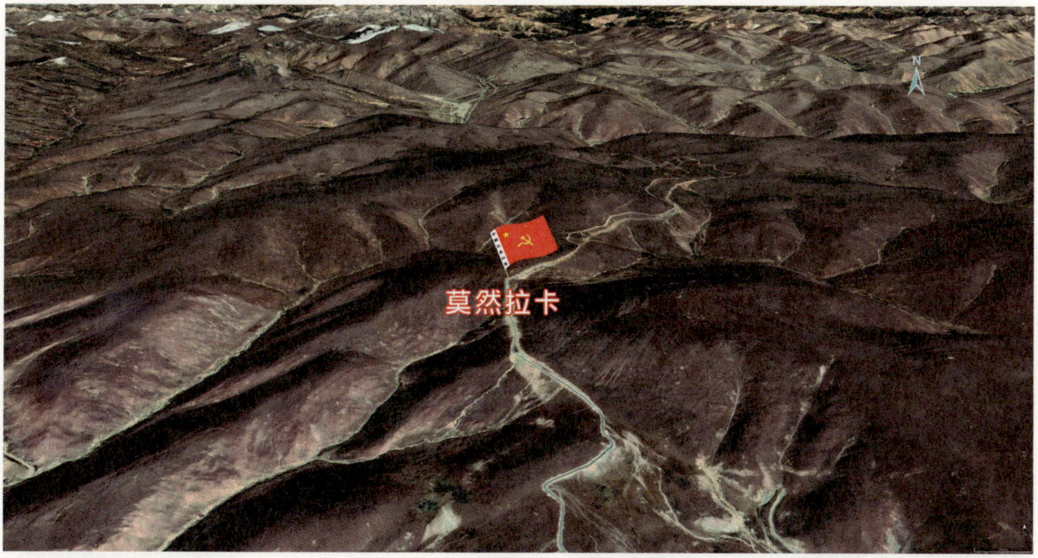

图 3–20　莫然拉卡的地理位置

---

① 《吴德峰日记》，《中共党史资料》2004 年第 3 期。
② 参加这次踏勘的成员除笔者外，还有志愿者赵文捷。

图 3-21　郎达山的地理位置

图 3-22　达色拉卡的地理位置

3月27日，我们从康定出发前往理塘。途中有到君坝的岔路，于是，我们决定先到君坝再去理塘。去君坝的路上，我们翻越了郎达山（海拔不低：4465米），一路下坡很快就到了君坝乡政府。听乡政府的同志说，红军确实经过这里去瞻化，还有留下的伤病员在这里成了家的，但现在都已故去，而且再也找不到见过红军的老人了。只有郎达村还有一位79岁的老人听父辈们说起过红军过路的情况。于是，在乡政府干部的陪同下，我们到郎达村找到了这位老人。

老人叫嘎多，早年也是干部。他本人当然没见过红军，但听父辈们说过：红军打这儿过的时候，一村人都吓得跑散了。但红军没进村也没进房，而是在河坝里露营。

这的确很让人感动：在高原长途行军的疲惫状况下，还能如此有纪律。

打这里过的红军，极有可能是右路的红三十二军——也不排除有红六军团的人员随行。

笔者在郎达山垭口

当晚我们宿理塘县城，第二天一早又继续上路。翻越莫然拉卡、达色拉卡进到觉吾。

这一路的路面就差多了，砂石土路。一出县城就盘山而上，上得垭口一测海拔也是不低：4458米。这一片区域总的特点就是荒寂，一路上除了一个搭顺风车的藏民外，再看不到人，也看不到车。从莫然拉卡垭口翻过后虽然也有下坡也有起伏，但海拔高度始终在4000米以上。就是达色拉卡垭口，如果不是同行藏民介绍和未解冻的冰河提示，我们也看不出这是一个雪山垭口：空旷、平坦、坡度很缓，植被非常之少。

后来下山到了觉吾之后，听乡政府的同志说，这座雪山垭口至于后来为什么也叫布希纳——“死人山”，则与红六军团在此过境的牺牲有关。这个传说的由来是这样的：红军从理塘一路翻山过来，非常劳累，待到爬上这个最高处时，看到前头没有更高的山了，于是战士们就跳跃着欢呼起来……结果好些人跳着跳着就一头倒下，再也起不来了。据说打那儿以后，达色拉卡就变成了布希纳——“死人山”。

那年头，红军战士们未必有“高原反应”这个概念，可能也不一定具备高原行军的基本认知。这从他们把这一天的预计行程设定为“130里”即可知晓（现在的公路行程是82公里——因为有盘山绕行）。当然，也可能是他们已得知这一片冷寂荒凉连根柴火都找不着，宿营会很困难，所以希望一次行军就把全部行程完成。

好在过了这个垭口，就一路下坡，很快就下到了海拔4000米以下，绿色植被多了起来，渐渐也出现了森林，到了觉吾乡乡政府，差不多就是3400多米了。乡政府的同志说，这里也有几位留在这里安家的红军伤病员，还指着一位中年藏民告诉我们：他爸爸就是。

“死人山”传说虽然暂时还不能确认，但也是合乎逻辑的。王恩茂、吴德峰的日记虽然没有提供关于这个传说的直接证言，但也间接证实了一个事实：红六军团那天的行程并没有完成，而是在距下坝还有30里路时就止住脚步，在树林中露了营（这里好歹有林木了）。

说实话，能在这个海拔高度上日行百里，已经是很出色的了！

经过实地踏勘确认的莫然拉卡、郎达山和达色拉卡地理信息如下：

表 3–15　莫然拉卡、郎达山和达色拉卡的地理信息

垭口	东经（E）	北纬（N）	海拔（H）	红军首次翻越时间
莫然拉卡	100°15′24.93″	30°02′19.89″	4458 米	1936 年 6 月 13 日
郎达山	100°15′52.12″	30°13′23.90″	4465 米	1936 年 6 月 13 日
达色拉卡	100°10′06.95″	30°15′53.50″	4630 米	1936 年 6 月 13 日

七、扎卡山

扎卡山　据《新龙县地名录》译作“拉扎呷山洞”，又译作“拉扎嘎山”，位于四川省甘孜藏族自治州理塘县亚火乡与新龙县和平乡之间，是两县的界山。该山由白石岩积成，而且山内有天然洞，故名。是新龙县“四大神山”之一，主峰海拔4808米。扎卡山山腰有一勒切马洞，高2米，宽约6米，呈喇叭状，入深30余米便感到高深莫测。洞壁雕绘有各种飞禽

扎卡山

走兽和神像。洞内石林交错，直到理塘县境才可见天日。至今尚未经实测。此外，该山还有“仙丹洞”“地狱洞”“龙沙洞”等，流传着各种美妙的神话故事。

（一）史实依据

扎卡山被确认为红军翻越的雪山，这是出乎笔者意料的。

这座雪山原本并不在笔者的“红色雪山”项目表上，这是因为：其一，没有任何史志史籍有过红军翻越这座雪山的记载；其二，笔者在进行图上作业时，因那曲河流经新龙的洛古和此间的下坝（觉吾），便想当然地认为红六军团可以经这条河谷直奔瞻化。

这种“想当然”在笔者图测工作特别是前期的图测中，不止一次造成过误导。

的确，根据在没有敌情威胁下行军原则就易不就难的惯例，如果河谷能走，那何必又去翻高山哩？更何况，扎卡山的海拔高度确实不低——主峰海拔高度4808米。而且山体就是光溜溜的石块，坡度很陡，翻越肯定会很吃力。当然后来才知道，恰恰就是这座雪山临那曲河的一面（山体东南侧）这“光溜溜”的岩石体，阻断了人们从河谷中通往新龙的道路。

2015年3月28日那天，跟觉吾乡政府交流完毕，笔者等也收拾行装准备踏上回程之路。告别时，笔者顺口提了一句：红军打你们这儿翻了两座雪山，将来你们乡就是理塘的雪山之乡了！孰料旁边的乡派出所所长突然冒了一句：“不对，是三座！”然后掰着手指头数给了笔者看：你看，“莫然拉卡、死人山，还有扎卡山……”

扎卡山？就是新龙那边多年前就要打造的那个扎卡神山？

因当天要赶往稻城，笔者把这个意外的信息记了下来。

回到家中，找来各种资料查阅、分析，最后得出结论：红军的确翻越了这座雪山。

确认扎卡山是红军翻越过的雪山，直接言及的史籍史志乃至档案文献那肯定是指望不上的。能够作为依据的信息有二：

其一，当地群众的口碑和特殊地形的约束条件；

其二，王恩茂、吴德峰这几天的日记提供的间接信息。

王恩茂日记摘录：

六月十四日

本来要到阿宿，因昨天走路太多，士兵疲劳，掉队的颇多，故走30里即在牙坝宿营。

六月十五日

经过60里，翻了一个山，到达阿宿宿营。是日，经过地方比较暖和，沿途都有房子，并有青蓬蓬的麦子。

六月十六日

经过80里，共翻了三个坡，最后下一个大坡约有二三十里，到达麻日宿营。四方面军来了代表迎接我们。[①]

吴德峰日记摘录：

六月十四日

在牙坝宿营，行程20里。

六月十五日

在阿宿宿营，行程60里。

六月十六日

在麻日宿营，行程80里。[②]

---

① 《王恩茂日记——红军长征到“七七事变”前夕》，中央文献出版社1995年版，第76页。

② 《吴德峰日记》，《中共党史资料》2004年第3期。

说明

● 牙坝：即下坝，今四川省甘孜藏族自治州理塘县觉吾乡。

● 阿宿：未查证到该地名，疑为四川省甘孜藏族自治州新龙县境内的“哈托”之另译。

● 麻日：今四川省甘孜藏族自治州新龙县麻日乡。

从两位老战士的日记记录可知：1936年6月15~16日这两日内红六军团行军路线的起点和终点是：下坝至麻日。如果他们不能通过那曲河河谷的话，那就只能翻越扎卡山垭口。而王恩茂1936年6月15日日记所言的“经过60里，翻了一个山，到达阿宿宿营”，这“翻了一个山”，就是那座差点儿被笔者给记漏了的扎卡神山！

（二）踏勘与确认地理信息

2015年3月28日那天，因我们的行程另有安排，所以没能登临扎卡山垭口。

2016年9月15日，笔者与赵文捷、张严、马福文一行四人赶到理塘

图 3-23　扎卡山的地理位置

县城，并与县委宣传部的叶强平、唐鹏飞同志取得联系，商定次日起程去扎卡山所在的亚火乡。因亚火乡是理塘县最偏远的乡，通信不畅，县委宣传部副部长昂旺曲批同志决定陪同我们前往，当面向亚火乡的同志交代配合我们的任务。

次日一大早，在昂旺曲批同志的陪同下，我们前往亚火乡。

去亚火乡的路上实际上还要经过两座雪山：莫然拉卡和达色拉卡。这两座山我们曾经去过，这次补上了航拍。赶到亚火乡时，已是16时左右。乡里的丁真达吉书记和泽翁尼麦乡长接待了我们，决定当晚在乡政府住下，次日由下五花村支部书记布根同志带我们上山。

因此地是农区，马匹很难寻觅，所以只能徒步登山。

9月17日一早，我们由下五花村村民带路，驱车沿简易公路赶往下五花村。下五花村距亚火乡政府约18公里，位于扎卡山半山腰，高度约为海拔3900米。扎卡山被当地群众视为神山，当地习俗是每年都要环绕神山祭拜。到达下五花村时大约是10时，我们立即开始上山。这座山山势比较陡峭，虽然在下五花村就可以看见扎卡山兀立突出的主峰，但攀缘两个小时过了七八个大转弯后，才看见了垭口。

上得垭口，新龙境内半山坡的寺院也在望了。这座寺院名为坐景寺(亦称坐经寺)，半山腰有个小村名为哈托——在红军日记中称作“阿宿”。红六军团翻越扎卡山垭口的当天在哈托宿营，次日又“连翻三个大坡”，经今新龙县和平乡的格日、苏拉，之后溯雅砻江上行，当天到达麻日。

下山后，我们辞别布根书记和亚火乡的同志，当天夜里回到理塘县城。

经过实地踏勘确认的扎卡山地理信息如下：

表3-16　扎卡山的地理信息

垭口	东经（E）	北纬（N）	海拔（H）	红军首次翻越时间
扎卡山	100°06′58.66″	30°36′00.75″	4472	1936年6月15日

本章小结

1936年4月底至7月初，已渡过金沙江的红二、六军团为实现与红四方面军的会师，在从金沙江畔翻越雅哈山进至中甸后，又兵分两路穿越康南向甘孜前进。途中，红六军团与红三十二军在甲洼会合后即一起北进。这三支部队在北进途中，共计翻越雪山18座：

一、红二军团翻越了扎格山、帕聪亚山、藏巴拉、欧帕拉、麦拉、恶热拉、米作拉、嘎多拉、生欧拉等9座雪山；

二、红六军团翻越大雪山、苦鲁柯山、加依贡山、仁加山、杂嘎梁子、莫然拉卡、达色拉卡、扎卡山等8座雪山。

三、红三十二军在甲洼与红六军团会师后并肩北进，先后翻越杂嘎梁子、莫然拉卡、郎达山等3座雪山。

其中杂嘎梁子、莫然拉卡红六军团和红三十二军都曾翻越。

另外，需特别说明的是，红六军团和红三十二军在进军途中经过的理化（今理塘），是红军在长征中经过的海拔最高的县城。

红二军团在向甘孜进军途中，跨越红军在长征中的最高海拔——4903米的藏巴拉和第二高海拔——4890米的米作拉；红六军团在向甘孜进军途中，曾多次在一天内翻越两座雪山，还创造过高原山地徒步机动的非凡纪录——在海拔近4000米的高寒地区，日行军70公里。

[参见图 3—24：红二、六军团（其间会同红三十二军）北进甘孜翻越雪山（18 座）的行军路线（1936 年 4 月 29 日~7 月 2 日）]

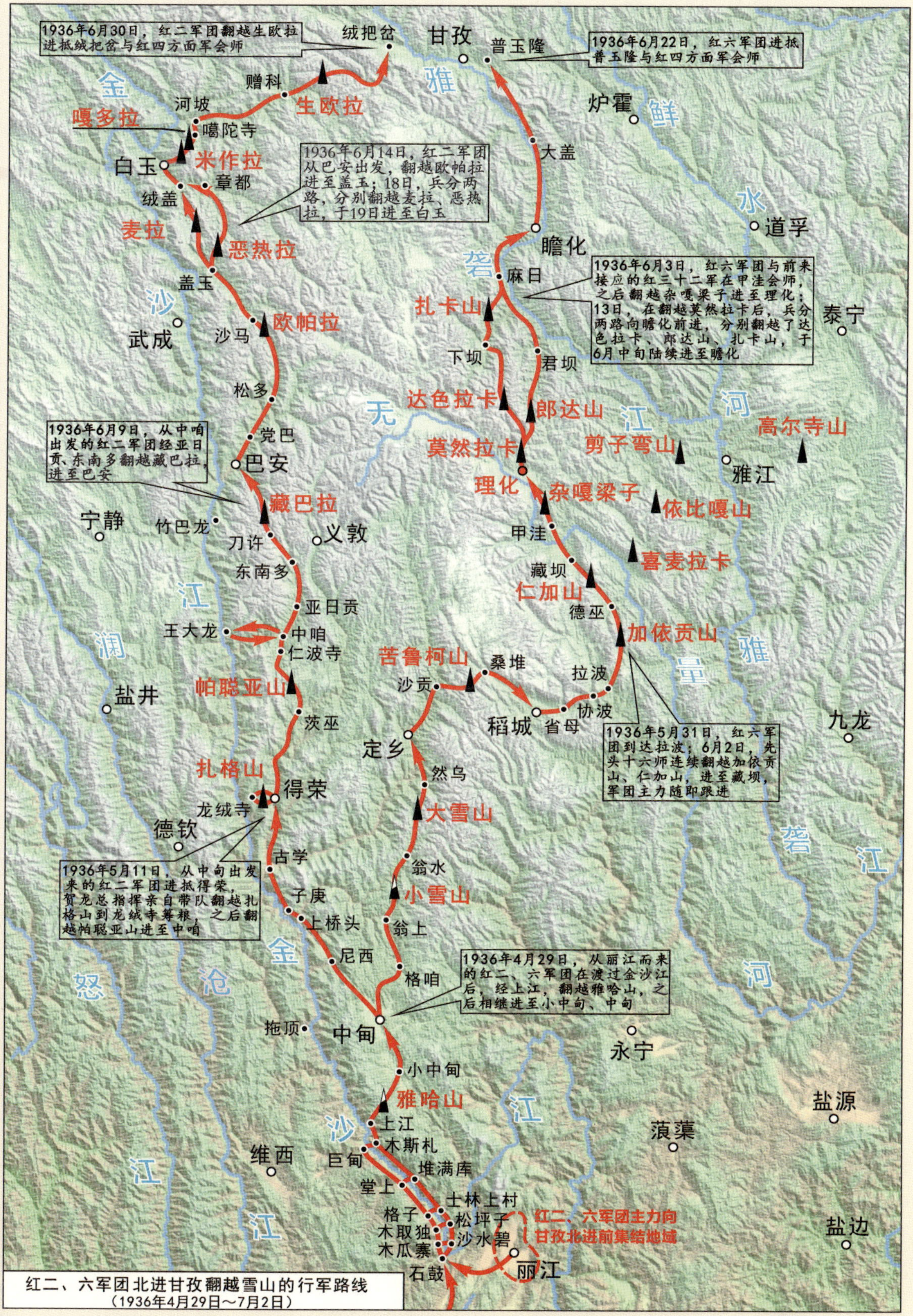

图 3—24　红二、六军团（其间会同红三十二军）北进甘孜翻越雪山（18 座）的行军路线（1936 年 4 月 29 日~7 月 2 日）

第四章　红二、四方面军会师北上进抵草地翻越雪山的行军路线

1936年6月22日，红六军团在甘孜普玉隆与红四方面军主力会师。

1936年7月1日，红二军团在甘孜绒坝岔与红四方面军主力会师。

1936年7月5日，红二军团、红六军团和红三十二军合编为中国工农红军第二方面军。

两军共同北上，大势所趋，大局已定。

其实，再度北上之议，早在两军会师四个月前就在红四方面军内部开始酝酿，而在两军会师前，红四方面军领导层内部就已经达成有限度的共识：康北不是久留之地，北上才是出路。而所谓“有限共识”，指红四方面军的最高领导人张国焘虽然勉强表示赞同“北上”，却意在西进，而非东出。这与他一年前红一、四方面军共同北进时期的心态，几乎如出一辙。

《红军长征在四川》记载：

早在一九三六年三月，红四方面军南下失利，被迫西进康北后，党中央即于三月二十六日电告在四方面军的红军总部，希望红四方面军迅速北上，并指出：宜向川陕甘三省及陕南行动为宜。

五月二十五日，由于国际、国内形势的变化，党中央又来电指出：“目前外蒙与苏联已订立了军事互助条约，共产国际盼望中国工农红军靠近外蒙、新疆。一方面军自东征回师后，正强力发展陕甘苏区，以渐次接近外蒙：二、四方面军宜趁此有利时机，速定大计，或出甘肃，或

出青海，以便一方面军适时向天水、兰州出动，进行策应。”中央的来电，再次督促二、四方面军早日出发北上。至于北上的战略目标是青海还是甘肃，中央未明确要求。这时，二、六军团刚从中甸出发不久，还在北进甘孜途中，所以，红四方面军无法立即北上，只能一面积极进行北上的准备工作，一面等待二、六军团到甘孜会师。

六月三日，红六军团先在理化甲洼与前去接应的红三十二军会师，红二军团也于六月六日到达巴安，甘孜会师已指日可待。这时，红军总部即电告中央：“我们拟于六月底出动，向夏、洮西北行动，大约七月二十日前后可达夏、洮。二方面军大约六月二十号前后集甘孜，休息十天跟进。你们主力似不宜出天水，宜偏北。”

六月十九日，中央回电红军总部：“关于二、四方面军的部署，我们以为宜出至甘肃南部，而不宜向夏、洮地域。其理由，第一，避免引起回汉冲突，利于争取青海之马（步芳）。过去回、汉仇恨是非常深的，我们放在西北建立局面，必须联合回人；否则将有重大不良影响，如出夏、洮则引起冲突之可能很大。第二，甘南敌情较弱。胡宗南调走后，仅余王均、毛炳文、鲁大昌等部；马步芳不会向甘南。若出夏、洮将王、毛、鲁、马各部集于一狭小地区，红军行动将较困难。第三，红军出至甘南，利于以后东出陕南，策应时局。第四，甘南利于补充。”中央给红军总部的回电，精辟透彻地分析了形势，不同意北出夏、洮的计划，希望红二、四方面军北出甘南，配合全国抗日形势的发展。

六月二十五日，中央又电在甘孜的红军总部，认为：“……时局发展，两广部队向闽、赣、湘三路进击，组织独立军委，陈济堂正、李宗仁副，对南进行趋向积极，日增兵华北达三万人，人心震动。蒋介石进退维谷，南京空气悲观，胡宗南业已南调，空军亦大部调去。兄弟如能迅出甘南，对时局助益非浅。”

中央的来电，再一次要求红二、四方面军迅速北上，并明确指出北上的战略目标是甘南。

六月二十五日，即中央来电要求红二、四方面军迅速北上的同一天，红军总部电告徐向前，决定红二、四方面军分左、中、右三个纵队北上，第一步向靠近甘南的松潘、包座一线前进。规定：“一、董（振堂）、黄（超）‘指挥五军，九十一师在丹（巴）两团及留绥靖各部为右纵队，由绥经梭磨、河马、侧格、杂窝、哈龙进，但到侧格须单抽检并与中纵队行程调节。二、你指挥九军、三十一军两个团、四军两个团，红大、总供、总卫两部由炉（霍）色科经诺科、让倘、三沙湾、按坝、查理寺、上让口、毛儿盖进。三、我们指挥三十军、四军两个团、三十二军、二方面军及总直各部为左纵队，由甘孜、东谷，经日庆、西倾寺、让倘进。其先头须查报西倾寺或让倘到阿坝路状，再定前进路线。”“已令（孙）玉清两师二十六日由炉（霍）向色科前进。”

三天之后，六月二十八日，红四方面军发布《四方面军二次北上政治命令》，在命令里，也明确确定了北上的战略目标是：“……首先向松潘、甘南行动，消灭该地区之敌王均、毛炳文等部；进而与一方面军呼应，横扫而东援，应两广坚决抗日扩大与加深民族革命战争，争取全中国人民苏维埃的胜利。”①

这次北进，对于红四方面军来说，是再次翻越雪山，再次穿越草地；对于新编组的红二方面军来说，是继续翻越雪山，首次穿越草地。幸运的是，这次两军共同北进，认识统一，基本上没有任何迟疑，几乎是立即就踏上了北进的行程。

红四方面军总指挥徐向前走得更早，会师前的6月14日，他已率先头部队起程。6月底，两军共同北进命令下达之际，他已经到了杜柯河畔的下诺科。

① 中共四川省委党史工作委员会：《红军长征在四川》，四川社会科学院出版社1986年版，第303~306页。

第一节　红军左纵队翻越雪山的行军路线

按1936年6月25日朱德、张国焘的命令，红二、四方面军的北上左纵队的行军序列为：

（1）李先念、许世友率红三十军八十八师、骑兵师和总部五局为先导，开路筹粮；

（2）红三十军代军长程世才率红三十军直属队及两个团；

（3）朱德、张国焘、任弼时等率红军总部及直属部队和红四军一部（红四军政治委员王建安于7月上、中旬率这部分红四军部队在壤塘与中纵队会合），以及已划归红二方面军的红三十二军；

（4）红六军团；

（5）红二方面军总部及红二军团。

北进命令下达时，左纵队先头部队已有一部——红三十军、骑兵师和红三十二军在色达地域筹粮；徐向前所率中纵队先头部队也已进至色达境域的杨各、翁达（当时也叫色尔坝）筹粮，红九军军长孙玉清率所部也已从炉霍出发，向该地区续进中。

左纵队出发后，因沿途人口稀少，产出匮乏，筹粮困难，曾进入青海果洛地域，孰料此举并未缓解困境。之后陆续于7月中、下旬集结于草地西缘的阿坝地域，开始穿越草地。左纵队从甘孜出发后翻越的第一座雪山是洛戈梁子。这座雪山已列入第二章内容，故本章不再赘述。

红二、四方面军甘孜会师后共同北上的记述在各种长征史志史籍中最为简略，地理要素和路线最不清晰，这给笔者的考察考据带来了很大的困难。比如，红军左纵队离开甘孜进入色达地域时翻越过哪些雪山，就从无史籍史志记载。所幸图测作业和实地踏勘在相当程度弥补了这个缺憾，且左纵队在这个阶段的行军日程还有陈伯钧、王恩茂、吴德峰、张子意的日记可资参照或佐证。

左纵队这次北上首先要翻越洛戈梁子，因这是第二次翻越，故不再计入。

一、乃陆山

乃陆山　又译作“奶龙山”，位于四川省甘孜藏族自治州甘孜县四通达乡境内，所以藏语含义为“四通达沟里的圣山”。乃陆山垭口现在有公路可通。

（一）史实依据

红军左纵队从甘孜向色达地域前进，肯定是要翻越乃陆山的，这是必经之路。

乃陆山

虽然所有的史志史籍都没有相关记载，但现存的红军长征日记还是可以在相当程度上还原出当年的行军路线和地理要素，只是要明确首次翻越的部队序列和日期，的确非常困难。

左纵队北上的先头部队是红四方面军三十军和骑兵师，但笔者还没有发现来自红四方面军留下的日记记录。

目前与翻越乃陆山有关的红军长征日记，都是来自红六军团的：红六军团新任军团长陈伯钧以及王恩茂、吴德峰日记，而红六军团并不是左纵队行军序列最靠前的部队，所以很难确认红军首次翻越乃陆山的具体时间。根据有关信息能够判定的时间只能是一个区间：1936年6月底。

以下列出陈伯钧、王恩茂、吴德峰的有关日记摘录。

陈伯钧日记摘录：

七月六日　晴，稍阴

驻军休息。东谷。上午，同袁副主任谈事。午后，去地方工作委员会。并交代军部作战科长关于布置宿营问题。黄昏前后，六军直属队及军部均到。当晚与萧克同志交谈六军工作情况，直至深夜廿四时以后才睡觉。

七月七日　晴，稍阴，夜微雨

行军。由东谷翻山到离盆打十五里之野外露营，约八十里。五时以后由东谷出发，进沟十余里，翻一山约七八里，坡不陡，但因体力差，上山很慢。下坡约四里较陡。下坡后即在山脚休息中餐，约一时半以后继续前进，过盆打，翻大吉岭小坡。因前站人员疏忽，出大吉岭十余里无房子，只好露营。晚，召集司令部、政治部工作人员谈话，主要是讲建立司令部工作，以及司令部的职权及与各部门的关系问题。①

① 《陈伯钧日记·文选》，中国财政经济出版社 2002 年版，第 267 页。

说明

- 东谷：今四川省甘孜藏族自治州甘孜县四通达乡。
- 盆打：即今彭打，位于今四川省甘孜藏族自治州甘孜县尼柯乡。

王恩茂日记摘录：

七月六日

上午在甘海子休息，下午1时出发，5时到达东谷宿营，东谷房子很多并很漂亮，为我到西康未见之乡村。

七月七日　晴

上午5时半出发，经过约百里，均无房屋，到达大吉岭前进约十里露营。这次露营很好，有山林可取柴烧，有小河可取水喝。因此虽然露营，要比房子不大好的地方宿营好得多，可惜天捣鬼，半夜下起雨来了，弄得我们无可奈何，睡也睡不好，被毯也打湿了。①

说明

- 甘海子：今名卡萨湖。位于四川省甘孜藏族自治州炉霍县充古乡境内，洛戈梁子东麓。

吴德峰当天调西北局工作，任中共中央西北局白军工作部部长，随红军总部行动，所以要比红六军团早走几天。

吴德峰日记摘录：

---

① 《王恩茂日记——红军长征到“七七事变”前夕》，中央文献出版社1995年版，第82页。

七月三日

经过普玉龙，在东谷宿营，行程90里，我本日到西北中央局白区工作部工作。

七月四日

在彭打宿营，行程80里。[①]

说明

- 普玉龙：村名，今名普玉隆。位于四川省甘孜藏族自治州甘孜县拖坝乡境内。

（二）踏勘与确认地理信息

2015年7月9日，我们从甘孜出发对乃陆山进行了实地踏勘。[②]

图 4–1　乃陆山的地理位置

① 《吴德峰日记》，《中共党史资料》2004 年第 3 期。
② 参加这次踏勘的成员除笔者外，还有志愿者赵文捷、魏京、张严。

乃陆山已有公路可以通行。

经过实地踏勘确认的乃陆山地理信息如下：

表4-1　乃陆山的地理信息

垭口	东经（E）	北纬（N）	海拔（H）	红军首次翻越时间
乃陆山	100°16′35.23″	31°49′44.64″	4530米	1936年6月底

二、雅布山

雅布山　位于四川省甘孜藏族自治州色达县塔子乡与洛若乡之间。这一带山岭属高原丘陵，相对高差很小且山势平缓，没有特别明显的峰峦和垭口，意谓“小路经过的垭口”。

（一）史实依据

红军翻越这座山的情况，目前只有陈伯钧、王恩茂、吴德峰等人的间接文字，这些文字相当简略，有些根本就不提“翻山”，而只是给出

雅布山

了当天行军的起点和终点的地名，笔者只能靠分析推测来确认其间翻越的雪山。色达县境的平均海拔相当高——3800米左右，翻个“小坡”就是翻了个“雪山”，对于那些长途跋涉了大半年几乎天天翻山的人们来说，以“曾经沧海”的感受而不以为意，那是再正常不过的了。

当年这里人烟稀少，红军又是匆匆而过，群众口碑信息也很难寻觅。

目前我们已知的情况应是这样的：红六军团翻越乃陆山到达彭打（今甘孜县泥柯乡）后继续北上，在哈龙旺多（今色达县塔子乡）折向东进，翻越了这一线山岭进至日清沟口（今洛若乡五明佛学院附近）。有关情况，陈伯钧、王恩茂、吴德峰都有相关时日的日记记载。

陈伯钧日记摘录：

七月八日　晴，时阴时雨，夜雨

行军。由盆打十余里之野外经哈龙、望都到日庆，约七十里。今日本来预定到哈龙、望都露营，但到望都只十时以后，因此决定十六师及军直属队继进至日庆露营，十七师及各部收容队留望都。是日到日庆只十五时左右。余牛五百头左右、羊九百只，因十八师三营警戒不严，疏于检查，竟致全部逃掉。真是一个大损失。黄昏前后，因赶牛的无常识，直属队又乱打一阵枪，消耗子弹数十发。晚，起草通令，撤去十八师三营营长的职务。最后又同杨参谋长谈关于十六师及教导团单独行动问题。①

说明

- 哈龙、望都：合称哈龙旺多，今四川省甘孜藏族自治州色达县塔子乡。
- 日庆：即日清沟。音译地名。

① 《陈伯钧日记·文选》，中国财政经济出版社2002年版，第267页。

王恩茂日记摘录：

七月八日　下雨

凌晨4时出发，本来到离日庆40里的地方露营，但我们走得快，走到了日庆的地方露营。同样夜晚落雨，弄得我们不安。①

吴德峰日记摘录：

七月五日

在距哈龙20里宿营，行程60里，露营。

七月六日

在日庆宿营，行程70里，露营。②

“日庆”这个地名很多地图上找不到，笔者曾为此伤透脑筋。后来到了色达，在色达县民政局原局长头登格拉帮助下才算弄清楚了。笔者在与头登格拉同志一起探讨后认为，红军在此间的行军路线比较准确的陈述应该是：1936年7月初，红二、四方面军左纵队从甘孜出发翻越乃陆山垭口后，进至彭打，之后经塔子乡的吉泽沟，经雅柯翻越雅布山到洛若乡日清沟，再经日清沟到塘摇沟。

（二）踏勘与确认地理信息

2015年7月9日，我们从甘孜出发前往雅布山进行实地踏勘。③翻越乃陆山后进至塔子乡，乡里第一把手书记不在——据说她和她的名字

---

①　《王恩茂日记——红军长征到“七七事变”前夕》，中央文献出版社 1995 年版，第 82~83 页。

②　《吴德峰日记》，《中共党史资料》2004 年第 3 期。

③　参加这次踏勘的成员除笔者外，还有志愿者赵文捷、魏京、张严。

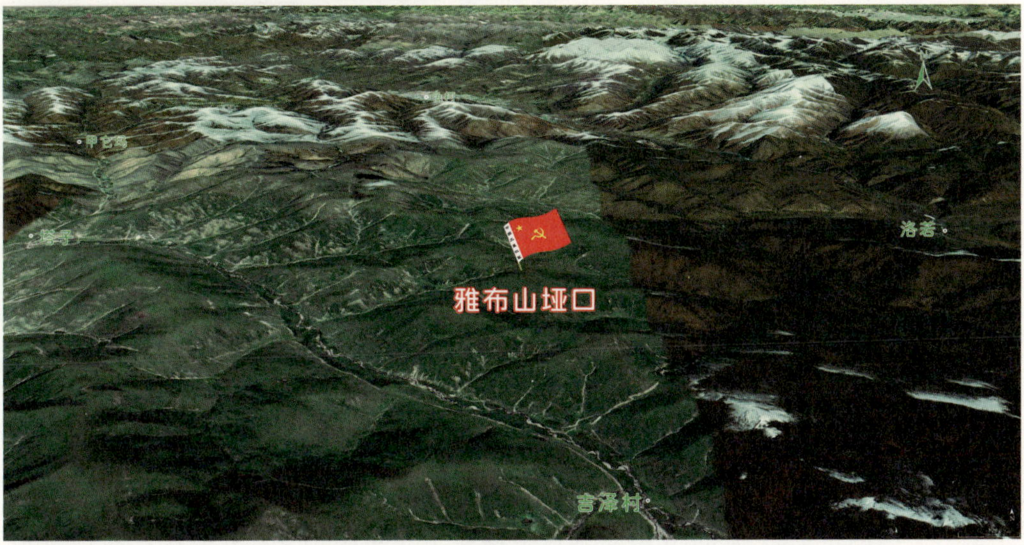

图 4-2　雅布山的地理位置

一样美：色桃花。乡长泽旺仁真同志接待了我们。从他那里得知从这里去洛若的公路已经修通，于是，在泽旺仁真乡长的陪同下，半个小时左右就到了当地人称之为大雅布的公路垭口（红军经过的小路垭口就在附近）。

因为塔子乡的海拔高度已经在3800米左右了，所以这座山看起来并不高，坡度也很平缓，难怪陈伯钧、王恩茂、吴德峰的日记根本就没有提及“翻山”二字。而且，根据已知信息，我们能确认的是红军曾经翻越过这一线的山梁，但具体从何处翻越，是多路多处翻越，还是一处翻越，仅凭现有史料已经难以准确认定。所以我们只好根据“代表性”原则暂以现在建有公路的雅布山山梁作为认定的基点。

经过实地踏勘确认的雅布山地理信息如下：

表4–2　雅布山的地理信息

垭口	东经（E）	北纬（N）	海拔（H）	红军首次翻越时间
雅布山	100°21′33.46″	32°07′28.48″	4175米	1936年7月上旬

三、洞嘎寺

洞嘎寺　一座坐落在雪山半山腰的寺院。因这座寺院曾经给过红军以很大的帮助，救助过红军伤员、给红军提供过粮食，且海拔高度在4000米以上，所以本书将其作为特例列入。

（一）史实依据

洞嘎寺是色达县三大寺庙之一，位于县城西郊约6公里处的一座形似白色海螺的雪山半坡（当地群众称为“神山”），海拔4038米（大殿广场测得信息）。该寺由曲锡吾金创建于公元1686年，大殿建筑面积约800平方米，高约10米，殿堂内塑有释迦牟尼坐像一尊，一面宗教壁画塑绘，红柱上雕龙刻花，色彩艳丽夺目，气氛庄严肃穆，气势雄伟壮观。该寺活佛恩邓曲吉尼玛曾去印度修行数年得道，印度法王敬称其法号为“康曲普喇嘛”，意思为“能够在水上飞行的喇嘛”。

洞嘎寺

中共甘孜州委党史办公室编撰的《红军长征在甘孜藏区》记载：

红军甘孜会师北上经过色达时，正值色达最大的洞嘎喇嘛寺举办一年一度的大法会。人们听说红军到来，纷纷走避，寺里只留下堪布班马多吉和扎巴、甲洛几个喇嘛。红军到后秋毫无犯。班马多吉等在红军离开时，将寺内大部分粮食和物资支援红军。红军给洞嘎寺留下了一张盖有印章的借据。1954年色达解放后，洞嘎寺曾将这张借条拿到色达办事处（按：当时还未设县治），办事处当即偿还洞嘎寺大洋5000元。①

色达县地名普查领导小组编印的《色达县地名录》的记载是这样的：

1936年春，中国工农红军第二方面军长征途中的部分部队，从甘孜县进入色达草原，曾在该寺休整半月左右，补充粮食后继续北上。该寺住持寺堪布多吉、扎巴嘎洛二人接待了红军，在住房、粮食、炊具等方面予以支持，红军走时送给该寺锦旗一面（下落不明），并留下粮食借条。1954年由色达办事处凭条偿还大洋（银元）伍仟元。②

笔者对这个信息中的“红二方面军”有些疑问：红二方面军最早从甘孜出发的部队是红六军团，时间是1936年7月6日，他们在塔子即转向西进，路线并不经过洞嘎寺；紧随其后的红二军团，路线也不经过洞嘎寺。因这张借据目前很难寻觅，笔者也无从查证，只能凭推测提供一种可能性以供方家继续探寻：红三十二军先于红二、六军团出发，在这几天里又被列入红二方面军建制，而且被令在日清沟等候方面军

① 中共甘孜州委党史研究室：《红军长征在甘孜藏区》，成都科技大学出版社1993年版，第230页。

② 色达县地名普查领导小组：《色达县地名录》，第171页。

主力归还建制。[1]那么在洞嘎寺留下借条的，会不会就是红三十二军？当然，《色达县地名录》关于红军在寺院留住时间的记载恐怕有些问题：红军不可能在这里逗留这么长时间。这大概就是当事人记忆上的错讹了。

洞嘎寺是红军长征上行抵达过的最高海拔的寺院，红军到达这个高度后再没有继续上攀。

（二）踏勘与确认地理信息

2015年7月9日，笔者一行为实地踏勘[2]到了色达，并与县委宣传部常务副部长俄色晋美同志取得联系。7月10日上午，我们本拟到洛若乡

图 4–3　洞嘎寺的地理位置

① 《朱德、张国焘关于四军、三十二军行动致王宏坤等电（1936 年 7 月 2 日 6 时）》，《中国工农红军第四方面军战史资料选编·长征时期》，第 572 页，解放军出版社 1992 年版。

② 参加这次踏勘的成员除笔者外，还有志愿者赵文捷、魏京、张严。

请人带路经日清沟去塘摇沟，但途中因修路交通管制而退回。利用这个时间，我们去了洞嘎寺。

洞嘎寺建在半山腰，实际上相对高度也不大。山下是一片广阔的草场，景色非常秀美。

经过实地踏勘确认的洞嘎寺地理位置信息如下：

表4–3　洞嘎寺的地理信息

垭口	东经（E）	北纬（N）	海拔（H）	红军首次翻越时间
洞嘎寺	100°16′25.77″	32°18′08.60″	4038米	1936年7月上旬

四、日利玛

日利玛　位于四川省甘孜藏族自治州色达县洛若乡境内，当地群众口译小地名为“杂龙公玛”（藏语意思是“分岔的沟”）。

日利玛

（一）史实依据

关于红军经日清沟到塘摇沟的行军路线，目前的史籍史志陈述都很简略，而其间翻越日利玛山的情况则更为简之又简，几尽于无。

《红军长征在四川》中只有这样几句话：

朱德、张国焘率领的左纵队由李先念率领三十军八十八师、骑兵师和红军总部五局作为先遣军，于六月下旬从甘孜出发，为左纵队后续部队筹集粮食和探查道路。七月一日，先遣军在色达筹得一批牛羊后，从色达的日清沟出发，继续向西倾寺前进。七月三日，后续部队陆续从东谷和甘孜县城出发，经色达日庆（今日清沟）、唐牙（今塘摇沟），到西倾寺（今西穷）。①

其他史籍史志记载也大同小异。

陈伯钧、王恩茂、吴德峰的日记，同样也很简略。

陈伯钧日记摘录：

七月九日　晴，时阴

驻军休息。日庆。因直属队帐篷未到，收容队亦未回齐，决定今日在原地休息一天，十六师及教导团于今晨直经西倾寺向让倘前进。上午，召集直属队各连队首长开会，主要是谈给养、行军、西北生活，以及组织上的问题。继而与王政委（王震）、张主任（张子意）、谭参谋长（谭家述）谈关于六军工作及其前途问题。午后，参加军团政治部的部务会议。晚饭后，集合直属队讲话，以便大家好认识一下。讲话后，又继续在政治部开会。廿时以后散会。深夜得电，西倾寺一带无

① 中共四川省委党史工作委员会：《红军长征在四川》，四川社会科学院出版社1986年版，第307页。

粮、牛补充。

七月十日　阴，夜大雨

行军。由日庆翻一小山到唐垭沟露营，约五十里。晨四时许出发。十一时许到唐垭沟。因无土民作向导，不知唐垭究竟在何处，只看先头部队曾在此处露过营，我们也就在此露营。下午下大雨，旋晴。十五时许，去供给部参加炊事班长、管理班长以上的供给工作人员会议，并负责报告关于在西北地区怎样去讲究吃、穿、烧火、饮水等问题。晚大雨。是日抽空看了一段《西北问题讲座》。

七月十一日　时雨，时阴，夜大雨

行军。由唐垭沟翻唐垭小山，顺河下沟，一直到西倾寺，约九十里。由唐垭沟进沟十余里，翻唐垭小山。下山约十里，有森林，可露营及中餐。我因昨日露营吃亏，所以今日决定无论如何要开到西倾寺，以减少露营次数及部队的疲劳。黄昏时候到西倾寺，十六师亦于是日上午到此未动，卅二军正集结鱼头寺，准备次日开绒玉、阿坝。接军委信，亦要我二方面军随军委之后，经绒玉开阿坝，不走让倘路。是晚决定，次日在原地休息一天，筹粮，找向导，并调查通绒玉、阿坝的路线。①

说明

● 让倘：今译壤塘，但这里所言的“壤塘”并不是现在的壤塘县治所在，而是现属壤塘县的中壤塘乡一带。壤塘设县治是在新中国成立后。

● 唐垭：又作唐牙，今名塘摇沟，位于今四川省甘孜藏族自治州色达县洛若乡境内。

● 西倾寺：又作西岭寺，今译西穷寺，位于今四川省阿坝藏族羌族自治州壤塘县上杜柯乡境内。

---

① 《陈伯钧日记·文选》，中国财政经济出版社 2002 年版，第 268 页。

王恩茂日记摘录：

七月九日　晴

在日庆休息。夜晚露营，没有下雨。

七月十日　凌晨晴，下午雨

上午3时半出发，经过75里，12时到达唐牙沟露营。夜晚下一夜雨，把我们的毯子、衣服都打湿了，真不好过。

七月十一日　上午晴，下午雨

上午5时半出发，下午7时半到达西倾寺宿营。夜晚下一夜雨，好在有房子宿营。如没有房子，又是一夜不好过。从唐牙沟到西倾寺，其名60里，实则100里还有余。[①]

吴德峰随总部行动，走在红六军团前边。吴德峰日记摘录：

七月六日

在日庆宿营，行程70里，露营。

七月七日

在寨打宿营，行程70里，露营。

七月八日

在唐垭口过来宿营，行程90里，露营。

① 《王恩茂日记——红军长征到“七七事变”前夕》，中央文献出版社1995年版，第83页。

七月十日

经过西岭寺，在鱼头寺宿营，行程47里。[①]

说明

- 寨打：不详，疑为塘摇沟中一个叫吉拉的牧点。
- 鱼头寺：今译鱼托寺，位于今四川省阿坝藏族羌族自治州壤塘县上杜柯乡境内。

上述日记中，只有陈伯钧一个人提到了“翻唐垭小山”，这其实是个海拔4469米的雪山。

（二）踏勘与确认地理信息

2015年7月9日，我们为实地踏勘[②]到了色达。7月10日中午，我们赶到了洛若乡，洛若乡党委副书记桑洛同志陪同我们一起经日清沟翻日利玛，再下山至塘摇沟前往西穷寺。

行前作案头准备时，笔者在Google地图上把这条沟反复打量过多次，只看见皑皑积雪未见有道路显现，所以作的准备是租用马匹或干脆步行前往。然而令笔者喜出望外的是，桑洛副书记告诉我们：因为塘摇沟那边还有洛若乡的一个村民小组，去年才修了一条通村公路去那里。而且，在西穷寺那边过河后，就有很好的等级公路从年龙绕行回到色达。

虽然是砂石土路，但从日清沟直至日利玛的坡度都非常平缓，几乎感觉不出来这是在“爬雪山”——当然有一个前提：我们这是车行。待到赶到垭口时，甚至都难以找到哪里是最高点。过了垭口，地形地

① 《吴德峰日记》，《中共党史资料》2004年第3期。

② 参加这次踏勘的成员除笔者外，还有志愿者赵文捷、魏京、张严。

图 4-4　日利玛的地理位置

貌的变化就很大了，在日清沟里，看不到什么树木森林；而翻过了垭口下到塘摇沟时，坡度开始变大，渐渐树木也有了森林也出现了。

到杜柯河畔时，已经完全感受不到高原风光了。

杜柯河是大渡河的上游，水势相当猛，红军从这儿过的季节跟我们现在来这儿的时间差不多，徒涉是根本不可能的，那么红军从塘摇沟下来是怎么过河到西穷寺宿营的呢？如果是船渡的话，在这样的水势中可不可能另说，时间会拖得很长那是肯定的。从上述日记中可以看出，他们过河好像并不困难，时间也不长，如此那就只有一种可能：过桥。到了西穷寺一打听，果然如此：当年西穷寺下游有一座铁索吊桥，现已损毁。

西穷寺其实就是当年红军此间行军电文中经常出现的“西倾寺”。但《红军长征·文献》却将其判读为甘孜县附近的“西青寺”，这就差得有点远了。西倾寺实际上规模并不大，即或是在当地史志所记载的寺院中排名也不靠前，《壤塘县地名录》中甚至都没有提及，但距此不远的鱼托寺，倒是在红军长征电报文献中成了一个行军日程的标识，甚至是一个地理标识。

从西穷寺沿杜柯河上行不远，就进入青海省班玛县境内的知钦乡，再前行几公里，过一座桥，就又回到了四川——这里仍属四川省甘孜藏族自治州色达县治下，乡名叫“年龙”。而笔者一直在怀疑：李先念所率的先遣军，会不会也到过这里？他们的任务是一路筹粮寻找牛羊，年龙乡这边一大片地方按理不该无视。但目前的确没有相应的史志史籍和文献资料证明他们到过此地。

年龙到色达现在是色达通往青海的干道，等级很高。

经过实地踏勘确认的日利玛地理信息如下：

表4–4 日利玛的地理信息

垭口	东经（E）	北纬（N）	海拔（H）	红军首次翻越时间
日利玛	100°28′52.84″	32°24′48.45″	4469米	1936年7月上旬

五、鱼郎山、约郎山和楼赛山

鱼郎山　位于四川省阿坝藏族羌族自治州壤塘县上杜柯乡境内，本为多尔岗蜿蜒山梁上的一个垭口，完整的称谓应是多尔岗鱼郎沟垭口，此为简称。

约郎山　位于四川省阿坝藏族羌族自治州壤塘县上杜柯乡与南木达乡交界处，本为多尔岗蜿蜒山梁上的一个垭口，完整称谓应是多尔岗约郎沟垭口，此为简称。

楼赛山　位于四川省阿坝藏族羌族自治州壤塘县南木达乡与青海省班玛县灯塔乡之间，是川、青两省界山，又名则尔岗，当地群众称为热地卡。

鱼郎山

约郎山

楼赛山

（一）史实依据

关于红军翻越鱼郎山、约郎山和楼赛山的情况，《红军长征在四川》书中一笔带过：

七月六日，六军从甘孜东谷出发，在色达日清沟会合三十二军后，翻塘摇沟，于七月十二日到达壤塘西倾寺和鱼头寺（今鱼托寺）一带。以后，红六军和三十二军即向北进入青海班玛，过马柯河，经绒玉（今班前）、王楼（今王柔）、哑公寺（今亚尔堂）、作木沟，七月二十二日到达阿坝。[①]

说明

- 哑公寺：应为阿什羌寺，不是亚尔堂。

《红军长征过壤塘》则提供了比较详尽的信息，但其中也有不少错讹之处：

7月2日，接中央军委电令："原红二军团总指挥部改为红二方面军总指挥部。指挥二军（二军团改称）、六军（六军团改称）。7月上旬，三十二军在总指挥贺龙、政委任弼时、副政委关向应率领下，从甘陆续北上。六军为二方面军前导，经色达地区大吉岭、日清草地，进入县境塘摇沟。六军未到前，二方面军派出骑兵先头部队于西穷寺上侧日拉滩过杜柯河，在西穷寺小住5天之后，从西穷寺出发，分两路沿杜柯河两岸抵鱼托寺，在该寺驻扎7天，为后续部队做准备，再沿鱼托寺旁鱼郎沟，翻山进入则柯（位于阿斯玛村），向阿坝方向前进。先头部

① 中共四川省委党史工作委员会：《红军长征在四川》，四川社会科学院出版社1986年版，第308页。

队中，小部分人马沿杜柯河而下，至吾克基村以下的约郎沟翻山至南木达，向阿坝北进。后续部队（六军）历尽辛苦，于7月11日从塘摇沟出发，顺杜柯河而下，抵西穷寺。全军粮断，野菜充饥。13日，经鱼托翻山，行军120余里到达绒玉（泛指青海、壤塘北面交界的大部分地区）。16日下午抵达玉楼，17日离开壤塘，向阿坝地区的亚尔郎古进发。途中，鱼托以上1公里处的容木达寨至鱼托沟口，死亡红军5名，从鱼托沟口至沟尾10公里的路上，死亡61名。①

说明

● 六军为二方面军前导：有误，任弼时随红军总部行动，贺龙、关向应率方面军总部随红二军团行动，在左纵队行军序列的最后。

● 骑兵先头部队：应是许世友所率骑兵师，红二方面军未编有骑兵部队。

● 玉楼：应为王楼，青海省果洛藏族自治州班玛县境内，不在四川省阿坝藏族羌族自治州的壤塘。

● 离开壤塘：实际上未经过壤塘。

上文“先头部队中，小部分人马沿杜柯河而下，至吾克基村以下的约郎沟翻山至南木达，向阿坝北进”，可能是赶往中壤塘与徐向前所率中纵队会合的红四军政治委员王建安所率原左纵队中的红四军部队。1936年7月1日朱德致徐向前电称“昌浩三日由东谷率十师二六二团向西倾寺进，来让倘与兄会合”②；红军总部1936年7月7日日志中亦记载：“浩将到让倘与徐会合，以后中左右纵队统归徐指挥”③；1936年7月8日朱德、张国焘颁布的命令中，原随左纵队行动的陈昌浩及红四军，将

① 中共阿坝州委党史研究室、阿坝州地方志办公室编：《阿坝州志之红军长征在阿坝》，四川大学出版社 2007 年版，第 171~172 页。

② 《朱德关于中纵队速向松潘前进致徐向前电（1936 年 7 月 1 日）》，中国人民解放军历史资料丛书编审委员会：《红军长征·文献》，解放军出版社 1995 年版，第 1078 页。

③ 1936 年 7 月 7 日红军总部日志，《红军长征纪要》，《中国人民解放军后勤史资料选编·土地革命战争时期》第 1 册，金盾出版社 1993 年版，第 43 页。

与中纵队会合后继续北进，陈昌浩还被任命为中纵队政治委员。[①]但这个命令于几天后即作出改变，根据红军总部1936年7月10日日志记载："我军应按情况决定主力应速进至巴细阿细包座以北有粮地区，因此决定浩指挥左纵队。明十日率263R，4C（2）B向阿坝推进。"[②]而实际上，陈昌浩并没有按原定安排率部前往中壤塘与徐向前会合，而是继续率左纵队一部向绒玉前进，当天率红四军部队翻越约郎山赶到中壤塘与徐向前所率中纵队会合的是红四军政治委员王建安。[③]

关于翻越鱼郎山、楼赛山进入青海班玛的这路部队，随红军总部行动的吴德峰及红六军团的王恩茂、陈伯钧、张子意都留下了日记。

吴德峰跟随红军总部走在前头。

吴德峰日记摘录：

七月九日

经过西岭寺，在鱼头寺宿营，行程47里。

七月十日

行程50里，露营。

七月十一日

在绒玉宿营，行程60里。[④]

---

① 《朱德、张国焘关于向松潘、包座进军的部队区分致徐向前、陈昌浩、李先念电（1936年7月8日21时）》，中国人民解放军历史资料丛书编审委员会：《红军长征·文献》，解放军出版社1995年版，第1079~1080页。

② 1936年7月10日红军总部日志，《红军长征纪要》，《中国人民解放军后勤史资料选编·土地革命战争时期》第1册，金盾出版社1993年版，第45页。

③ 1936年7月10日红军总部收到徐向前来电报告："建（安）今下午到让（倘）已病正医中……"《红军长征纪要》，《中国人民解放军后勤史资料选编·土地革命战争时期》第1册，金盾出版社1993年版，第45页。随中纵队行动的红四方面军三局政治委员伍云甫1936年7月9日亦记载："'4K [A]'政委听说来到。"《红军长征日记》，档案出版社1986年版，第245页。

④ 《吴德峰日记》，《中共党史资料》2004年第3期。

说明

● 绒玉：今班前村，现属青海省果洛藏族自治州班玛县灯塔乡。

王恩茂、陈伯钧、张子意和红六军团一起随后跟进。

王恩茂日记摘录：

七月十三日

早晨雨，中午四面浮云遮天，欲雨未雨，下午又雨。

5时半出发，经过鱼头寺进沟，沿沟而上，翻了两个山，下午8时才到绒玉宿营。最后一个山比较高，下山很陡，同时又滑，天又黑了，真不好下。是日，一天完成两天行程，路约走了120里。①

说明

● 进沟："沟"即鱼郎沟。

陈伯钧日记摘录：

七月十三日　阴，雨

行军。由西倾寺经鱼头寺，翻两小山，下陡坡到绒玉，约百里。因帐篷缺乏，粮食困难，不得已将两日行程做一天走。十二时许，我们翻完第一个小山，到平川地方中餐。午后一时许继续前进，翻第二个山，上坡虽不陡，但下坡时则有近十里陡坡，疲劳不堪。幸喜十六师、十七师均在天黑前赶到，只军直属队较迟到达。到绒玉后即到卅二军军部，与罗、李等同志谈话，并吃夜饭。模范师及十六师之一营仍留鱼头寺、西倾寺之线。②

---

① 《王恩茂日记——红军长征到“七七事变”前夕》，中央文献出版社 1995 年版，第 84 页。

② 《陈伯钧日记·文选》，中国财政经济出版社 2002 年版，第 269 页。

张子意日记摘录：

七月十二日　雨

本日十六师移鱼头寺，军直及十七师仍在原地休息。召集军政治部部务会议，讨论粮食问题，组织先遣工作团。

七月十三日　晴，下午雨

本日我军直及十八、十七师，上两坡，下两坡，到达绒玉宿营。掉队现象极严重。昨日我模范师亦到达鱼头寺。（一百一十里）①

这几个日记摘录中提到的“两个山”“两个小山”，前一个是鱼郎山，后一个则是楼赛山。关于当天的行程，因每个人的感知不同，最“保守”的陈伯钧估计为“百里”，最“夸张”的是王恩茂估计为“120里”，居中的是吴德峰和张子意，他们的估计是“110里”。笔者在实地踏勘中经常捧读《陈伯钧日记》，总的感觉就是这位老战士说话非常节制，很少夸张。所以在估计数量和计量时，经常偏低甚至明显偏低。

（二）踏勘与确认地理信息

2015年7月12日，我们从色达出发赶往壤塘，准备对鱼郎山、约郎山、楼赛山进行实地踏勘。②在进至上杜柯乡时，打听到一个好消息：从上杜柯乡经约郎沟翻山（即约郎山）到南木达乡的公路已经通了，但路况不太好，底盘低一点的可能过不去。我们掂量了一下：我们的全顺车底盘高没问题，柴油动力爬山也没问题。唯一有问题的就是轮胎。以往老是进州里跑这种路，轮胎磨损非常惊人，才换了一年多的轮胎，现在又成了光溜溜的了。

① 中国革命博物馆编：《红军长征日记》，档案出版社1986年版，第261~262页。
② 参加这次踏勘的成员除笔者外，还有志愿者赵文捷、魏京、张严。

图 4–5　鱼郎山的地理位置

图 4–6　约郎山的地理位置

图 4-7　楼赛山的地理位置

上了约郎山才知道，这没换的轮胎的确很碍事，路很泥泞，轮胎老打滑，我们常常得下车去推，特别是过狭窄的圆木桥，笔者的心都提到了嗓子眼儿，生怕一个不留神儿就栽下河去。好在那天比较幸运，上午有点飘雨，走到半坡却是万里晴空，坡度也缓了起来，我们总算赶在黄昏前进了壤塘县城。

进了壤塘县跟县委党史办和宣传部都联系不上，我们到处找不到住处——宾馆都贵得吓人，动不动就是几百元一个标间。我们感觉难以承受，突然想起高戈里大哥曾介绍过一位阿坝州国税局的副局长蒋文富，说他对我们的研究很感兴趣。于是就抱着侥幸心理给这位蒋副局长挂了个电话。没想到蒋副局长非常热情，马上让我们去县国税局找一个叫赵成稳的同志，就在国税局安排住宿。

更没想到的是，这位赵成稳既热情且周到，说话办事全都是对着笔者的心思来的。

约郎山狭窄的圆木桥

笔者到过很多地方，与很多地方的有关部门联系过协助工作的事。一般来说，这些地方的同志都很热情，安排得也很周到。但笔者一般对饭局没多大兴趣，最关心的还是如何尽快把工作任务完成。这位赵成稳同志年纪不大却很干练，说话开门见山也不绕弯：周老师你们来了要怎么开展工作？需要我们什么帮助？人家说话直截了当，笔者也就不再客气：我们想明天上鱼郎山，但一切情况都不熟悉，能不能帮我们联系乡里，替我们租用马匹或摩托送我们上山？赵成稳说那条沟里已经开有牧道，但汽车上不去，我马上给你看看能不能联系上摩托。

一席话让笔者感动万分！蒋副局长也好，赵成稳同志也好，他们的工作可以说跟我们半点瓜葛都没有，也没有责任没有义务为我们提供帮助，但他们硬是认认真真地替我们分了忧解了难！

不巧的是第二天大雨，我们不得不在国税局客房里窝了一天。

7月14日天一放晴，赵成稳就把我们一行四人送到了鱼郎沟沟口，并一直把我们送到了车再也走不了的地方，那里已有四个骑摩托的牧民在等着我们了。这位赵成稳同志办事可真是又细心又周到。

笔者挨个问了一遍，这四个牧民叫俄色、觉巴、呷尔玛多约、龙它，俄色的爷爷当年还从这儿把红军带上了山。在搭送我们上山时，一辆摩托发动机过热熄火，最后是三辆摩托交替接力才把我们送上了鱼郎山垭口。在垭口我们升起了红二、四方面军的军旗，向走过这里的红军将士们致以崇高的敬意。当年朱德、张国焘、贺龙、任弼时、关向应、刘伯承、萧克、王震等都是打这个垭口经过，然后北进。

因为在壤塘还有其他雪山的考察项目，待再次来到壤塘踏勘楼赛山，已是9月了。

2015年9月13日，我们再次来到壤塘[①]，这回联系上了县委党史研究室的同志。研究室主任叫谭昌林，对我们的考察项目很有兴趣，一定要跟我们一起上一回楼赛山——壤塘史志上尚未提到过的“红色雪山”。笔者说我们还得先向你们致谢，我们对壤塘境域内红色雪山的调研工作的线索，其实全部源自你们老一辈党史工作者的工作成果。我们是

鱼郎山垭口合影

① 参加这次踏勘的成员除笔者外，还有志愿者赵文捷、魏京、张严、陈南均。

站在他们的肩膀上做接力工作，吃水可不能忘了挖井人哟！

根据我们考察“红色雪山”项目不成文的归属原则：红军第一次翻越是从哪儿翻过来这山就归哪儿，那么位于川、青交界处的楼赛山虽然我们将其归于壤塘，而壤塘史志未作记述也属正常。

9月14日，我们驾车到了阿斯玛沟，又名则柯（有的地图上标注很有意思：贼柯——贼河？）。

从壤塘县城到阿斯玛沟是走南木达乡去约郎山垭口的路，在快到垭口前，从一个岔口转向阿斯玛村。这条通村公路据说建成的时间也不长，天气好的时候也还好走，而我们去的那天正好天气好，所以还不到中午就赶到了阿斯玛村。

阿斯玛村距离我们要去的楼赛山垭口还有十五六公里，但路已经泥泞不堪了，笔者数了数，一路上过了五次河——就是那条“贼河”，每次都过得心惊胆战，中间还有一次被陷在河里开不出来了，好在那天阿斯玛沟里的牧场群众正在“耍坝子”，人很多，有人帮忙脱困还算是有惊无险。

牧场上很热闹，说是马上就要赛马。

不过这就给我们带来了麻烦：人家要参赛的马，都不愿租给我们。咋办？笔者一咬牙，走！瞅着这山也不算太高，我们走上去。于是我们

前往楼赛山垭口途中

轻装徒步上山。沿沟还有牧场，于是我们一路走，一路跟牧民们招呼着砍价，走了七八里路快到山脚时，马也差不多找齐了。

马来得正是时候。漫漫长坡虽然不陡，但在这样高的海拔上走也挺累人的，而且走不多远坡度一下就大了不少，真要徒步上去，恐怕也得费不少体力。这就是陈伯钧日记中所称的“小山”？陈伯钧、王恩茂和红六军团在1936年7月13日那天一天就翻了两个这样的山：鱼郎山，楼赛山。而吴德峰随红军总部行动，所以走得节制一点：7月10日，从鱼托寺出发，翻越鱼郎山，在阿斯玛沟露营；7月11日，翻越楼赛山，进至班玛绒玉。

站在楼赛山上我们一行非常激动：我们可能是追寻到这个地方的第一批史志学者。谭昌林主任，是笔者经过的地方史志部门第一位和我们一起上雪山的领导。

这也是红二方面军在四川境内翻越的最后一座雪山。

经过实地踏勘确认的鱼郎山、约郎山和楼赛山地理信息如下：

表 4–5　鱼郎山、约郎山和楼赛山的地理信息

垭口	东经（E）	北纬（N）	海拔（H）	红军首次翻越时间
鱼郎山	100°46′04.67″	32°34′46.37″	4420 米	1936 年 7 月上旬
约郎山	100°55′04.31″	32°27′12.45″	4225 米	1936 年 7 月上旬
楼赛山	100°50′35.64″	32°38′57.26″	4390 米	1936 年 7 月上旬

六、子昂山、子木达山、美尔冈、得尔冈

子昂山　位于青海省果洛藏族自治州班玛县江日堂乡子昂沟东北端。

子木达山　位于青海省果洛藏族自治州班玛县亚尔堂乡子木达沟东北端。

美尔冈　位于青海省果洛藏族自治州班玛县灯塔乡美昂沟东北端。

得尔冈　位于青海省果洛藏族自治州班玛县灯塔乡得囊沟北端。

子昂山

子木达山

（一）史实依据

红二、四方面军甘孜会师后北进途中，其左纵队曾经进入青海省果洛藏族自治州的班玛地区，这是20世纪80年代以后，被史志工作者们不断考证逐渐披露出来的。而此前的红军长征地图上，都没有标注出过青海的这条路线。有关情况，已经有很多调研和考证文章问世，青海省果洛藏族自治州的史志工作者也出版过多种专著和画册，这都为笔者的

美尔冈

得尔冈

"红色雪山"考察工作，奠定了很好的工作基础。

2007年8月，青海省果洛藏族自治州地方志编委会办公室编撰的画册《班玛绒玉——红军走过的地方》出版，第一次绘出了红军长征经过果洛地区的路线图。这些路线的考据或确认，在史学界或许还存在着争议，但毕竟提供了一个可供继续深入探讨的基础，也为笔者的考察工作提供了线索。

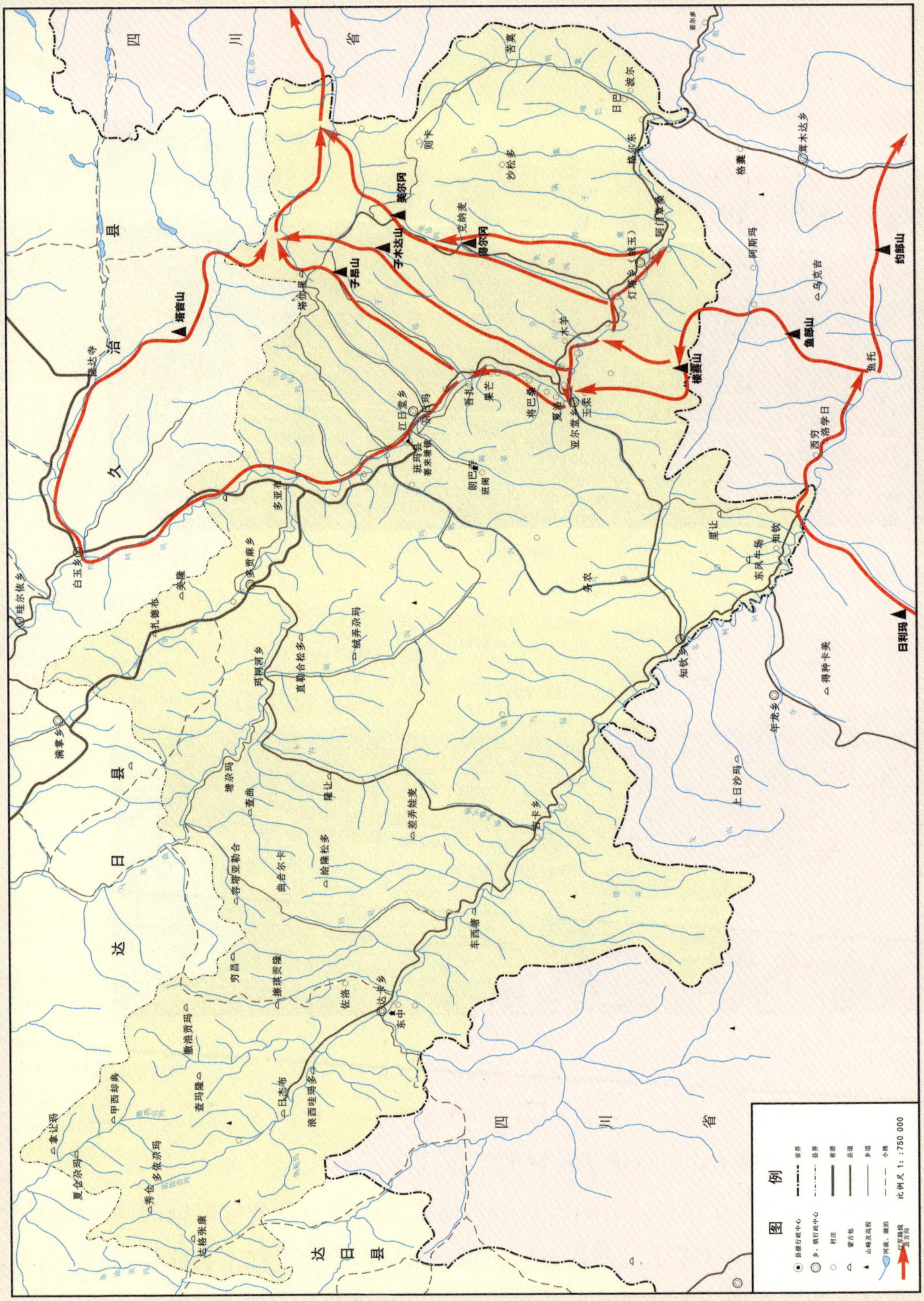

图 4-8　红军长征路经青海果洛地区路线图①

① 来源：华贡杰主编《班玛绒玉——红军走过的地方》，青海民族出版社 2007 年版。修订：周军；重绘：刘鹤。

这幅地图提供的线索是这样的：从甘孜出发的红军左纵队陆续到达西穷寺附近前后，除王建安政委有可能率红四军一部翻越约郎山，经南木达，进至中壤塘与徐向前总指挥所率中纵队会合外，其余主力部队则按先遣军（红三十军八十八师、骑兵师）、红三十军直属队及八十九师、红军总部及红三十二军、红六军团、红二军团的行军序列，全部翻越鱼郎山、楼赛山，进入今青海省果洛藏族自治州班玛县境域，一边休整一边筹粮。之后，仍然按照这个行军序列，陆续离开班玛地域，经作木沟，于7月中、下旬集结于今四川省阿坝藏族羌族自治州阿坝县地域，准备穿越草地。

这幅地图上，还绘有一条经青海省果洛藏族自治州久治县白玉寺迂回绕行到班玛县作木沟的行军路线。而红军左纵队是否有部队进入过今久治县域，史学界和果洛地区有关县域的史志工作者们一直存在着争议，但争议双方都缺乏能够断然肯定或否定的充分证据。

除此之外，这幅地图给出了红军左纵队在班玛县域内，分别经子昂沟、子木达沟、美昂沟、得囊沟进至作木沟，之后从作木沟离开班玛境域，进入四川阿坝县地——其中得囊沟路线又与美昂沟路线交会。班玛是个高海拔的地区，经图上作业发现，从这每一条山沟进至作木沟之前，都要翻越一座海拔4000米以上的雪山。

这片地域，是20世纪长征研究的一个盲区，的确需要在深入探讨、实地考察的基础上，给出尽可能清晰明白的结论。

关于红军左纵队在班玛境内的行军路线和翻越的雪山，因目前的史料本身存在着不完备的问题，故作出准确判读也是一件很吃力的工作。文电档案在史学考据中权重很高，但相当稀缺，且言及宏观动向多而言及微观细部少，能定框架却难以究内容；红军长征日记同样稀缺，除吴德峰随红军总部行动其日记可以佐证红军总部行动及路线外，仅有的几部比较可靠的日记均出自红六军团，能佐证红六军团的行动及路线，却难以佐证其他部队行动及路线（当然可以进行关联分析）；群众口碑当然重要，但记忆的视角有限，时间上的离散性也很大；故方档案难以寻觅，敌方人员的回忆也存在着跟群众口碑一样的问题，现存媒体方面有关这段史实的回忆文字一是出自时任青海省政府秘书、《青海日报》编辑的田生兰先生；二是出自曾任青海电讯社社长的陈秉渊先生。这两位人士当时都不是军方人士[①]，叙事中有关地理、行程、时间等诸多要素不实不治之处甚多，而且在敌我双方档案文献中得不到印证，采信度非常值得商榷。

红军方面比较有价值的电文档案是1936年7月1日朱德总司令致红四方面军总指挥徐向前的电报，该电称："先念二日可到西倾寺，再向阿坝前进。"[②] 李先念是先遣军司令员，如果他率部于1936年7月2日就赶到了西穷寺的话，那么只需要一天时间，他们就可以翻越鱼郎山、楼赛山，进入班玛绒玉地区。而红军总部此后的日志可证实他们进入班玛的时间：红军总部1936年7月4日日志称："(李先）念决率（26）4团、(26）9团及KD（骑兵师）明五号出绒玉"；7月5日日志称："(李先）念率KD、89D今晨由书头寺（按：疑为'鱼头寺'之误）过山东北走共五十里会向导"；7月6日日志称："(李先）念率（8）8、（8）9两师及师直属队于十二时已到绒（玉）无向导不知是否?"[③] 红军总部、红六军团虽然在红军左纵队行军序列中稍微靠后，也有两份相当珍贵的电文档案可证他们在班玛绒玉地区的活动：

---

① 魏明章《缅怀陈秉渊先生》文中称陈秉渊"1932年任北平正闻通讯社西宁分社编辑股主任，同时创办编辑《湟中通讯》，为国内各大报刊报导青海的重大新闻。随着新闻事业的发展，1933年成立青海电讯社，陈任社长，这是青海创办的第一家通讯机构。由于他辛勤工作，成绩卓著，先后又担任北平时间通讯社及《世界日报》外勤、《真报》总编、正闻通讯社记者等，与当时北平的各报社及著名记者往来甚密。1937年回青海，筹办我省省报《青海日报》并任社长，除报导国内重大新闻及地方新闻外，还有相当版面的副刊"（原刊《西宁文史资料》）。

② 《朱德关于中纵队速向松潘前进致徐向前电（1936年7月1日）》，中国人民解放军历史资料丛书编审委员会：《红军长征·文献》，解放军出版社1995年版，第1078页。

③ 红军总部1936年7月4~6日日志，《红军长征纪要》，《中国人民解放军后勤史资料选编·土地革命战争时期》，金盾出版社1993年版，第42页。

朱德等关于红军第二方面军解决粮食问题的办法致贺龙等电

（1936年7月12日8时）

贺、萧、关、陈、王并转罗、李：

（一）据先念电：王楼到哑龚寺五十里，哑龚有五百户，粮牛均搬走。八十九师、骑师今续向阿坝进，我们今在绒玉休息，明续向王楼进。

（二）绒玉、王楼、哑龚寺一带，均不能补充二方面军粮牛，从鱼头寺到阿坝至少六天，沿途只有野菜和豌豆苗。

（三）日庆究跑失牛羊若干，能否在附近搜寻回？

（四）二方面军在目前粮食最严重状况下，只有如下办法：

（1）二军团之四、五师既有七天粮，在加紧节省及吃野菜下可按程向阿坝继进。军直及六师，尽可能在东谷、大吉寺及前进途中搜山挖窖，前面各梯队很少挖窖搜山，用一切方法带足十天粮。

（2）军直及六师到日庆后，速向上游甲溪寺以上远出筹牛粮，向东翻过一个山即到西倾寺河，顺河下即到西倾寺沿途打牛厂。

（3）六军团利用今天休息时间，在西倾、鱼头筹粮牛。

（4）两军均须大找野菜，宿营须在野菜多的地方，每天以野菜当正粮，杀牛羊连皮带骨和血不可半点浪费，牛肉及粮食只可当菜吃，每天吃四两，无论如何每人须存三斤干粮不准吃，此事万分严重，望各首长亲自督促执行。

（五）六军团及卅二军请根据情况及路程，如粮不大困难，则全部迅向绒玉跟进，否则即以一部去打牛厂，余向绒玉进，立决即行，并告知我们。

（六）在停止筹粮时刻，应全吃野菜。

朱、张、任

十二日八时[①]

陈伯钧、王震关于红军第六军团到绒玉及粮食困难情况致朱德等电

（1936年7月15日）

朱、张、任、贺、萧、关：

（一）本十五日六军全部到绒玉，明十六日除留两营收容外，余向王楼运动行进三天，我大部尽吃野菜及干皮，现表现严重饥疲状态，死亡四十余。

（二）二军应尽量节省调济。

陈、王

十五号[②]

几位老战士在此间留下的日记，也可以提供相当重要的参照信息。

吴德峰日记摘录：

七月十一日

在绒玉宿营，行程60里。

① 《朱德等关于红军第二方面军解决粮食问题的办法致贺龙等电（1936年7月12日8时）》，中国人民解放军历史资料丛书编审委员会：《后勤工作·文献》（一），解放军出版社1997年版，第517~518页。

② 《陈伯钧、王震关于红军第六军团到绒玉及粮食困难情况致朱德等电（1936年7月15日）》，中国人民解放军历史资料丛书编审委员会：《后勤工作·文献》（一），解放军出版社1997年版，第520页。

七月十三日

在望楼宿营，行程60里。

七月十四日

经过定公，在垭公寺宿营，行程50里，是日上一大山跌死马骡二十余匹。

七月十五日

行程80里，露营。

七月十六日

在棹木沟宿营，行程80里，露营。

七月十七日

在上阿坝宿营，行程140里，是日夜九时到宿营地。[①]

说明

● 望楼：又作王楼，今王柔，位于青海省果洛藏族自治州班玛县亚尔堂乡。

● 定公：不详，疑为“丁果”之另译。

● 垭公寺：又作哑龙寺、哑龚寺，今阿什羌寺，位于青海省果洛藏族自治州班玛县江日堂乡阿什羌村，距县城10公里。

● 棹木沟：又作作木沟，今佐毛沟，现为青海省果洛藏族自治州班玛县江日堂乡牧场。

---

① 《吴德峰日记》，《中共党史资料》2004年第3期。

陈伯钧日记摘录：

七月十三日　阴，雨

行军。由西倾寺经鱼头寺，翻两小山，下陡坡到绒玉，约百里。因帐篷缺乏，粮食困难，不得已将两日行程做一天走。十二时许，我们翻完第一个小山，到平川地方中餐。午后一时许继续前进，翻第二个山，上坡虽不陡，但下坡时则有近十里陡坡，疲劳不堪。幸喜十六师、十七师均在天黑前赶到，只军直属队较迟到达。到绒玉后即到卅二军军部，与罗、李等同志谈话，并吃夜饭。模范师及十六师之一营仍留鱼头寺、西倾寺之线。

七月十四日　雨

驻军休息。晨，本决定召集各师营以上干部传达总部指示，后因雨大、路远、又不好走，兼之部队较疲劳，所以改由各同志去各部传达。我去十六师召集会议传达。午后归来，看《西北问题讲座》最后几段。是日，以十六师主力配合先遣工作团，去绒玉通让倘的河左岸筹粮，十七师在河右岸上、下游筹粮，军直属队在驻地附近筹粮。但成绩很差。

七月十五日　始阴，继晴

驻军休息。绒玉。晨起不久，即召集直属队首长谈话，主要是针对目前粮食困难做好政治宣传、组织工作，提高执行纪律的自觉性。饭后，同王震同志谈话。午后去教导团与各教员讨论问题，借此考察。是晚模范师、十八师及十六师之一营均到绒玉。言我在西倾寺、绒玉间掉队落伍及病亡人员甚多。噫！体力不强，给养又缺，兼之天公作祟，部队行动又急，其能免于斯乎！此次行军，我军主要问题，就是缺粮、缺帐篷，以致影响工作。

七月十六日　晴

行军。由绒玉翻两个小坡到王楼，约五十里。十八师有一营尚留绒玉、西倾寺间，负责收容落伍人员的工作。因之，该师需留在后面开动。十六师主力未回，第三营留此守桥，我们只能率模范师及直属队向王楼前进。沿途因体力不佳，时行时止，动作较迟缓，到王楼已午后了。本想在王楼请卅二军补充一部粮食，但大失所望。是晚决定，由王震同志率模范师及十七师，随卅二军向白衣寺筹粮、赶牛，余部则随军委之后直开阿坝。

七月十七日　阴，雨

行军。由王楼翻一大山，沿河上游到哑龚寺，约六十里。一出王楼即爬坡，高十余里，十分累人。模范师系精干部队，今日掉队落伍者亦不少，尤其是为机枪连驮枪鞍的战士均掉在后面。两三天来，计掉队的约四五十名。在日庆以前，只掉队数名，可见粮食之于战斗关系殊大。到哑龚寺将十二时，由卅二军拨来粮食约四百斤，聊解饥渴。晚王政委率模范师去卅二军，我们即在哑龚寺河上、下游宿营。不久又得信，卅军拨粮二千斤交十七师，我们的意见是，转交进阿坝的部队。但往返数次，只获七八百斤，深为遗憾！是日午后五时许，召集直属队连以上军政干部开会，解释目前粮食困难的原因以及工作问题。

七月十八日　晴

驻军休息。哑龚寺。是日，以十八师一个营，翻山靠东去赶牛、筹粮，以一个营过河西筹粮，军直属队亦四出筹粮摘菜。午后，十六师赶到，据云，粮食只可吃两天。模范师、十七师因有特殊任务，其后方部队准备随我先开阿坝，但均缺粮。午后各部消息，筹粮均无多大结果。在此地久停已无益，故决定次日东开。深夜得张师长报告，获牛近百头，粮千斤，又稍可解我之急。是日，军直属队由作战科刘副科长率领去搜山，因警备连战士不听命令，结果无效。黄昏前召集警备连、保卫队战士讲话，并宣布撤销警备连三排排长的职务，给警备连连长、指导员以严重警告。

七月十九日　阴，雨

行军，由哑龚寺进沟五十里，到作木沟露营。晨，出发较迟，集合部队讲话，特别说明此次十八师获粮的胜利，及处置警备连事件。是日进沟四十里左右即遇一小山。部队连日饥困，准备杀牛吃，于是决定在此矮山脚露营。至十四时左右，大雨倾盆，同志们都淋得一塌糊涂！

七月廿日　阴雨，晴

行军。由作木沟翻作木岭，又翻两小山到无名地露营，约八十里。晨六时出发，翻了作木岭，总想到过木寺宿营，结果根本无过木寺。将晚，各部甚饥困，只好途中野营。

七月廿一日　阴，雨

行军。顺河而下约四十里，再折向北到长梁子山脚，约五十里。晨六时后出发。顺河而下，走了四十余里，再折向东北进沟约五里，得悉，长梁山坡有牛百余头向我赶来。是时，尚准备翻山赶到阿坝，便派人去侦察系何部赶来之牛。最后得悉，此地到阿坝尚有五十余里，赶来之牛系迎接六军的。于是，我们当即选择适当地点布置露营。是夜，雨落不止，王震同志于午后派骑兵排送信给我们，言模范师、十七师饿困，要我立即派人送牛去接济。①

① 《陈伯钧日记·文选》，中国财政经济出版社 2002 年版，第 269~271 页。

说明

● 张师长：十八师师长张振坤。

● 作木岭：作木岭是位于作木沟北岸的一道雪山山梁。红军日记记载的作木岭，实际上为作木沟与四川省阿坝藏族羌族自治州交界的一处小高地，海拔高度3890米。

王恩茂日记摘录：

七月十四日　雨

在绒玉休息，没有粮食吃，吃野菜。

七月十五日　阴

还在绒玉休息，同样吃野菜过日子。

七月十六日　晴

上午7时半由绒玉出发，沿河而上，在路上休息数次，看见很多猴子在山上。下午3时到达王楼宿营。各部队同样没有找到粮食，仍然吃野菜。

七月十七日　雨

上午5时出发即上坡，路途湿滑，不好走，加之没有粮食，吃野菜充饥，两脚没有力，更是难走。下午1时到达哑龙寺宿营。

七月十八日　晴

在哑龙寺一线休息，补充粮食。但因该地没有群众，前卫部队收集粮食去了，所以未补充什么粮食，各部队多是采野菜做干粮。只有十八师在打牛场，打了60多头牛，还找到1000多斤麦子。

七月十九日　凌晨晴，下午大雨

上午4时半出发，经过都是山冲平路，12时半到达作木沟露营。其名是日走了80里，实则只有五六十里。到达该地不久，即大风大雨，并下大雪雹，坠头很痛。这夜露营，打得满身通湿，早晨起来特别寒冷，大有如我家乡三冬气候。

七月二十日　雨

上午6时出发，本来到过木寺宿营，只有60里，但是走了一天整，到下午5时，尚没有找到过木寺。后来才知道没有过木寺这个地方，就在离作木沟八九十里的沟里露营。此时满天黑云，大有下大雨的形势，并已下微雨。大家都忧虑着今天睡不安全，要被雨捣乱，然而停一会儿，雨停了，一夜没有下雨，很好地睡了一夜，只是很冷。

七月二十一日　上午阴，出了一下太阳，下午雨

上午5时出发，大家希望今天到阿坝（因为没有粮食，大家希望到阿坝补充粮食，吃几餐饱糌粑），但是走了一天，到下午3时，碰到中革军委总政治部送牛几百头，给我们做粮食的，说到阿坝还有40多里，于是我们就在离阿坝40多里的地方露营。这天夜晚下一夜雨，帐篷大漏，地下很湿，睡觉不安，总是等待着快点天亮好出发。①

张子意日记摘录：

七日十四、十五日

我军在绒玉休息筹粮。十四日我模范师及十八师均到达绒玉筹粮无成绩。

七月十六日　晴

本日全军（缺十六师）由绒玉出发，到达王楼宿营。（六十里）

① 《王恩茂日记——红军长征到“七七事变”前夕》，中央文献出版社 1995 年版，第 84~87 页。

七月十七日　晴，雨

本日全军（缺十六师）到达哑公寺宿营，十六师到王楼。（五十里）

七月十八日　晴

本日全军在哑公寺一带休息筹粮，准备向阿坝前进，十八师获耕牛百头、粮食千斤。

七月十九日　雨

本日我军直及十六、十八师和十七师、模范师两师之直属队，由哑公寺向阿坝前进，到达作木沟露营。（七十里）

王震同志率模范师袭牛场未回，十七师随三十二军在原地未动。

七月二十日　雨

本军过两山，到达离阿坝一百二十里地露营；我十七师及模范师袭牛场无结果，亦由哑公寺出发跟进。（九十里）

七月二十一日　雨

本日我军到达离阿坝五十里地之山下露营，三十军同志送牛一百二十头来。

连日天雨，粮仓帐棚少，掉队死亡现象极严重。（七十里）①

上述三位红军老战士的日记证实了以下情况：

（1）红军左纵队进入青海班玛后，缺粮状况并未好转反而加剧；

（2）红六军团曾派出模范师和十七师到久治县的白玉寺筹粮，结

① 中国革命博物馆编：《红军长征日记》，档案出版社 1986 年版，第 262~263 页。

果是筹粮未成反遭“饿困”，不得不向先向阿坝前进的部队求援——白玉寺距今班玛县城近60公里，估计这支“筹粮打牛”的部队还没走到白玉寺就不得不折返；

(3) 从上述三位老战士日记记录各自的位置信息看，他们所在的部队最有可能进至作木沟的路线是子昂沟或子木达沟。

这只是红军总部及红六军团的路线，而红三十二军也极有可能是这些路线。

当然，这并不能排除其他部队如跟进的红二军团在到达绒玉得知“此地筹粮无望”后，不再去马柯河上游作任何盘桓，而是直接经美昂沟、得囊沟到作木沟奔阿坝而去——这种可能性实际上是很大的。

（二）踏勘与确认地理信息

第一次考察。[①]2015年9月15日，我们从壤塘出发，赶往青海省果洛藏族自治州班玛县，拟对红二、四方面军会师北上途经青海地区的雪山进行一次考察和踏勘。青海地区被列入笔者“红色雪山”项目的共有5座，其中4座是在班玛县域。行前，通过中共四川省委宣传部与中共青海省委宣传部的协调，我们和班玛县委宣传部的何闫龙同志取得了联系，到达班玛后，得到了他们的热情接待和安排。

晚饭时，班玛县广电局局长扎西和旅游局局长雅各多杰也在座，笔者借机向他们请教了红军长征过班玛的很多问题特别是地理信息，两位局长都很认真地作了回答，扎西局长还派了一位叫杰太的藏家帅小伙儿当我们的向导。

后来的事实证明，要没有这位成天笑微微的藏家帅小伙儿，我们的工作会很困难很困难。我们要去的那些地方，非常偏远，都是高寒地区，地图上基本找不到什么可参照的信息，甚至连标注的公路都会误导。遇上的陷车是数不胜数，过圆木桥、过急流更是家常便饭。

---

① 参加这次踏勘的成员除笔者外，还有志愿者赵文捷、魏京、张严、陈南均。

图 4-9　子昂山的地理位置

图 4-10　子木达山的地理位置

图 4-11　美尔冈的地理位置

图 4-12　得尔冈的地理位置

我们那辆“全顺”可以说是用到了极致：蹚深水、过泥泞……有几次几乎让人处于绝望的崩溃边缘。

16日那天还算顺利。一大早出门先奔子木达沟。这条沟就是班玛县著名的“红军沟”，沟口就有红军标语碑刻。虽然地图上标注的道路是没有等级的乡路，但却是经过硬化了的砂石路，跑起来不比柏油路面差。个把小时后，大雪迷漫中的垭口就已然在望。

快上垭口前进行航拍，结果航拍器信号突然丢失，留下的最后信号图像是已栽倒在地上。航拍器是白色的，山上的积雪也是白色的，找起来非常困难。大家下得公路来来回回找来找去折腾了个把小时，终于还是在雪地里把航拍器找到了。

找到航拍器后，继续前行。因雨雪，道路泥泞不堪，汽车轮胎打滑，有劲使不上。最后只有想法挂上防滑链才慢慢开上了垭口。

我们在垭口升起红二、四方面军军旗并测定地标后，就赶紧下山。垭口风雪弥漫，寒风刺骨，待不住人。

不过，我们上这个垭口时遇到的养路工人告诉我们：据当地老人们回忆，当年红军是从公路垭口东侧1.5公里左右的另一个垭口过去的。回到成都后我们用Google地图比照鉴别后认为当地老人的回忆是可靠的。

翻过子木达山公路垭口后，杰太带我们去了温泉，据说也是班玛正开发中的旅游项目，这个地方有个名字叫塔加里，位于与久治县的交界处。红军左纵队行军路线如果经过了久治县境的话，那么他们折返回到班玛地域又经作木沟去四川阿坝，这里就应该是他们的必经之地。

但这条路车行不通，于是我们便翻越子昂山，经子昂沟回到了班玛县城。

这一天走过的路线，都是笔者行前认为不能车行的地方。行前笔者在Google地图上仔细研究过，并与来过此地考察的红六军团后人刘湘陵一起切蹉过路线。结果来了才知道，这几年里，这些地方又有了一番变化，子木达沟、子昂沟，都可以通车到山那边的牧场了。所以我们

红二、四方面军军旗插上子木达山垭口

头一天里就走通了两条道，搞定了两座雪山，还没遇上啥麻烦……这种感受让笔者悬着的心顿时放下了一大半：美昂沟那条道在地图上标得最粗，最低限度那也是一条县道，不会比今天的道更差，看来明天能收早工了。

因为心情放松，17日那天我们睡了个懒觉才上路。

沿马柯河下行到了班前村南坡下，杰太把一座铁索吊桥指给我们看，说这就是班玛著名的“红军桥”，这座桥当然不是红军建的，但从四川那边进班玛的红军都是打这桥上过来的，所以才得名“红军桥”。这么说来，当年朱德、张国焘、贺龙、任弼时、关向应、刘伯承、萧克、王震等一大批叱咤风云的人物，乃至这支队伍中所有见证了新中国成立的幸存者，都是从这座桥上走过的，如此，其也是一级革命历史文物啊！

从班前村下行不远，就是美昂沟沟口，再往下行过了灯塔乡政府，还有一条被称作得囊沟的山沟（有的地图上标注为“满子沟”），据群众口碑，当年这里也有红军部队进沟。而笔者参照果洛州绘制的那张地图和Google地图对照判读后确认：这条沟的尽头也是一座雪山(图测海拔高4278米)，进得这条沟的红军部队翻过这座雪山后沿沟向西不远，就可以与进入美昂沟的部队会合，之后再翻越美尔冈，进入作木沟。

也就是说，那条路线实际上是美昂沟路线的一条支线。因这次行程是要踏勘美尔冈和作木沟，故只有将这条支线的考察留至下年度计划。

进得美昂沟才发现，跟我们行前想象的完全不一样。这条地图上标得最粗的公路泥泞不堪，我们一路上走得跌跌撞撞，踉踉跄跄，完全不能跟子昂沟和子木达沟相比，处处是没桥的河，淤陷的路。在一处长几十米的深淤路段，车终于走不动了。虽然想尽各种办法：人拉、加速、清淤、垫石头……折腾了两个多小时，车自岿然不动！所幸在日近黄昏时，来了一辆开往作木沟牧场的拖拉机，才将我们的“全顺”车拖了出来。我们向师傅打听经美尔冈去作木沟的路，他告知此距美尔冈垭口已很近，但后面的路更烂，我们的车绝对进不去。

没桥的河

天色已晚，我们选择放弃，决定次日经子昂山绕到美尔冈的北麓上山。

18日，我们经子昂沟绕行到了美尔冈北麓脚下，走到这里车也已经不能再往前行——被卡在两堆乱石之间难以出险。我们只好下车到附近牧点打探情况，孰料打探的结果让我们更为沮丧：从北麓上美尔冈的路一点不比南麓更好走，汽车肯定是不行的，要去只能是拖拉机、摩托或者马匹。

淤陷的路

这里牧点的牧户住得很分散，而且据说第二天牧民们就要转去冬牧场。这个时候杰太的作用就大大地体现了出来：他有个堂兄正好在这片牧场上，通过他堂兄很快找来了三辆摩托，杰太、赵文捷和杰太的堂兄各驾一辆，搭载上笔者、张严和陈南均一起奔美尔冈垭口而去。

从美尔冈北麓上山的好处是距离很近，即或是泥泞不堪也不过几公里行程，不一会儿我们就上了垭口。

美尔冈这个垭口很奇怪，沟是南北走向的，但上垭口得拐个弯变成东西走向。从垭口可以清楚地看见我们日前快到的那个弯道，实际上那个地方离垭口已经很近很近。

从美尔冈下山后，我们又借助摩托赶到了作木沟尽头的作木岭垭口，这里的海拔高度下降了不少，景色非常壮美，绝对是未来旅游胜地。在垭口上我们可以看到山下不远处的一座吊桥，据说过了那个桥就是四川阿坝的地界了。

两天后我们又从阿坝的安斗乡绕行，准备到作木沟通阿坝的另一头看看。结果走错了道，被一条岔道给引到一座名叫“尕尔错”的高原湖泊——阿坝县正在开发的旅游景点，回程时还想沿克柯河进到作木沟那儿再看看，却总也没找到沟口。看看天色已晚，我们也就只好

美尔冈垭口

选择了放弃。

第二次考察。[①]得尔冈是红二、四方面军甘孜会师后北出陕甘途中翻越的最后的雪山之一。对得尔冈的考察是我们第一次赴青海考察留下的空白和遗憾，这个遗憾是必须填补上的。

2016年9月13日，我们一行四人赶到青海省班玛县时，老熟人何闫龙同志热情接待了我们，县委宣传部副部长曹军山同志还在从西宁返回班玛的途中多次打电话交代要积极配合我们的工作，何闫龙也安排好了次日去得尔冈的有关事宜。

9月14日，我们赶到了得尔冈所在的灯塔乡，从乡长班玛仁增处得悉：得尔冈垭口驾摩托车可以登临。何闫龙从牧民那里借得三辆摩托，班玛仁增乡长派了一名乡干部尕玛西热给我们当向导，由尕玛西热、赵文捷、张严分别搭载何闫龙、笔者和马福文共同进沟前往得尔冈。

得尔冈山势平缓，沟也不长，不像我们上一次在美昂沟遇到那么多障碍和麻烦。一个多小时后就上了垭口——当年红二、四方面军各一部就是翻越这个垭口进至美昂沟的。他们从这个垭口下坡后就与经美昂沟北进的部队行军路线会合，尔后又翻越美尔冈进至作木沟，再

前往得尔冈垭口

① 参加这次踏勘的成员除笔者外，还有志愿者赵文捷、张严、马福文。

向阿坝前进。

这条路线也是红二、四方面军左纵队在班玛地区北进的一条辅助路线。

经过实地踏勘确认的子昂山、子木达山、美尔冈、得尔冈地理信息如下：

表 4–6　子昂山、子木达山、美尔冈、得尔冈的地理信息

垭口	东经（E）	北纬（N）	海拔（H）	红军首次翻越时间
子昂山	100°57′19.60″	32°59′19.49″	4428 米	1936 年 7 月中旬
子木达山	100°57′54.99″	32°57′50.31″	4490 米	1936 年 7 月中旬
美尔冈	101°00′45.41″	32°56′05.02″	4420 米	1936 年 7 月中旬
得尔冈	100°59′01.08″	32°48′45.60″	4271 米	1936 年 7 月中旬

七、塔音山

塔音山　位于青海省果洛藏族自治州久治县白玉乡，当地群众称“隆格山”。

（一）史实依据

红军翻越这座雪山的情况与一个至今尚在史学界存在的争议有关，即红军左纵队经过今青海省果洛藏族自治州区域时，究竟进入过久治县域没有？

“红军左纵队进入过久治县域”这个立论的依据主要源自陈秉渊先生的一段回忆：

一九三六年七月中旬、红军主力由川北经向东南方前进。二十一日，红军前锋抵达川青边境的岔科尊苟、岔科朝欠、和日则干一带。二十二日，红军支队轻骑五千余人，插入青海果洛的康干，二十三日，红

塔音山

军支队继续推进，直入果洛内部，毁灭了马步芳一心指望红军不进入青南的迷梦。喇平福团急由同德拉加寺渡黄河驰往果洛，经官仓、拉路，再渡黄河，到达荷台寺一带。以白玉寺为果洛重镇和当地牧民信仰的中心，自率团直属骑兵连驻守。二十六日红军骑兵五百余人，克复牙尔塘。牙尔塘距白玉寺仅六十多里，喇平福派出一个排前往截堵，立被红军击溃，红军长驱直入，于三十日进抵白玉寺，喇平福的一个排又被歼灭，喇本人急率残部后退，红军克复了白玉寺，先头部队继续追击，直捣阿什姜河南岸，喇平福纠集残部逃至阿什姜，胁迫附近民团四百余骑，隔河防守，并令当地牧民向大武麦仓地区移动。八月八日，红军由阿什姜河南岸回师，展开抗日宣传工作，博得了群众的拥护。迄今白玉寺迄东大山岩石上，犹留有“响应北上抗日反蒋”的标语字迹。二十五日，进入果洛的红军，由白玉寺经康干撤返麦仓，与主力军会合，转向万音阿哇前进，喇平福侦悉后，始于二十六日潜至白玉寺。惟恐红军复来进攻，遂在牙尔塘设卡瞭望，观察风色，本部人马，未敢远离白玉寺。及至月底进入川北、青南的全部红军，向甘南大进军。红军在麦仓前进中，又将反扑的杨俊扎细和唐隆古哇的民团击溃。原在西康北部德格一带的红军，早已与川甘集结的大部队会师，青南已无战斗。马步芳深恐红军由果洛深入青海腹地的隐忧，至此才松出了一口气，但他对幕僚们说："红军在我省游牧区不能立足，是我早预定的。"青海南部地区的战斗，自一九三六年七月下旬起，至同年八月下旬止，历时仅一月余，至此结束。①

笔者认真对照这个地区的地图和地名对这段回忆进行了判读后认为，这段回忆文字存在着以下问题：

（1）其间多处地名及地名间行程与实际情况不合，如"牙尔塘距离白衣寺仅六十多里"，实际上牙尔塘（今亚尔堂）与白玉寺两者相距至少170里。

（2）叙事中地名相当混乱，如明明已经说红军从"牙尔塘"进抵白玉寺，喇平福团的逃窜方向却是"阿什姜"，不知此是否指的是班玛江日堂乡的阿什羌村，若是阿什羌则是迎着红军来路，怎能说是"逃"？红军打了胜仗后"经康干撤返麦仓……转向万音阿哇前进"，麦仓？哪个麦仓？青海甘德县的？四川阿坝县的？（四川译作"麦桑"）。

（3）时间要素上与各方文献史料上的记录难以互洽。周忠瑜、杨发玉所著《红军长征在班玛》一书称：国民党青海省档案资料"剿匪"概述中有关于此役的记载②，但却没有给出引证出处。

还有，陈文中有不少生僻地名只有无方位信息的简单注释——甚至没有注释。比如文中提到的"阿什姜河"究竟是哪条河？从哪里流经哪里？有没有其他的名字？而除了陈老先生这段文字，笔者还没见

① 陈秉渊：《马步芳阻击北上抗日红军的始末》，《青海文史资料》第3辑，第15~16页。

② 周忠瑜、杨发玉：《红军长征在班玛》，青海人民出版社2014年版，第78页。

过任何史籍史志言及过这条河流，对这个生僻得到处都无法查证的河流，陈老先生文中仅有的一条注释是："阿什姜河在青海果洛藏族自治州久治县境，汇入黄河。"可笔者查证久治县境域内的河流，就没有一个叫这个名字，而流经白玉寺的俄柯河及其附近河流都属长江水系而非黄河水系。

那么笔者就不得不质疑了：久治县境域之内，究竟有没有这条河呢？

另外，有信息表明：红军经过青海的那段日子里，陈秉渊先生并不在青海，而是在北平办报，1937年才回到青海。而且，他甚至可能没来过班玛、久治，否则怎么会搞不清里程？其回忆文字作为历史证言的有效性，恐怕还值得进一步商榷。

笔者在此提出种种质疑，并不是绝对否认陈秉渊先生所言"白玉寺之役"的存在，这场战事完全有可能发生过，红军左纵队也可能有部队进出过久治县境。但即便如此，也不可能发生在陈老先生这段回忆中所言时日——这个时候红军左纵队已全部离开青海，1936年8月8日，他们早就到了草地那头的包座，正在前往甘南哈达铺的途中。假定我们认定这场战事或故事的确发生过的话，更大的可能是发生在李先念、许世友所率先遣军与喇平福团之间，而且时间是在1936年7月上旬。将1936年7月1日朱德致徐向前电中"先念二日可到西倾寺，再向阿坝前进"① 以及红军总部7月4~6日日志记录的信息，与7月13日17时朱德、张国焘致徐向前电中"先念率八十九、骑兵两师昨到作木沟，明(十四)日可到达阿坝"② 的信息进行对照，不难作出综合判断：先

---

① 《朱德关于中纵队速向松潘前进致徐向前电（1936年7月1日）》，中国人民解放军历史资料丛书编审委员会：《红军长征·文献》，解放军出版社1995年版，第1078页。

② 《朱德、张国焘对徐向前十二日建议的复电（1936年7月13日17时）》，中国工农红军第四方面军战史编辑委员会：《中国工农红军第四方面军战史资料选编·长征时期》，解放军出版社1992年版，第576页。

遣军在班玛活动的时间有八日之久，这个时间段里他们有充分的理由与时间由班玛经白玉寺绕行，筹粮、打牛后再由隆格寺附近取捷径翻越塔音山，从塔加里进入作木沟后，再向阿坝前进。

也就是说，如果红军左纵队有部队进至白玉寺且与马步芳部发生过战斗的话，那就可能是也只可能是李先念、许世友所率先遣军（红三十军八十八师、骑兵师和总部五局）。红六军团军团长陈伯钧日记没有提到在班玛境内发生过战事（如果有的话不可能不记），提到了“王震率模范师和十七师到白玉寺筹粮打牛”，但结果却是这路去筹粮的队伍反遭“饿困”——仍然没有提到有过战斗，而且，从时间上看，这路筹粮队伍很可能根本没有走到白玉寺就陷入了困境，而不得不向先行出发去阿坝的部队发出求救之声。

这个课题，值得作一番探究。

综上，关于红军翻越塔音山的情况，在没有任何史志史籍资料、回忆文字和口碑佐证的情况下，只是在“有可能”的认知基础上所进行的延伸考据，不能当作历史定论使用，这是笔者必须要说明的前提。

（二）踏勘与确认地理信息

2015年9月19日，我们离开班玛，经久治绕行前往阿坝县垮沙乡，准备实地踏勘塔音山。[①]

这段行程要经过久治县的白玉寺、隆格寺。

从隆格寺到塔音山是没有公路的，所以行前我们与中共久治县委宣传部的同志联系过租用骡马和摩托，但宣传部的同志与当地乡政府联系后报出的价格却是囊中羞涩的我们难以接受的——虽然已有资金支持，但也不能海着花啊！再说了，手头不紧一点，咋回家？回家后遍体鳞伤的车咋办？

---

① 参加这次踏勘的成员除笔者外，还有志愿者赵文捷、魏京、张严、陈南均。

图 4-13　塔音山的地理位置

于是我们决定还是自己想办法。

从班玛到久治的道路都是等级公路，中午时分我们就赶到了隆格寺。然而就在这时，老天突然发威下起雨雹来。旁边一牧民主动迎上来敲开我们的车窗，邀请我们到他的帐篷里喝茶，见他请得诚恳我们便拿上了几包干粮点心当给孩子的礼物一起进了他家帐篷。

跟主人一聊才知道，他在县畜牧站工作，儿子在外念大学。我们借机请他替我们找几辆摩托车上山，他满口答应，说："我这里就有一辆可以借给你们骑，不过那路实在不好走，你们可得留神当心别摔坏了。另外两辆我替你们找两个小年轻，让他们给你们带路把你们带上山。"

不一会儿来了两位藏家帅小伙，一位叫旦正阿加，一位叫贡觉，都是18岁。就这么着，三辆摩托，赵文捷骑一辆，俩藏家小伙各骑一辆，分别将笔者、魏京、张严带上，留陈南均就地看车，继续喝茶，我们轰轰隆隆就上了路。

前往塔音山垭口

两位藏家小伙路熟，摩托也骑得好。这一路虽然路很烂，还得冲过几条没桥的河，但山势平缓，地形宽阔，没有什么特别险峻之处。所以不到两个小时，我们就很顺利地上了塔音山山垭。也是天公作美，到了山垭口时，刚才的雪啊雹啊都不见了，能见的就是万里晴空，山的南麓是一片宽阔的草场，从这里沿河下行就可以进到班玛的塔加里。

我们把红四方面军军旗插上了垭口。

经过实地踏勘确认的塔音山地理信息如下：

表4–7　塔音山的地理信息

垭口	东经（E）	北纬（N）	海拔（H）	红军首次翻越时间
塔音山	100°54′30.15″	33°08′56.14″	4222米	1936年7月上旬

第二节　红军中纵队翻越雪山的行军路线

红军中纵队是这次北进最先起程的：红二、六军团还在来甘孜途中的1936年6月14日，红四方面军总指挥徐向前就指挥红四方面军总部及直属队从炉霍起程，翻越老则嘎登，进至今色达县域的色尔坝(今翁达)、杨各等地筹粮休整，准备先行北进。

1936年6月25日，红军总部朱德、张国焘下达北进命令。26日，徐向前率中纵队先头部队翻越扎格海格，进至今壤塘县域下诺科（今吾伊乡）。同日，红九军、红三十一军两个团、红四军两个团及总后、总卫机关和红军大学陆续从炉霍出发跟进，向草地的西缘——阿坝地区集结。

7月中旬，红四军政治委员王建安率左纵队红四军一部从西穷寺翻越约郎山，进至中壤塘地区与徐向前所率中纵队会合，加入中纵队行军序列。

红军中纵队行军日程跟左纵队一样，可供参照的原始文电档案不多。但时任红军总部三局政治委员的伍云甫此间正随红四方面军直属队行动，他在此间的日记记录成了中纵队行程绝无仅有的重要参照。

一、老则嘎登

老则嘎登　位于四川省甘孜藏族自治州炉霍县与色达县之间，是两县的界山，藏语意即“白石头堆成的神山”。

红军翻越老则嘎登的情况，注重于宏观叙事的史志史籍都少有

老则嘎登

提及。

目前能作为考证依据的，主要还是伍云甫的日记。

（一）史实依据

根据伍云甫日记1936年6月14日、15日两天的日记记录，徐向前所率红军中纵队先头部队——红四方面军总部及直属队于1936年6月15日，翻越老则嘎登，进入今四川省甘孜藏族自治州色达县杨各乡地域。这个时间可以确认为1936年6月15日。

伍云甫日记摘录：

六月十四日　晴

由炉霍出发（四方面军直属队）至尖人打，宿营于被烧的喇嘛寺残留之房间。（行程约九十里）

六月十五日　晴

七时出发，过一山，行约九十里在麦地露营。[1]

说明

- 尖人打：今译降达，位于四川省甘孜藏族自治州炉霍县卡娘乡境内。
- 过一山："山"即老则嘎登。
- 麦地：不详，疑为今四川省甘孜藏族自治州色达县杨各乡的麦旭村。

（二）踏勘与确认地理信息

2009年10月，我们为进行实地踏勘前往炉霍。[2]

图 4-14　老则嘎登的地理位置

① 中国革命博物馆编：《红军长征日记》，档案出版社 1986 年版，第 242 页。

② 参加这次踏勘的成员除笔者外，还有志愿者张帆、张晓龙、杨亮、胡旭辉、熊文权、赵文捷、吴蕾、张吉、黄林、李力、陈智伟、陈敏锐、赖胜利、方小军、卢家荣、欧阳蜀勇、杨茜瑛、杨燕春。

10月5日，我们从炉霍出发，翻越了老则山。

317国道如今从老则山垭口（海拔4251米）通过，但老则山垭口并不是老则嘎登垭口，两者相距很远。老则嘎登才是红军翻越的垭口，位于老则山垭口西北方向，当年是小路，现似有砂石土路可以通达。

2016年6月，我们又专程前往炉霍对老则嘎登进行了实地踏勘①。

2016年6月30日，经炉霍县委宣传部联系，我们赶到卡娘乡降达村（红军过境时译作“尖人打”）。村支部书记阿抽介绍了情况，从降达有通往色达的公路，是由原来的林区公路扩建的，这条公路可以通达距离老则嘎登1公里处。因公路扩建，我们的车不能直接上山，阿抽书记带我们步行了几公里穿过了正在扩建的路段，然后租用了村民的一辆车送我们上山。

老则嘎登人行小路垭口在公路右侧高地上，我们步行1公里后登上了这个垭口。

经过实地踏勘确认的老则嘎登地理信息如下：

表4–8　老则嘎登的地理信息

垭口	东经（E）	北纬（N）	海拔（H）	红军首次翻越时间
老则嘎登	100°39′12.54″	31°48′05.10″	4358米	1936年6月15日

二、扎格海格

扎格海格　位于四川省甘孜藏族自治州色达县杨各乡与四川省阿坝藏族羌族自治州壤塘县吾伊乡之间，为两县界山。又译为“扎格拉格”，藏语意义不详。

① 参加这次踏勘的成员除笔者外，还有志愿者赵文捷、张严、杨潇、马福文。

扎格海格

（一）史实依据

翻越老则嘎登的红军中纵队是如何从色达境域的杨各、翁达(当时也叫色尔坝）进至今壤塘县域的？这是一个很容易产生误导的问题。现有的相关电文档案对这条行军路线陈述得极不详尽，使用的又是旧的译音地名，辨析本身就是一件很麻烦的工作。也有相当多的“重走长征路”者或研究者想当然地直接按现在的317国道从杜柯河与色柯河汇成绰斯甲河处转道北去今壤塘县城，把这条道当成了“红军长征路”了。

实际上，在红军长征电文中经常言及的“让倘”，并不等于现在的壤塘县城，而是现在壤塘县中壤塘乡一带。壤塘县是新中国成立后设立的新县治，原县治就设置在如今的中壤塘乡一带。而如今的壤塘县治所在地域，就是当年电文中言及的“诺科”——今译杜柯。杜柯在当年又译作“多科”“诺科”等，这是因流经此间的杜柯河而得名（大金川上游主流)，这当然是狭义的解读，而广义的解读则是泛指杜柯河流域。1996年解放军出版社出版的《红军长征·文献》对这个地名没有任何注释，中共甘孜州委党史研究室编撰的《红军长征在甘孜藏区》中，将这个地名解读为“今罗科马”（即炉霍县的罗科马乡）[①]，这当然就很容易造成确认这段行军路线的混乱，所以需要辨析清楚。

关于红军翻越扎格海格的情况，《红军长征在壤塘》记载如下：

1936年6月14日，红四方面军总部从炉霍起程，经尖人打、麦地、申会等地于6月24日抵色达县牛角沟驻扎。25日下午，部队接到“向杜柯方向前进”命令，次日，沿牛角沟上行，翻越色达同壤塘交界海拔4889米的扎格海格，进入县境俄尔柯一带露宿。27日凌晨6时部队出发，沿俄尔柯沟左面上山，经俄拉、壤古、马来到修卡宿营。[②]

因涉及不同县属的地域，这段叙述中一些地名有疏于核实之嫌。比如，比较关键的“色达县牛角沟”，很长时间笔者在地图上都找不到，当然也就无法定位这个“扎格海格”究竟是在什么地方。后来在色达县民政局原局长头登格拉同志的帮助下才弄明白：色达县境域内无“牛角沟”地名，这个地方实际上是今属杨各乡的一条沟，所谓“牛角沟”系当年伍云甫日记中“牛斯曼”“牛斯都”的地名演绎而来。而“俄拉、壤古、马来、修卡”均为今壤塘县城以南杜柯河下游的地名。1936年6月28日21时朱德、张国焘致李先念电中所称“向前已到下诺科”[③]，指的就是这片地域。

伍云甫关于翻越扎格海格的日记摘录：

---

① 中共甘孜州委党史研究室：《红军长征在甘孜藏区》，成都科技大学出版社1993年版，第129页。

② 中共阿坝州委党史研究室、阿坝州地方志办公室编：《阿坝州志之红军长征在阿坝》，四川大学出版社2007年版，第170页。

③ 《朱德、张国焘关于敌我情况致李先念电（1936年6月28日21时）》，中国工农红军第四方面军战史编辑委员会：《中国工农红军第四方面军战史资料选编·长征时期》，解放军出版社1992年版，第556页。

六月二十四日　晴

由西东喇嘛寺转回（沿河沟下）十五里，由左岸进小沟（牛角沟）五六里处驻扎。

六月二十五日　晴，夜大风，雷雨

参加搜山，未得到东西。下午得出发命令，向诺科前进。

六月二十六日　晴，下午欲雨未雨

六时由牛角沟出发，沿沟上行，越一山（像雪山，雪已融），下至有树林处露营，地名叫阿哥，行程约七十里。

六月二十七日　晴，下午雷雨一阵

六时出发，沿一沟下行约三十里，由沟左上一高山，上下约四十里，是日即在山脚宿营（诺科又名多科，沿多曲河上行三四天还是多科，多科分上、中、下多科）。[①]

说明

- 西东喇嘛寺：不详。
- 诺科、多科：今译作杜柯，今四川省阿坝藏族羌族自治州壤塘县治所在地。

（二）踏勘与确认地理信息

我们曾分别于2015年7月、2016年7月、2016年9月三次对扎格海格进行了实地踏勘。

一探扎格海格。[②]2015年7月11日，我们在色达县民政局原局长头登格拉的陪同下从色达县城赶到牛斯曼沟口，由乡干部当向导，搭乘

① 中国革命博物馆编：《红军长征日记》，档案出版社1986年版，第243页。
② 参加这次踏勘的成员除笔者外，还有志愿者赵文捷、魏京、张严。

一探扎格海格

杨各乡政府代租的摩托进沟。进至阿杂寺，即在当地村民的带领下，轮流换乘两匹马向扎格海格垭口进发。

始终不骑马还一路载歌载舞的，就是那位陪同我们的已六十多岁的头登格拉。赵文捷也没骑马，一路步行上了那座很陡峭的垭口。

上山一路顺利，下山时，魏京却因马受惊被摔下，伤了腰。

当时以为我们找对了垭口，但回来在Google地图上一对比，发现还是走错了路。翻越这个垭口后还是进不了俄尔柯沟——山那边还有山，要去俄尔柯沟，还得进沟翻山，与《伍云甫日记》记载的情况严重不合，也与《壤塘县志》所述和军用地图标示的扎格海格垭口的位置不合。

于是决定再探扎格海格。

再探扎格海格。[①]2016年7月2日，经中共色达县委宣传部安排，还是由头登格拉带路，我们再次对扎格海格垭口进行了实地踏勘。这次

---

① 参加这次踏勘的成员除笔者外，还有志愿者赵文捷、张严、杨潇、马福文。

二探扎格海格

踏勘并不困难，我们乘马登临垭口后用GPS进行了核对，确认这个垭口就是军用地图标示的扎格海格垭口。但我们同时也发现：翻越这个垭口后，仍然不能从山脊绕行到俄尔柯沟：这里的山脊是陡峭的乱石，无路可行。如果要去俄尔柯沟，还得下到沟底，之后再翻越一个垭口。

这仍然与《伍云甫日记》记录的“越一山”的情况不符。

看来，这些“不符”，很可能是《壤塘县志》的“扎格海格”产生的误导：这一线山岭可能都叫扎格海格，但垭口并不是我们这次登临的这个海拔4694米的垭口。经航拍观察，我们可以基本确认，这个扎格海格垭口以北有一个垭口可通俄尔柯沟，当年红军很可能是从牛斯曼沿沟翻越另一个垭口进至壤塘县域的俄尔柯沟的。

三探扎格海格。[①] 由于从色达方向对扎格海格的两次考察都未能真正踏上红军翻越的垭口，我们决定从壤塘方向三探扎格海格。经中共

① 参加这次踏勘的成员除笔者外，还有志愿者赵文捷、张严、马福文。

三探扎格海格

壤塘县委宣传部副部长谢雨同志安排协调，2016年9月12日早上，我们一行四人，在县委党史研究室主任谭昌林同志陪同下，来到吾伊乡壤古村的上壤古。村民达吾让为我们准备好了马匹，并为我们充当向导。达吾让四十多岁，在这里土生土长，打小就听老辈们说过许多红军从此过境的故事，红军在哪里设过岗哨，在哪里宿过营，翻哪座山去的杜柯河畔的修卡，等等，他都能如数家珍般地一一道来。

从上壤古有简单牧道修到距扎格海格垭口最近的牧点，我们从这里上马前行。

俄尔柯沟坡度很缓，从森林渐变为草场，行走没有什么大的障碍。一个多小时后，就来到了扎格海格下的草场，从这里可以看见云遮雾罩的扎格海格的山脊，但垭口仍不可见。达吾让告诉我们，这道山脊上有相对呼应的两个垭口，一个是去色达境内的翁达的，一个是去色达境内的牛斯都的。根据我们与头登格拉同志对照相关史料的考据，红军翻越的垭口应该是去牛斯都的那个垭口：扎格海格是整个一道山脊，是色达与壤塘的界山，主峰高度为海拔4889米，军用地图上命名的扎格海格垭口高度为海拔4694米。不过我们前两次从色达方向的考察中发现，军用地图上标注的这个垭口并不是当年红军经牛斯都沟进至俄尔柯沟的那个垭口。而这一次考察，我们就一定要站在红军翻越的这个垭口上。

在山脚下简单午餐后，我们继续上行。行至距垭口还有几百米时，山势变陡，马匹已不能前行，我们不得不下马步行攀缘。由于海拔已经很高，空气稀薄，这几百米的攀缘很费体力，差不多耗费了三四十分钟。而且最没运气的事情是，就在我们登上垭口的同时，老天爷突然变脸，风和日丽变作漫天风雪，原定的航拍也无法进行。

我们在垭口测定坐标及高度并升起了红四方面军军旗，风雪仍无停止迹象。无奈，只好带着遗憾下了山。

这个垭口我们的暂定名是：扎格海格红军垭口，海拔4747米。

下山后我们一再向达吾让道谢。

这位朴实的牧民说：“不用谢，我是2000年入党的共产党员。”

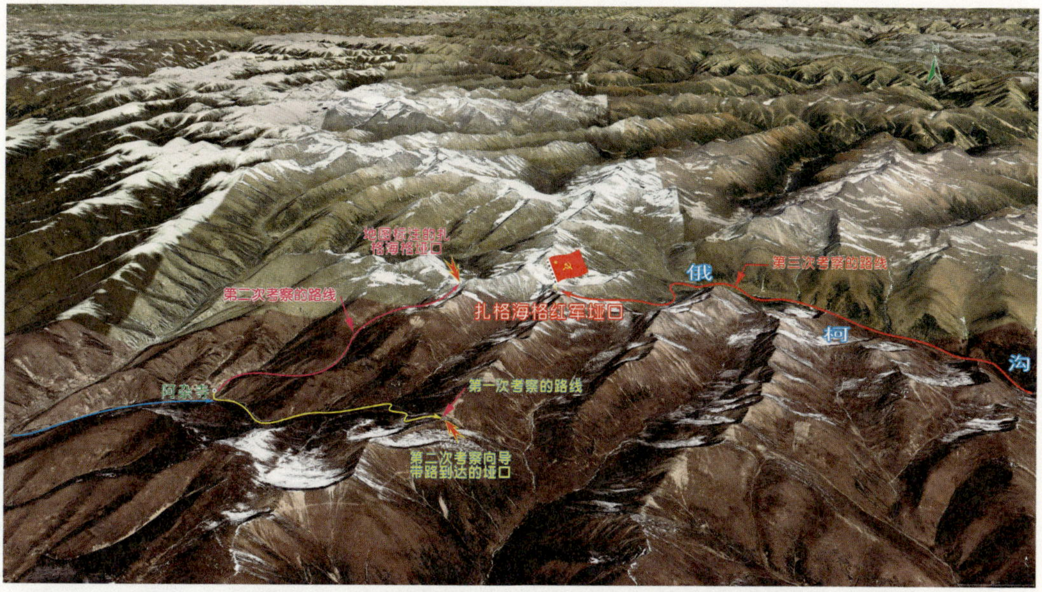

图 4–15　扎格海格的地理位置和我们三次踏勘的路线

经过实地踏勘确认的扎格海格地理信息如下：

表4–9 扎格海格的地理信息

垭口	东经（E）	北纬（N）	海拔（H）	红军首次翻越时间
扎格海格	100°47′20.88″	32°00′12.52″	4747米	1936年6月26日

三、斯盖德山

斯盖德山 位于四川省阿坝藏族羌族自治州壤塘县吾伊乡与中壤塘乡之间。准确称谓应为斯盖德沟垭口，此为简称。

（一）史实依据

红军中纵队进至杜柯河畔后，并没有进入今壤塘县城所在的地域（那个时期这里没设县治，也没有人烟），而是取捷径直接向“让倘”也就是现在的中壤塘前进。

斯盖德山

关于红军翻越斯盖德山的情况，《红军长征在壤塘》记载如下：

6月30日上午7时部队出发，沿杜柯河而上，经吾伊，过曾克寺木桥，翻山经尕窝寨、紫寨到章腊沟，当晚在沟中一村寨宿营，并请一藏雇工作向导。7月1日上午7时，红军进斯盖德沟。翻山向中壤塘出发，行程百余里，当晚12时，到达距中壤塘村尚有七八里之遥的独龙小寨露营。当夜滂沱大雨，红军战士夜不成眠。[①]

伍云甫关于翻越斯盖德山的日记摘录如下：

六月三十日　晴

上午七时出发，出发前由参谋长训话，关于杜、耿问题。是日沿河沟上行，越一山坡到长无，乃宿营，行程七十里。一老驮牛丢给守桥部队。

七月一日　晴

上午七时出发，向让倘喇嘛寺前进，越一山上下约四十里，山顶阴面四处有积雪。是日，因转了路行约百十里，至二十四时才到达有房子的住所（距喇嘛寺尚有八里）。夜间途中遇雨，据说后续部队沿途均遇有番骑扰乱。

七月二日　阴雨

移让倘喇嘛寺。[②]

---

① 中共阿坝州委党史研究室、阿坝州地方志办公室编：《阿坝州志之红军长征在阿坝》，四川大学出版社2007年版，第170~171页。

② 中国革命博物馆编：《红军长征日记》，档案出版社1986年版，第243~244页。

说明

- 长无：即章腊。章腊原读音为章无腊，故伍云甫误读作“长无”。
- 越一山：“山”即斯盖德山。
- 喇嘛寺：即位于四川省阿坝藏族羌族自治州塘塘县中壤塘的错尔基寺院。

（二）踏勘与确认地理信息

2015年7月，我们前往斯盖德山进行实地踏勘。①

2015年7月15日，在壤塘县党史办和国税局赵成稳同志帮助下，我们在章腊村搭载当地牧民的四辆摩托车进入斯盖德沟，向斯盖德山垭口进发。因封山护林的缘故，斯盖德沟上山道路已经设置了障碍，我们不得不从沟里绕行。

图 4–16　斯盖德山的地理位置

① 参加这次踏勘的成员除笔者外，还有志愿者赵文捷、魏京、张严。

风雪弥漫的途中

斯盖德沟里有一些断断续续的机耕道，因早上下过雨，摩托车轮子不断打滑，行走起来非常困难，我们不得不时常下来推车或步行。路上还不断地过河，老是脱鞋脱袜，笔者嫌耽误工夫，后来干脆懒得脱，就这么穿着鞋不断地在水中蹚来蹚去。

最麻烦的是有一道河把道路全部冲断了，摩托车开不过去，我们几个人只好傍着靠山一面的陡坡战战兢兢地往前挪，这在当时没觉得有什么，事后想起来却十分后怕。就这么着走了两个多小时。沿途没什么牧点，只看见牛却看不见马，放眼望去，斯盖德山那个平顶垭口笼罩在一片风雪弥漫中。

我们干脆横下一条心：步行！爬上去！

于是笔者拄着旗杆当手杖，冒着雪雹一步一步往上挪。好在这山并不算太陡，虽然一路上胸腔都在“拉风箱”，但腿肚子却并不软——为了爬雪山，笔者在家坚持锻炼，此刻除了呼吸有点紧，体力好像还能对付，竟然抢在后生们的前头率先登了顶。

斯盖德山这里属章腊村，牧民们很好客很淳朴。下到山脚大家都觉得肚子饿了，于是挤进了人家的帐篷吃掉了一锅羊肉包子。

经过实地踏勘确认的斯盖德山地理信息如下：

表4–10 斯盖德山的地理信息

垭口	东经（E）	北纬（N）	海拔（H）	红军首次翻越时间
斯盖德山	101°07′29.40″	32°08′56.68″	4545米	1936年7月1日

四、昂木尼尕

昂木尼尕 位于四川省阿坝藏族羌族自治州壤塘县尕多乡与阿坝县柯河乡交界处，是两县的界山，藏语“干吞沟的垭口”之意。

（一）史实依据

红四方面军总指挥部和直属纵队到达中壤塘后，休整了十天。究其缘由，一是要休整筹粮；二是要等待继进的各部赶来会合，而且应该包

昂木尼尕垭口

括王建安率原属左纵队序列中行进的红四军一部前来归建和会合。

关于红军翻越昂木尼尕的情况，《红军长征在壤塘》记载如下：

7月2日上午部队冒阴雨移至中壤塘村驻扎11天，召开会议。为顺利过草地，部队沿则曲河左岸下行数十里筹粮，在中壤塘村牛桑房内推磨制糌粑。13日，部队沿则曲河下行，取道刑木达寨入昔郎沟抵萨玛尔宿营。14日凌晨部队出发，行程30里，15日沿雅尔郎沟行进，下午3时抵阿坝麻尔雍。①

说明

● 雅尔郎沟：又名亚朗沟，在四川省阿坝藏族羌族自治州阿坝县柯河乡境域内。

● 麻尔雍：即柯河，《阿坝县地名录》的释义是：汉人习惯把麻尔曲河称为麻尔柯河，后简称柯河，用作地片名。

这个记载与伍云甫日记虽有些不同，但也可相互印证。

伍云甫日记摘录：

七月十三日　阴

由让倘寺出发，沿小河右岸下行约十里处，由边进沟，上山坡，至三满宿营（三满是个小喇嘛寺，小房十数间，有牛场）行程约三十里。

七月十四日　雨

上午五时出发，上一高山，山顶遇大雪，寒冷彻骨。是日因衣服淋湿，即在山下树林处宿营，行程约三十里。②

---

① 中共阿坝州委党史研究室、阿坝州地方志办公室编：《阿坝州志之红军长征在阿坝》，四川大学出版社 2007 年版，第 171 页。

② 中国革命博物馆编：《红军长征日记》，档案出版社 1986 年版，第 245 页。

说明

- 三满：今译萨满或萨玛尔，寺院名红土寺。
- 高山："山"即昂木尼尕。

（二）踏勘与确认地理信息

2015年7月，我们前往昂木尼尕进行了实地踏勘。[①]

2015年7月16日，我们在壤塘县党史办和国税局赵成稳同志帮助下，经尕多乡政府联系到刑木达村四位牧民，在他们帮助下乘摩托车经昔郎沟向昂木尼尕垭口进发。在没有公路可通的过去，这条道就是壤塘通往阿坝的“高速公路”。而今天的我们却遇到了与日前翻越斯盖德山

图 4–17　昂木尼尕的地理位置

① 参加这次踏勘的成员除笔者外，还有志愿者赵文捷、魏京、张严。

涉水前往昂木尼尕垭口

同样的问题：摩托车也走不到头，还有5公里左右的陡坡需要换用别的交通工具，如果没有，那就只能步行。

比日前幸运的是这条沟里有牧场，我们停下摩托步行两公里后找到了马匹。

从牧场租到马匹后上了一个陡坡转向西行，就可以看见浑圆如堡垒状的昂木尼尕垭口了。这是个比较奇特的双垭口，左垭口通向伊俄，右垭口通向垮沙。从伍云甫日记后来几天的信息分析，他们走的是左垭口（而从《红军长征在壤塘》的叙述看，有一部分红军是走的右垭口，直接就奔了垮沙）。

经过实地踏勘确认的昂木尼尕地理信息如下：

表4–11　昂木尼尕的地理信息

垭口	东经（E）	北纬（N）	海拔（H）	红军首次翻越时间
昂木尼尕	101°18′09.45″	32°27′41.50″	4435米	1936年7月14日

五、沃日卡

沃日卡 位于四川省阿坝藏族羌族自治州阿坝县垮沙乡与茸安乡之间，“沃日卡”是当地群众的称谓，藏语语义不详。《阿坝县地名录》中只有一个“那威口”的位置与之相似，但却又没有地图标示，所以只能暂且存疑。

（一）史实依据

沃日卡是红四方面军长征中翻越的最后一座雪山，也是红军在长征中翻越的最后一座雪山。

笔者能够发现并找出这座雪山，首先得感谢红军老战士伍云甫同志。笔者将他的日记与当地的地理要素比照后可以肯定地说：这一记录是真实的，可靠的。迄今为止，包括当地史志在内的所有长征史籍史志都没有任何关于红军翻越这座雪山的文字。如果没有伍云甫的这部

沃日卡垭口

日记，这座红色雪山有可能还会长期地尘封在这段并不久远的历史中。

关于红军翻越沃日卡山的情况，四川省阿坝藏族羌族自治州阿坝县史志办公室编撰的《红军长征在阿坝》基本上没有言及，也没有相关地形地貌的介绍：

1936年6月26日，红四方面军三十军政委李先念率八十九师和一部骑兵师组成先遣军先出阿坝，为后续部队筹粮。7月2日，由红九军、四军十二师、独立师、红军大学、总供给部、总卫生部、三十一军九十一师二七七团、红四方面军总部组成的红军中纵队在徐向前的率领下离开炉霍经壤塘、阿坝，复经沙湾、安坝、蒙古、查理寺等地向上壤口、包座进发。①

文中提及的沙湾、安坝之间，就耸立着这座沃日卡雪山。与红六军团翻越的那座扎卡山一样，仅从这类史志史籍的文字中甚至Google地图的图测中，很难得知和确认“红军是从沙湾翻越雪山到达安坝”的信息。因为沙湾和安坝间是麻尔曲河与阿曲河汇流的山谷，如果没有伍云甫日记给出的信息，没有实地考察过这片区域，很容易就造成红军是由“沙湾经河谷到达安坝”的误判。

所幸，伍云甫老人留下了宝贵的日记，把翻越这座雪山的情况说得相对清楚。

伍云甫在1936年7月18日日记中写道：

七月十八日　晴

由沙湾出发，越一高山（上、下约五十余里，甚峻），至按坝宿营。是日各部队挖野菜的甚多。各部之牛均因过山疲劳走不动，过河时因河

① 中共阿坝州委党史研究室、阿坝州地方志办公室编：《阿坝州志之红军长征在阿坝》，四川大学出版社 2007 年版，第 161 页。

水深急溺死一条，另一条不肯过河宰割回当粮。[1]

说明

● 沙湾：四川省阿坝藏族羌族自治州阿坝县垮沙乡沙湾村。

● 按坝：即安坝，又名茸安，四川省阿坝藏族羌族自治州阿坝县茸安乡所在地。

（二）踏勘与确认地理信息

2015年9月21日，我们在垮沙乡政府的帮助下，到沃日卡山进行了实地踏勘。[2]这次考察原本是7月的计划，可那次我们赶到垮沙乡正值雨季，山洪时常暴发，乡里建议我们9月再来。于是我们跟乡里一名叫王金的干部留下了联系方式便返回。

图 4-18　沃日卡的地理位置

① 中国革命博物馆编：《红军长征日记》，档案出版社 1986 年版，第 246 页。
② 参加这次踏勘的成员除笔者外，还有志愿者赵文捷、魏京、张严、陈南均。

因为事前有电话约定，我们20日晚上就赶到了垮沙乡政府。当晚就住在乡政府的办公室内，乡政府的同志接待得非常热情。在跟干部们闲聊里我们得知，这个乡是阿坝县的贫困乡，人烟稀少，缺乏资源，因而长期发展不起来，迄今与茸安那边的交通也很不方便。红军过境的事情年轻的干部们知道得不多，但与我们联系的王金却知道不少。

早上起来不久，联系好的马匹来了，我们直接从垮沙乡的后山上了山（当年红军是进沟十来里后从沙湾上的山），这段山坡是笔者迄今翻过的最陡的雪山之一，林木繁茂，小路泥泞，骑在马上常常被树枝挂住，我们携带的不锈钢旗杆也被树枝挂下了山涧。由此不得不经常下马徒步行进，这样一来行进速度当然也大受影响，爬上这道相对高差不过几百米的山梁差不多耗费了两个小时。

到了坡顶，森林没有了。向东望去，是一道接一道坡度缓缓递升的草甸梁子。

带路老乡说，还得翻三道这样的梁子才能到沃日卡垭口，到那里就可以看到茸安了。

骑马穿过树林后顺山脊往上

在沃日卡垭口上用手展开红四方面军军旗

这一道一道的梁子上也是草场，路上我们看到了一两个牧点，但随着山势的增高，绿色植被越来越少，马道两侧的坡度也越来越陡。再后来，干脆就是乱石嶙峋。

这几道坡实际上很长，我们大概走了一个多小时。

到沃日卡垭口时，已是15时左右，从那里可以清楚地看到山脚下的茸安。同时也可以看出，从茸安上山到沃日卡垭口，山势更陡，攀缘更困难。当年伍云甫们打这儿往下走，估计也不会比从沙湾那边上来更省力省心。我们回程下山的情况可以证明这一点。

没了旗杆，我们就在垭口上用手展开了红四方面军军旗。

山上风很大，笔者真怕一阵风把这面很多红军后代签过名的旗帜给吹走了，所以千叮咛万嘱咐让伙伴拽紧点不能松手……

下到上来时那个陡坡已近黄昏，这时不能骑马只能连滚带爬往下慢慢挪，走着走着一根粗大的树枝在笔者右脸腮帮子顶了一下，使笔者摔了个跟头，当时只顾着赶紧在天黑前下山，所以除了疼痛也没觉得有啥大碍。

终于下到山脚，天也黑尽。乡政府的同志拿着手电筒正准备上山来找我们，幸甚幸甚！

回到成都，原本没在意的右脸腮帮子的疼痛大发作，吃了很多药也不管事，没办法只好去看牙医，才知道这回麻烦大了：左边四颗上槽牙被撞松，牙髓受损，个个都得整治！

这也是此番爬雪山付出的代价。

经过实地踏勘确认的沃日卡地理信息如下：

表4-12 沃日卡的地理信息

垭口	东经（E）	北纬（N）	海拔（H）	红军首次翻越时间
沃日卡	101°34′24.43″	32°33′17.27″	4290米	1936年7月18日

第三节 红军右纵队翻越雪山的行军路线

根据红军总部首长与红五军首长北上期间往来文电中的部署情况，可以确认右纵队是沿年前红一、四方面军右路军右翼部队北进路线前进的，北进期间只翻越了长坂山1座雪山，而且这条行军路线是这次北进各路纵队中行程最短的。

红五军和红九十一师一共不超过万人，所以他们的筹粮情况不会比左、中纵队更差。

关于右纵队的行程，找不到当年的日记记录，当地史志史籍也基本上没有提及，能够参考的只有以下两件电文档案：

朱德、张国焘令右纵队在波罗子筹粮北进致董振堂等电

(1936年7月20日)

董、黄、罗、周、徐、桂:

(甲)左纵先头十二日到葛曲河;中纵先头已到查理寺,约于三十一号前后陆续集中阿西、巴西、包座线。

(乙)右纵队应首先进入波罗子、杂窝、侧格一带有粮区域休息几天,迅速集结兵力,筹集十天干粮;以一部向松潘佯动,迫使敌人防守松潘城,不敢外出阻我,并查明松潘敌情相机取松潘。

(丙)之后即经毛儿盖或哈龙向包座进,与中、左两纵会合,或经去年右路北进路线到巴西、阿西路亦可。

(丁)敌已知我向松潘前进,正在松潘增三团兵力防堵我们。

朱、张①

说明

● 葛曲河:即噶曲河。

● 波罗子:今名卡龙沟,又称小黑水沟,位于四川省阿坝藏族羌族自治州黑水县卡龙镇。

● 杂窝:今名扎窝,四川省阿坝藏族羌族自治州黑水县扎窝乡所在地。

● 侧格:今名泽盖,四川省阿坝藏族羌族自治州黑水县芦花镇泽盖村所在地。

● 哈龙:今名卡龙,四川省阿坝藏族羌族自治州松潘县燕云乡卡龙村。这片区域有两个卡龙,另一个卡龙是黑水县的卡龙镇。红军长征文献中所言的“哈

① 《朱德、张国焘令右纵队在波罗子筹粮北进致董振堂等电(1936年7月20日)》,中国工农红军第四方面军战史编辑委员会:《中国工农红军第四方面军战史资料选编·长征时期》,解放军出版社1992年版,第579页。

龙”，都是指松潘县燕云乡卡龙村。

朱德、张国焘、任弼时关于红六、三十二军的行动指示致陈伯钧等电

（1936年7月26日12时）

陈、王、罗、李：

甲、估计二军于廿八可到上阿坝，约于卅一跟进。

乙、六军须于廿八成一个梯队向葛曲河进。

丙、卅二军接二军后尾跟进。

丁、二军到阿坝即已完全无粮，须补足十天粮。葛曲河存牛四百、羊八百，守备部队须在此吃八天，所余已不多。在上阿坝确实收到总部交—下牛羊多少，能留若干给二军，请即电复。

戊、右纵今集结侧格休息，中纵先头今、明可到毛儿盖，左纵廿到班佑。葛曲河桥今天完成，二方面军以速跟进为好。

己、建安指挥两师为中纵后卫（他带四台手摇马达坏了，能收报不能发报），今天在四门坝（即下阿坝顺河下六十里）。建安所带两师和总卫生部今天约在党山冈（即下阿坝顺河下八十里），他们均将经下阿坝向葛曲河进。

朱、张、任

廿六日十二时[①]

28日，红五军首长将右纵队的相应部署电告总部首长：

---

① 《朱德、张国焘、任弼时关于红六、三十二军的行动指示致陈伯钧等电（1936年7月26日12时）》，中国人民解放军历史资料丛书编审委员会：《红军长征·文献》，解放军出版社1995年版，第1085页。

右纵27日全部到侧格，我以一个营强渡侧格河将反动完全击溃，卅九团已全部渡河，以九一师为一梯队，明28日向亚依进。董黄罗率十二台四五、卅九、卅七团为二梯队。周李率九台四三、四〇团、军直为三梯队。独师警营、后方机关为四梯队，均按次向波罗子出动。①

如此或可确认，右纵队是按总部20日指示去了波罗子（卡龙沟）筹粮，而没有翻越昌德山、打古山直接去毛儿盖。倘如此，他们很可能由波罗子直接经小姓沟去了卡龙，而后循年前右路军右翼部队路线进入草地。

右纵队翻越过的雪山前面章节已有介绍，本节不再赘述。

本章小结

1936年7月初至8月上旬，红二、四方面军在甘孜会师后，兵分三路开始北上。

在此之前的6月中旬，红四方面军总指挥徐向前率领红四方面军总指挥部和直属队从炉霍出发，翻越老则嘎登进至今色达境域的杨各、翁达地区筹粮休整，准备北进。6月25日，红军总部朱德、张国焘下达北进部署和命令。26日，徐向前率红四方面军总部和直属纵队，进至杜柯河流域。与此同时，李先念、许世友率红三十军八十八师、骑兵师和总部五局作为先遣军从甘孜、色达地域出发，为红军左纵队开路筹粮。

① 红军总部1936年7月28日日志：《红军长征纪要》，《中国人民解放军后勤史资料选编·土地革命战争时期》，金盾出版社1993年版，第51页。

7月初，红二、四方面军组成左、中、右三个行军纵队从各自集结地开始出发北上。至7月底，陆续进至草地西缘和南缘。8月上旬，各路行军纵队陆续穿越草地，集结于巴西、阿西茸、包座地区，在短暂休整后继续北进，于8月上、中旬，陆续进入甘南。

红军长征中最为艰苦卓绝的爬雪山过草地，就此画上句号。

红二、四方面军在这次北进途中，共计翻越了18座雪山（含年前北上、南下和西进康北期间翻越过的2座），其中16座为首次翻越。其大致情况如下：

一、左纵队翻越洛戈梁子、乃陆山、雅布山、日利玛、鱼郎山、约郎山、楼赛山、子昂山、子木达山、美尔冈、得尔冈、塔音山等12座雪山，除洛戈梁子是再次翻越外，其余11座雪山均为首次翻越（其中青海班玛、久治地区5座）。

二、中纵队翻越了老则嘎登、扎格海格、斯盖德山、昂木尼尕、沃日卡等5座雪山。

三、右纵队翻越了长坂山1座雪山，此为年前红一、四方面军北上和红四方面军南下期间翻越过的雪山。

[参见图4-19：红二、四方面军会师北进期间翻越雪山（18座）的行军路线（1936年6月14日~7月20日）]

图4-19 红二、四方面军会师北进期间翻越雪山（18座）的行军路线（1936年6月14日~7月20日）

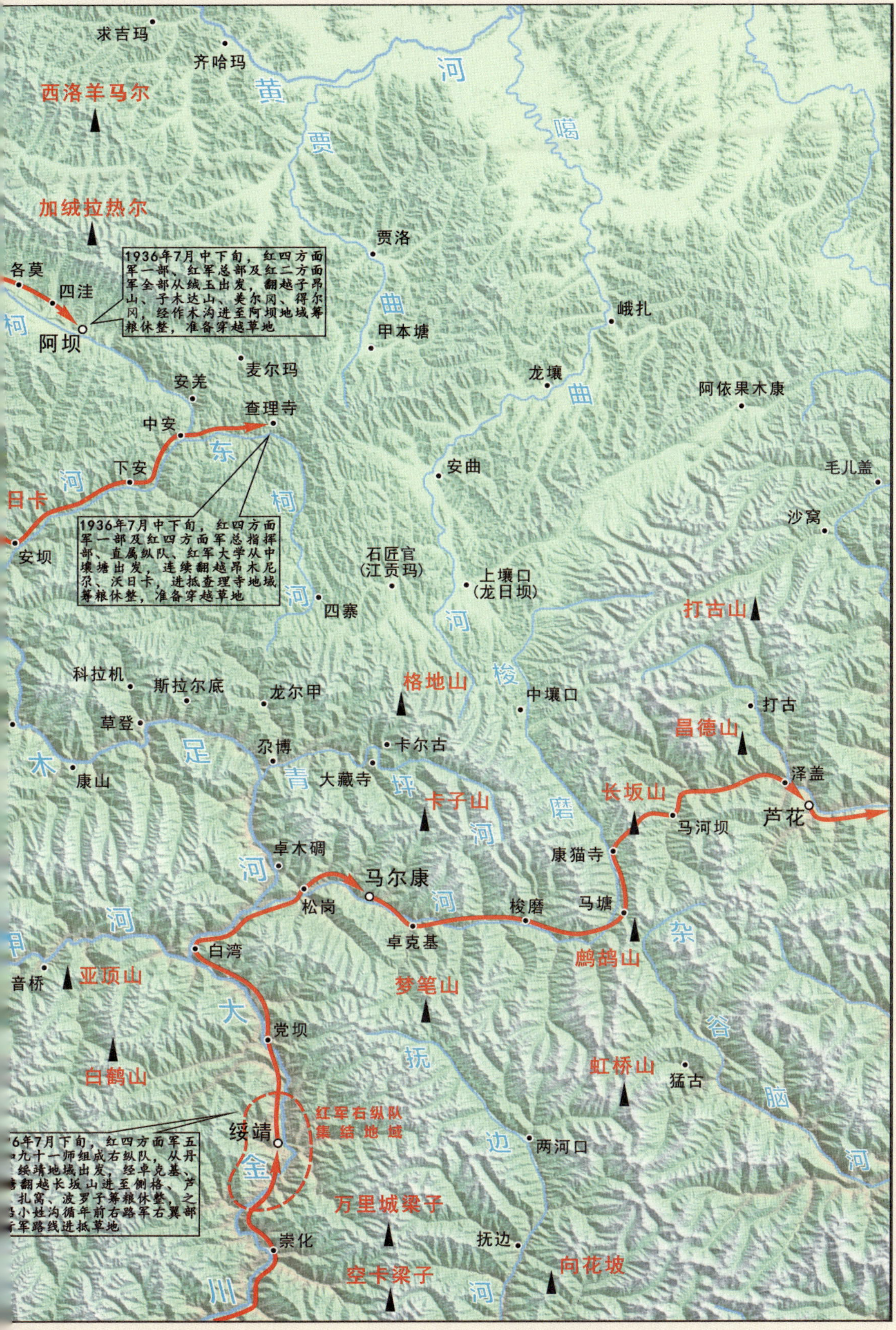
求吉玛
齐哈玛
西洛羊马尔
黄
河
贾
曲
噶
曲
加绒拉热尔
贾洛
各莫
四洼
阿坝
柯
1936年7月中下旬，红四方面军一部、红军总部及红二方面军全部从绒玉出发，翻越子昂山、子木达山、美尔冈、得尔冈，经作木沟进至阿坝地域筹粮休整，准备穿越草地
甲本塘
峨扎
麦尔玛
龙壤
阿依果木康
安羌
查理寺
中安
东
柯
河
安曲
毛儿盖
下安
河
日卡
1936年7月中下旬，红四方面军一部及红四方面军总指挥部、直属纵队、红军大学从中壤塘出发，连续翻越昂木尼尕、沃日卡，进抵查理寺地域筹粮休整，准备穿越草地
沙窝
安坝
石匠官
(江贡玛)
上壤口
(龙日坝)
四寨
河
打古山
科拉机
斯拉尔底
龙尔甲
格地山
梭
中壤口
打古
草登
卡尔古
昌德山
杂博
木
康山
足
大藏寺
青
坪
卡子山
长坂山
泽盖
芦花
马河坝
磨
康猫寺
卓木碉
河
河
马尔康
松岗
河
梭磨
马塘
卓克基
鹧鸪山
杂
白湾
河
甲
音桥
亚顶山
梦笔山
大
党坝
谷
抚
白鹤山
虹桥山
猛古
脑
6年7月下旬，红四方面军五
九十一师组成右纵队，从丹
绥靖地域出发，经卓克基、
翻越长坂山进至侧格、芦
扎窝、波罗子筹粮休整，之
小娃沟循年前右路军右翼部
军路线进抵草地
绥靖
红军右纵队
集结地域
边
两河口
河
金
万里城梁子
崇化
抚边
向花坡
空卡梁子
川
河

结语：红军翻越的雪山及分布概况

第一节　红军三大主力翻越过的雪山概况

红军各方面军翻越的雪山数量含共同翻越部分，故进行红军翻越的雪山数量统计时不能简单累计。

红一、二、四方面军翻越雪山共计72座以上；

另有作为重要节点的亚雪山3座：雅哈山（海拔3940米）、小雪山（海拔3933米）、松林口（海拔3981米）；

途经海拔最高的县城1座：理塘县（海拔4014米）；

上行到达海拔最高的寺院1座：洞嘎寺（海拔4038米）；

红军翻越的最高雪山垭口，是红二军团翻越的藏巴拉垭口，海拔4903米，位于四川省甘孜藏族自治州巴塘县夏邛镇与亚日贡乡之间；

红军翻越的次高雪山垭口，是红二军团翻越的米作拉垭口，海拔4890米，位于四川省甘孜藏族自治州白玉县金沙乡境内；

红军翻越的第三高雪山垭口是红四方面军翻越的党岭之夏羌涅阿，海拔4810米，位于四川省甘孜藏族自治州丹巴县边耳乡与道孚县葛卡乡之间，为两县界山；

红军长征翻越的第一座雪山，是红四方面军于1935年5月下旬翻越的红军棚子，海拔4097米，位于四川省阿坝藏族羌族自治州茂县松坪沟乡与松潘县红土乡之间；

红军长征翻越的最后一座雪山，是红四方面军于1936年7月18日翻越的沃日卡，海拔4290米，位于四川省阿坝藏族羌族自治州阿坝县垮沙乡与茸安乡之间。

一、红一方面军（含会同红四方面军）翻越的雪山

红一方面军（含会同红四方面军）翻越的雪山共5座。分别为：

夹金山、梦笔山、长坂山、昌德山、打古山。

二、红二方面军（含会同红四方面军）翻越的雪山

红二方面军（含会同红四方面军）翻越的雪山共27座。

其中红二、六军团总指挥部和红二军团翻越：

扎格山、帕聪亚山、藏巴拉、欧帕拉、麦拉、恶热拉、米作拉、嘎多拉、生欧拉；

红六军团翻越：

大雪山、苦鲁柯山、加依贡山、仁加山、杂嘎梁子、莫然拉卡、达色拉卡、扎卡山；

红二、四方面军共同翻越：

洛戈梁子、乃陆山、雅布山、日利玛、鱼郎山、楼赛山、子昂山、子木达山、美尔冈、得尔冈。

三、红四方面军（含会同红一、二方面军）翻越的雪山

红四方面军（含会同红一、二方面军）翻越的雪山共57座。分别为：

红军棚子、鹧鸪山、虹桥山、巴朗山、夹金山、空卡梁子、梦笔

山、长坂山、昌德山、打古山、易利河卡子、木梳寨卡子、日多沃山、大神台、卡子山、格地山、加绒拉热尔、西洛羊马尔、亚顶山、白鹤山、万里城梁子、向花坡、双柏树、木瓦梁子、蛇皮梁子、木壳壳梁子、枷担湾梁子、大炮山、党岭之夏羌涅阿、高尔寺山、剪子弯山、依比嘎山、喜麦拉卡、尜嘎梁子、莫然拉卡、郎达山、决益涅阿、伊则涅阿、伊涅阿、俄里涅阿、洛戈梁子、乃陆山、雅布山、日利玛、鱼郎山、楼赛山、子昂山、子木达山、塔音山、美尔冈、得尔冈、老则嘎登、扎格海格、斯盖德山、约郎山、昂木尼尕、沃日卡。

第二节 红军翻越过的雪山分布概况

红军翻越的雪山主要分布在四川、青海、云南3省5州（市）的28个县域内。

各省、州（市）县界山原则上均应为两地共属，故统计雪山数量时不能简单累计。

分布最多的省是四川省，共67座。

分布最多的州（市）是四川省甘孜藏族自治州，共35座。

分布最多的县是四川省阿坝藏族羌族自治州小金县，共11座。

分布最多的乡是四川省阿坝藏族羌族自治州茂县松坪沟乡，共5座。

一、在四川省的分布情况

红军翻越的雪山分布在四川省的共67座（含川滇、川青界山各1座），分别位于雅安市、阿坝藏族羌族自治州和甘孜藏族自治州3州（市）。

（一）雅安市1座（宝兴县属）

夹金山（雅安市宝兴县与阿坝藏族羌族自治州小金县界山）。

（二）阿坝藏族羌族自治州33座

红军棚子、大神台、易利河卡子、木梳寨卡子、日多沃山、鹧鸪山、虹桥山、巴朗山；

夹金山（阿坝藏族羌族自治州小金县与雅安市宝兴县界山）；

梦笔山、长坂山、昌德山、打古山、卡子山、格地山、亚顶山、白鹤山、万里城梁子、向花坡、空卡梁子、双柏树、木壳壳梁子、枷担湾梁子、蛇皮梁子、加绒拉热尔、西洛羊马尔、鱼郎山、约郎山、斯盖德山、昂木尼尕、沃日卡；

扎格海格（阿坝藏族羌族自治州壤塘县与甘孜藏族自治州色达县界山）；

楼赛山（四川省阿坝藏族羌族自治州壤塘县与青海省果洛藏族自治州班玛县界山）。

1. 茂县5座

红军棚子、大神台（均为阿坝藏族羌族自治州茂县与松潘县界山）；

易利河卡子、木梳寨卡子、日多沃山（均为阿坝藏族羌族自治州茂县与黑水县界山）。

2. 理县2座

虹桥山（阿坝藏族羌族自治州理县与小金县界山）；

鹧鸪山（阿坝藏族羌族自治州理县与马尔康市、红原县界山）。

3. 红原县3座

鹧鸪山（阿坝藏族羌族自治州红原县与马尔康市、理县界山）；

格地山（阿坝藏族羌族自治州红原县与马尔康市界山）；

长坂山（阿坝藏族羌族自治州红原县与黑水县界山）。

4. 小金县11座

虹桥山（阿坝藏族羌族自治州小金县与理县界山）；

巴朗山（阿坝藏族羌族自治州小金县与汶川县界山）；

梦笔山（阿坝藏族羌族自治州小金县与马尔康市界山）；

万里城梁子、空卡梁子、双柏树（均为阿坝藏族羌族自治州小金县与金川县界山）；

蛇皮梁子、木壳壳梁子、枷担湾梁子、向花坡；

夹金山（阿坝藏族羌族自治州小金县与雅安市宝兴县界山）。

5. 汶川县1座

巴朗山（阿坝藏族羌族自治州汶川县与小金县界山）。

6. 金川县5座

亚顶山、白鹤山；

万里城梁子、空卡梁子、双柏树（均为阿坝藏族羌族自治州金川县与小金县界山）。

7. 黑水县6座

长坂山（阿坝藏族羌族自治州黑水县与红原县界山）；

昌德山；

打古山（阿坝藏族羌族自治州黑水县与松潘县界山）；

易利河卡子、木梳寨卡子、日多沃山（均为阿坝藏族羌族自治州黑水县与茂县界山）。

8. 马尔康市4座

卡子山；

格地山（阿坝藏族羌族自治州马尔康市与红原县界山）；

鹧鸪山（阿坝藏族羌族自治州马尔康市与理县、红原县界山）；

梦笔山（阿坝藏族羌族自治州马尔康市与小金县界山）。

9. 阿坝县4座

昂木尼尕（阿坝藏族羌族自治州阿坝县与壤塘县界山）；

沃日卡、加绒拉热尔、西洛羊马尔。

10. 壤塘县6座

斯盖德山、鱼郎山、约郎山；

昂木尼尕（阿坝藏族羌族自治州壤塘县与阿坝县界山）；

扎格海格（阿坝藏族羌族自治州壤塘县与甘孜藏族自治州色达县界山）；

楼赛山（四川省阿坝藏族羌族自治州壤塘县与青海省果洛藏族自治州班玛县界山）。

（三）甘孜藏族自治州35座

木瓦梁子、大炮山、党岭之夏羌涅阿、洛戈梁子、决益涅阿、伊则涅阿、伊涅阿、俄里涅阿、高尔寺山、剪子弯山、依比嘎山、喜麦拉卡、大雪山、苦鲁柯山、加依贡山、仁加山、杂嘎梁子、莫然拉卡、达色拉卡、郎达山、扎卡山、扎格山、帕聪亚山、藏巴拉、欧帕拉、麦拉、恶热拉、米作拉、嘎多拉、生欧拉、乃陆山、雅布山、日利玛、老则嘎登、扎格海格。

其中与阿坝藏族羌族自治州共属界山1座：

扎格海格（甘孜藏族自治州色达县与阿坝藏族羌族自治州壤塘界山）。

1. 丹巴县2座

大炮山（甘孜藏族自治州丹巴县与康定市、道孚县界山）；

党岭之夏羌涅阿（甘孜藏族自治州丹巴县与道孚县界山）。

2. 道孚县5座

党岭之夏羌涅阿（甘孜藏族自治州道孚县与丹巴县界山）；

大炮山（甘孜藏族自治州道孚县与丹巴县、康定市界山）；

决益涅阿、伊则涅阿；

伊涅阿（甘孜藏族自治州道孚县与新龙县界山）。

3. 炉霍县2座

老则嘎登（甘孜藏族自治州炉霍县与色达县界）；

洛戈梁子（甘孜藏族自治州炉霍县与甘孜县界山）。

4. 甘孜县2座

乃陆山；

洛戈梁子（甘孜藏族自治州甘孜县与炉霍县界山）。

5. 康定市3座

木瓦梁子；

大炮山（甘孜藏族自治州康定市与丹巴县、道孚县界山）；

高尔寺山（甘孜藏族自治州康定市与雅江县界山）。

6. 色达县4座

雅布山；

日利玛；

老则嘎登（甘孜藏族自治州色达县与炉霍县界山）；

扎格海格（甘孜藏族自治州色达县与阿坝藏族羌族自治州壤塘县

界山）。

7. 雅江县4座

高尔寺山（甘孜藏族自治州雅江县与康定市界山）；

剪子弯山、依比嘎山；

喜麦拉卡（甘孜藏族自治州雅江县与理塘县界山）。

8. 理塘县8座

扎卡山（甘孜藏族自治州理塘县与新龙县界山）；

郎达山、莫然拉卡、达色拉卡、杂嘎梁子、仁加山、加依贡山；

喜麦拉卡（甘孜藏族自治州雅江县与理塘县界山）。

9. 新龙县4座

俄里涅阿；

生欧拉（甘孜藏族自治州新龙县与白玉县界山）；

扎卡山（甘孜藏族自治州新龙县与理塘县界山）；

伊涅阿（甘孜藏族自治州新龙县与道孚县界山）。

10. 乡城县2座

大雪山（四川省甘孜藏族自治州乡城县与云南省迪庆藏族自治州香格里拉市界山）；

苦鲁柯山（甘孜藏族自治州乡城县与稻城县界山）。

11. 得荣县2座

扎格山；

帕聪亚山（甘孜藏族自治州得荣县与巴塘县界山）。

12. 稻城县1座

苦鲁柯山（甘孜藏族自治州稻城县与乡城县界山）。

13. 巴塘县3座

帕聪亚山（甘孜藏族自治州巴塘县与得荣县界山）；

藏巴拉；

欧帕拉（甘孜藏族自治州巴塘县与白玉县界山）。

14. 白玉县6座

麦拉、恶热拉、米作拉、嘎多拉；

欧帕拉（甘孜藏族自治州白玉县与巴塘县界山）；

生欧拉（甘孜藏族自治州白玉县与新龙县界山）。

二、在青海省的分布情况

红军翻越的雪山分布在青海省的共6座（含川青界山1座）。

（一）青海省果洛藏族自治州班玛县5座

子昂山、子木达山、美尔冈、得尔冈；

楼赛山（青海省果洛藏族自治州班玛县与四川省阿坝藏族羌族自治州壤塘县界山）。

（二）青海省果洛藏族自治州久治县1座

塔音山。

三、在云南省的分布情况

红军翻越的雪山分布在云南省的共1座：

大雪山（云南省迪庆藏族自治州香格里拉市与四川省甘孜藏族自治州乡城县界山）。

第三节　红军途经高海拔的重要节点与亚雪山

一、海拔高于4000米的重要节点

理塘县县城：海拔4014米，位于四川省甘孜藏族自治州。是红六军团和红四方面军三十二军长征中经过的海拔最高的县城。

洞嘎寺：海拔4038米，位于四川省甘孜藏族自治州色达县境内，是红二、四方面军会师北进期间上行到达的海拔最高的寺院。

二、行军路线上几座重要的亚雪山

雅哈山：位于云南省迪庆藏族自治州香格里拉市小中甸镇与上江乡之间。红二、六军团于1936年4月29日渡过金沙江后翻越。

小雪山：位于云南省迪庆藏族自治州香格里拉市格咱乡境内。红六军团1936年5月11日翻越。

松林口：位于四川省甘孜藏族自治州道孚县葛卡乡境内。红四方面军三十军二六九团于1936年3月6日翻越。

附录一　红军长征翻越雪山总表（1935年5月下旬～1936年7月18日）

序号	时期	名称	所属省/州/县/乡
红军长征翻越的雪山			
1	红一、四方面军会师前后（包括红四方面军南下期间）	红军棚子	川/阿坝/茂县、松潘界山
2	红一、四方面军会师前后（包括红四方面军南下期间）	大神台	川/阿坝/茂县、松潘界山
3	红一、四方面军会师前后（包括红四方面军南下期间）	日多沃山	川/阿坝/茂县、黑水界山
4	红一、四方面军会师前后（包括红四方面军南下期间）	木梳寨卡子	川/阿坝/茂县、黑水界山
5	红一、四方面军会师前后（包括红四方面军南下期间）	易利河卡子	川/阿坝/茂县、黑水界山
6	红一、四方面军会师前后（包括红四方面军南下期间）	虹桥山	川/阿坝/理县、小金界山
7	红一、四方面军会师前后（包括红四方面军南下期间）	巴朗山	川/阿坝/小金、汶川界山
8	红一、四方面军会师前后（包括红四方面军南下期间）	鹧鸪山	川/阿坝/理县、红原界山
9	红一、四方面军会师前后（包括红四方面军南下期间）	夹金山	川/阿坝、雅安界山/小金、宝兴
10	红一、四方面军会师前后（包括红四方面军南下期间）	空卡梁子	川/阿坝/小金、金川界山
11	红一、四方面军会师前后（包括红四方面军南下期间）	梦笔山	川/阿坝/小金、马尔康界山
12	红一、四方面军会师前后（包括红四方面军南下期间）	长坂山	川/阿坝/红原、黑水界山
13	红一、四方面军会师前后（包括红四方面军南下期间）	昌德山	川/阿坝/黑水
14	红一、四方面军会师前后（包括红四方面军南下期间）	打古山	川/阿坝/黑水、松潘界山
15	红一、四方面军会师前后（包括红四方面军南下期间）	卡子山	川/阿坝/马尔康
16	红一、四方面军会师前后（包括红四方面军南下期间）	格地山	川/阿坝/马尔康、红原界山
17	红一、四方面军会师前后（包括红四方面军南下期间）	加绒拉热尔	川/阿坝/阿坝
18	红一、四方面军会师前后（包括红四方面军南下期间）	西洛羊马尔	川/阿坝/阿坝
19	红一、四方面军会师前后（包括红四方面军南下期间）	亚顶山	川/阿坝/金川
20	红一、四方面军会师前后（包括红四方面军南下期间）	白鹤山	川/阿坝/金川
21	红一、四方面军会师前后（包括红四方面军南下期间）	万里城梁子	川/阿坝/金川、小金界山
22	红一、四方面军会师前后（包括红四方面军南下期间）	向花坡	川/阿坝/小金
23	红一、四方面军会师前后（包括红四方面军南下期间）	双柏树	川/阿坝/小金、金川界山
24	红一、四方面军会师前后（包括红四方面军南下期间）	蛇皮梁子	川/阿坝/小金
25	红一、四方面军会师前后（包括红四方面军南下期间）	木壳壳梁子	川/阿坝/小金
26	红一、四方面军会师前后（包括红四方面军南下期间）	枷担湾梁子	川/阿坝/小金
27	红一、四方面军会师前后（包括红四方面军南下期间）	木瓦梁子	川/甘孜/康定
28	红一、四方面军会师前后（包括红四方面军南下期间）	大炮山	川/甘孜/丹巴、康定界山
29	红四方面军西进康北期间（包括南下接应红二、六军团期间）	党岭之夏羌涅阿	川/甘孜/丹巴、道孚界山
30	红四方面军西进康北期间（包括南下接应红二、六军团期间）	决益涅阿	川/甘孜/道孚
31	红四方面军西进康北期间（包括南下接应红二、六军团期间）	伊则涅阿	川/甘孜/道孚
32	红四方面军西进康北期间（包括南下接应红二、六军团期间）	伊涅阿	川/甘孜/道孚、新龙界山
33	红四方面军西进康北期间（包括南下接应红二、六军团期间）	俄里涅阿	川/甘孜/新龙
34	红四方面军西进康北期间（包括南下接应红二、六军团期间）	洛戈梁子	川/甘孜/炉霍、甘孜界山
35	红四方面军西进康北期间（包括南下接应红二、六军团期间）	高尔寺山	川/甘孜/雅江、康定界山
36	红四方面军西进康北期间（包括南下接应红二、六军团期间）	剪子弯山	川/甘孜/雅江
37	红四方面军西进康北期间（包括南下接应红二、六军团期间）	依比嘎山	川/甘孜/雅江
38	红四方面军西进康北期间（包括南下接应红二、六军团期间）	喜麦拉卡	川/甘孜/雅江、理塘界山
39	红二、六军团北进甘孜	大雪山	川、滇界山/香格里拉、乡城
40	红二、六军团北进甘孜	苦鲁柯山	川/甘孜/乡城、稻城界山
41	红二、六军团北进甘孜	加依贡山	川/甘孜/理塘
42	红二、六军团北进甘孜	仁加山	川/甘孜/理塘
43	红二、六军团北进甘孜	杂嘎梁子	川/甘孜/理塘

翻越高度	东经	北纬	首次翻越时间	翻越部队
4097米	103° 30′ 48.22″	32° 14′ 31.84″	1935年5月下旬	红四方面军
4180米	103° 31′ 34.96″	32° 14′ 09.07″	1935年7月上旬	红四方面军
4360米	103° 24′ 47.07″	32° 08′ 17.76″	1935年7月～8月	红四方面军
4312米	103° 25′ 18.57″	32° 07′ 57.35″	1935年7月～8月	红四方面军
4303米	103° 26′ 28.55″	32° 06′ 45.96″	1935年7月～8月	红四方面军
4556米	102° 39′ 26.40″	31° 33′ 35.42″	1935年6月4日	红四方面军
4484米	102° 53′ 38.88″	30° 54′ 37.72″	1935年6月9前	红一、四方面军
4243米	102° 40′ 24.29″	31° 51′ 07.34″	1935年6月12日前	红四方面军
4114米	102° 40′ 57.90″	30° 51′ 39.20″	1935年6月12日	红一、四方面军
4678米	102° 15′ 10.96″	31° 12′ 23.93″	1935年6月15日	红四方面军
4080米	102° 18′ 49.51″	31° 42′ 23.68″	1935年6月24日	红一、四方面军
4460米	102° 40′ 23.00″	32° 02′ 15.00″	1935年6月30日	红一、四方面军
4173米	102° 50′ 39.28″	32° 10′ 03.32″	1935年7月3日或4日	红一、四方面军
4500米	102° 53′ 08.10″	32° 24′ 22.56″	1935年7月5日或6日	红一、四方面军
4272米	102° 18′ 47.46″	32° 02′ 34.11″	1935年8月7日	红一、四方面军
4253米	102° 15′ 44.91″	32° 14′ 42.68″	1935年8月8–16日	红一、四方面军
4270米	101° 44′ 47.45″	33° 03′ 53.88″	1935年8月23日	红四方面军
4163米	101° 44′ 37.37″	33° 16′ 07.67″	1935年8月24日	红四方面军
4290米	101° 41′ 48.82″	31° 46′ 02.92″	1935年10月10日	红四方面军九军二十五师
4283米	101° 46′ 33.15″	31° 38′ 17.19″	1935年10月11日	红四方面军九军二十五师
4555米	102° 14′ 47.98″	31° 19′ 15.88″	1935年10月16日	红四方面军三十军
4070米	102° 31′ 59.53″	31° 13′ 40.25″	1935年10月18日	红四方面军九军二十五师
4551米	102° 11′ 57.13″	31° 08′ 49.62″	1935年10月中旬	红四方面军三十军
4553米	102° 16′ 32.82″	30° 52′ 26.90″	1935年10月27日	红四方面军
4465米	102° 21′ 48.90″	30° 47′ 10.24″	1935年10月底	红四方面军
4645米	102° 26′ 53.75″	30° 46′ 34.10″	1935年10月底	红四方面军
4123米	102° 12′ 17.55″	30° 26′ 48.51″	1935年10月底	红四方面军
4517米	101° 44′ 58.54″	30° 24′ 23.68″	1935年11月–12月	红四方面军
4810米	101° 19′ 08.13″	31° 01′ 29.85″	1936年2月27日	红四方面军
4525米	100° 59′ 57.64″	30° 59′ 10.56″	1936年4月1日	红四方面军
4700米	100° 52′ 12.12″	30° 57′ 59.72″	1936年4月2日	红四方面军
4616米	100° 43′ 44.20″	30° 53′ 43.43″	1936年4月3日	红四方面军
4590米	100° 26′ 26.10″	30° 52′ 42.60″	1936年4月4日	红四方面军
4000～4100米	100° 11′ 13.10″	31° 36′ 09.10″	1936年3月30日	红四方面军
4260～4365米	101° 22′ 37.25″	30° 03′ 05.00″	1936年4月20左右	红四方面军
4455米	100° 51′ 34.89″	30° 00′ 43.80″	1936年4月29日	红四方面军三十二军
4722米	100° 44′ 59.98″	29° 51′ 03.52″	1936年5月1日	红四方面军三十二军
4585米	100° 41′ 37.77″	29° 39′ 23.79″	1936年5月2日	红四方面军三十二军
4327米	99° 49′ 36.24″	28° 34′ 37.91″	1936年5月12日	红六军团
4712米	100° 02′ 39.26″	29° 08′ 15.50″	1936年5月21日	红六军团
4661米	100° 37′ 38.76″	29° 19′ 58.54″	1936年6月2日	红六军团
4509米	100° 30′ 44.73″	29° 33′ 24.54″	1936年6月2日	红六军团
4125米	100° 20′ 16.37″	29° 52′ 15.15″	1936年6月9日	红三十二军、红六军团

续表

序号	时期	名称	所属省/州/县/乡
44	红二、六军团北进甘孜	郎达山	川/甘孜/理塘
45	红二、六军团北进甘孜	莫然拉卡	川/甘孜/理塘
46	红二、六军团北进甘孜	达色拉卡	川/甘孜/理塘
47	红二、六军团北进甘孜	扎卡山	川/甘孜/理塘、新龙界山
48	红二、六军团北进甘孜	扎格山	川/甘孜/得荣
49	红二、六军团北进甘孜	帕聪亚山	川/甘孜/得荣、巴塘界山
50	红二、六军团北进甘孜	藏巴拉	川/甘孜/巴塘
51	红二、六军团北进甘孜	欧帕拉	川/甘孜/巴塘、白玉界山
52	红二、六军团北进甘孜	麦拉	川/甘孜/白玉
53	红二、六军团北进甘孜	恶热拉	川/甘孜/白玉
54	红二、六军团北进甘孜	米作拉	川/甘孜/白玉
55	红二、六军团北进甘孜	嘎多拉	川/甘孜/白玉
56	红二、六军团北进甘孜	生欧拉	川/甘孜/白玉、甘孜界山
57	红二、四方面军会师北进期间	乃陆山	川/甘孜/甘孜
58	红二、四方面军会师北进期间	雅布山	川/甘孜/色达
59	红二、四方面军会师北进期间	日利玛	川/甘孜/色达
60	红二、四方面军会师北进期间	老则嘎登	川/甘孜/炉霍、色达界山
61	红二、四方面军会师北进期间	鱼郎山	川/阿坝/壤塘
62	红二、四方面军会师北进期间	约郎山	川/阿坝/壤塘
63	红二、四方面军会师北进期间	扎格海格	川/甘孜、阿坝界山/色达、壤塘
64	红二、四方面军会师北进期间	斯盖德山	川/阿坝/壤塘
65	红二、四方面军会师北进期间	昂木尼尕	川/阿坝/壤塘、阿坝界山
66	红二、四方面军会师北进期间	楼赛山	川、青界山/阿坝、果洛/壤塘、班
67	红二、四方面军会师北进期间	子昂山	青/果洛/班玛
68	红二、四方面军会师北进期间	子木达山	青/果洛/班玛
69	红二、四方面军会师北进期间	美尔冈	青/果洛/班玛
70	红二、四方面军会师北进期间	得尔冈	青/果洛/班玛
71	红二、四方面军会师北进期间	塔音山	青/果洛/久治
72	红二、四方面军会师北进期间	沃日卡	川/阿坝/阿坝
红军长征行军路线上海拔高于4000米的重要节点			
1	红二、六军团北进甘孜	理塘	川/甘孜/理塘
1	红二、四方面军会师北进期间	洞嘎寺	川/甘孜/色达
红军长征行军路线上较重要的亚雪山			
1	红二、六军团北进甘孜	雅哈山	滇/迪庆/香格里拉
2	红二、六军团北进甘孜	小雪山	滇/迪庆/香格里拉
3	红四方面军西进康北期间（包括南下接应红二、六军团期间	松林口	川/甘孜/道孚

翻越高度	东经	北纬	首次翻越时间	翻越部队
4465米	100° 15′ 52.12″	30° 13′ 23.90″	1936年6月13日	红三十二军、红六军团
4458米	100° 15′ 24.93″	30° 02′ 19.89″	1936年6月13日	红三十二军、红六军团
4630米	100° 10′ 06.95″	30° 15′ 53.50″	1936年6月13日	红六军团
4472米	100° 06′ 58.66″	30° 36′ 00.75″	1936年6月15日	红六军团
4110米	99° 13′ 57.44″	28° 42′ 01.50″	1936年5月11日	红二军团
4138米	99° 20′ 03.96″	29° 08′ 17.40″	1936年5月19日	红二军团
4903米	99° 12′ 56.63″	29° 48′ 52.37″	1936年6月3日	红二军团
4212米	99° 13′ 25.05″	30° 33′ 30.20″	1936年6月14日	红二军团
4350米	98° 58′ 08.59″	30° 58′ 04.61″	1936年6月18日	红二军团
4645米	99° 03′ 33.21″	30° 52′ 04.18″	1936年6月18日	红二军团
4890米	98° 54′ 06.31″	31° 15′ 05.57″	1936年6月25日	红二军团
4585米	98° 55′ 42.37″	31° 18′ 13.63″	1936年6月25日	红二军团
4758米	99° 28′ 15.97″	31° 33′ 59.79″	1936年6月30日	红二军团
4530米	100° 16′ 35.23″	31° 49′ 44.64″	1936年6月底	红二、四方面军
4175米	100° 21′ 33.46″	32° 07′ 28.48″	1936年7月上旬	红二、四方面军
4469米	100° 28′ 52.84″	32° 24′ 48.45″	1936年7月上旬	红二、四方面军
4358米	100° 39′ 12.54″	31° 48′ 05.10″	1936年6月15日	红四方面军
4420米	100° 46′ 04.67″	32° 34′ 46.37″	1936年7月上旬	红二、四方面军
4225米	100° 55′ 04.31″	32° 27′ 12.45″	1936年7月上旬	红二、四方面军
4747米	100° 47′ 20.88″	32° 00′ 12.52″	1936年6月26日	红四方面军
4545米	101° 07′ 29.40″	32° 08′ 56.68″	1936年7月1日	红四方面军
4435米	101° 18′ 09.45″	32° 27′ 41.50″	1936年7月14日	红四方面军
4390米	100° 50′ 35.64″	32° 38′ 57.26″	1936年7月上旬	红二、四方面军
4428米	100° 57′ 19.60″	32° 59′ 19.49″	1936年7月中旬	红二、四方面军
4490米	100° 57′ 54.99″	32° 57′ 50.31″	1936年7月中旬	红二、四方面军
4420米	101° 00′ 45.41″	32° 56′ 05.02″	1936年7月中旬	红二、四方面军
4271米	100° 59′ 01.08″	32° 48′ 45.60″	1936年7月中旬	红二、四方面军
4222米	100° 54′ 30.15″	33° 08′ 56.14″	1936年7月上旬	红四方面军
4290米	101° 34′ 24.43″	32° 33′ 17.27″	1936年7月18日	红四方面军
4014米	99° 19′ ~100° 56′	28° 57′ ~30° 43′	1936年6月10日	红三十二军、红六军团
4038米	100° 16′ 25.77″	32° 18′ 08.60″	1936年7月上旬	红二、四方面军
3940米	99° 44′ 09.94″	27° 27′ 24.29″	1936年4月29日	红二、六军团
3933米	99° 45′ 29.68″	28° 19′ 12.03″	1936年5月11日	红六军团
3981米	101° 18′ 46.90″	30° 46′ 54.40″	1936年3月初	红四方面军

附录二　红军长征翻越雪山总图（1935 年 5 月下旬~1936 年 7 月 18 日）

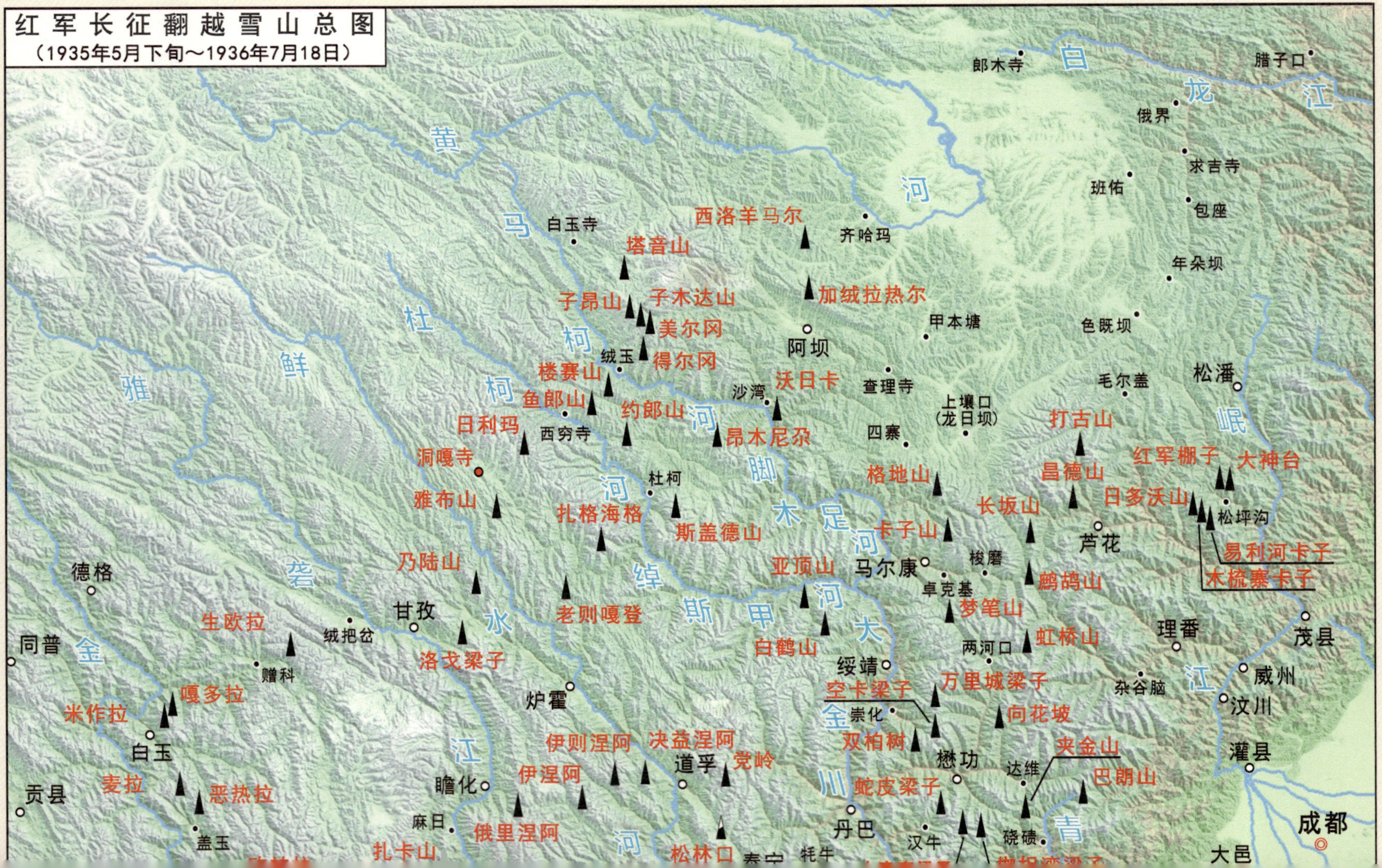

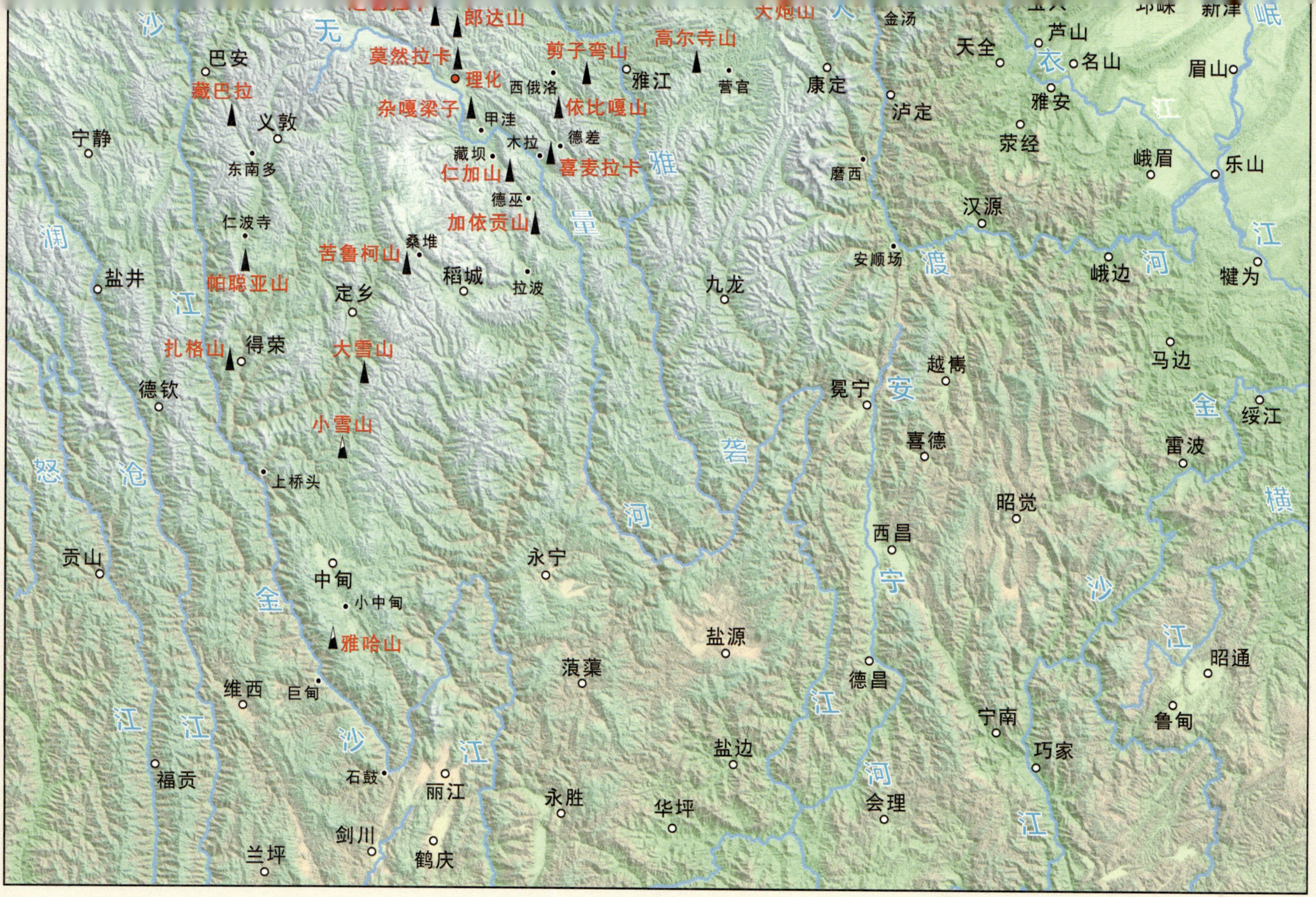
巴安
藏巴拉
义敦
宁静
东南多
仁波寺
帕聪亚山
盐井
扎格山
得荣
德钦
上桥头
贡山
郎达山
莫然拉卡
理化
杂嘎梁子
甲洼
藏坝
仁加山
德巫
加依贡山
苦鲁柯山
桑堆
稻城
拉波
定乡
大雪山
小雪山
剪子弯山
西俄洛
依比嘎山
木拉
德差
喜麦拉卡
高尔寺山
营官
雅江
九龙
康定
泸定
磨西
安顺场
金汤
天全
芦山
名山
雅安
荥经
汉源
峨眉
眉山
乐山
犍为
峨边
马边
越嶲
冕宁
喜德
西昌
昭觉
雷波
绥江
昭通
鲁甸
宁南
巧家
德昌
会理
盐源
盐边
华坪
永胜
蒗蕖
永宁
中甸
小中甸
雅哈山
巨甸
维西
石鼓
丽江
鹤庆
剑川
兰坪
福贡
无
量
河
雅
砻
河
安
宁
河
江
大渡
河
金
沙
江
横
澜
沧
江
怒
江

跋：追随他们的足迹

重新踏勘、考察、确认红军爬雪山过草地的行军路线，是笔者给自己下达的课题。

这个愿望缘于上个世纪末，那时笔者刚开始进行长征题材的研究与写作。在研究和写作中，常常被一些看似简单的地理要素问题所困惑，而不解开这些困惑，很多问题就难以深入和持续下去。

人们谈红军长征，几乎必言雪山草地。爬雪山、过草地，是长征中最具标志性的行动，雪山草地成为长征的地理标识，顺理成章。对大众来说，雪山草地意味着红军精神、长征精神；对研究党史军史的人来说，雪山草地与历史上的诸多重大事件密切相关。比如红一、四方面军的懋功会师，以及之后的高层争论与主力分途，就发生在皑皑雪山、茫茫草地当中；长征中的大部分中共中央政治局会议也是在爬雪山过草地期间召开的，芦花、沙窝、两河口、毛儿盖、巴西等这些原不起眼的地名因此而进入人们的视野。

然而，由于种种原因，迄今大众乃至学界对红军长征中许多重要事件和重要活动的认知还是粗线条的，对于某些承载历史事件的基础背景资料，包括地理要素、人文环境、军事态势、行军路线等重要史据，亦疏于考量。

比如，迄今没有出版过一幅准确可靠的长征路线详图，不能不令人惭愧！众所周知，长征中红军共三次穿越草地，但自此后数十年时间竟未完全弄清三大主力各部队的草地行军路线。现存的路线图过于粗疏，且存在错讹。又比如，我们也没有出版过为研究长征而配套的大比例尺地图集，文献史料中不少冷僻地名有待考证注释，而且有些已被误用误读，致红军在很多偏僻地域的活动被蒙上一层迷雾。

背景条件不明，环境数据不全，难免影响对长征的研究和叙述，甚至可能造成误导。诸多重大历史进程中的关键谜团之破解，恰恰系于关键的路线与地名。路线、地名这些要素搞清了，与时间、人物对上号了，一些谜团即迎刃而解。比如长征中张国焘发给下级指挥员的那份“扣留军委纵队”电，其中有一句长期被误判为存在掉字——“如其［不］听则将其扣留”疑漏掉“不”字。但一旦厘清地理要素，则可以判定该句并无漏字，其本来面目就是“如其听则将其扣留”。再比如1935年7月的“杂谷脑会议”，搞清其确切会址——东门外，即今四川省汶川县东门寨——之后，今天针对该会议的某些争论也无必要继续。

红一方面军的长征一直是作为中国革命的主线来研究、来传扬的，以红一方面军为蓝本而著的《红星照耀中国》无疑发挥了作用——作者斯诺到陕甘宁边区采访时三大红军主力还未会师。然而对于长征的研究者而言，显然不能局限于以红一方面军为主的叙事。雪山草地是红军三个方面军在长征途中先后活动和转战过的地域，但事实上对红二、四方面军长征路线的研究未得以足够的重视。补充完善红二、四方面军长征史料，充实重要事件的背景，也是笔者自拟课题、实施踏勘的动机之一。

1999年，笔者从复原红军四渡赤水路线入手，踏上了长征路线考察之旅，自2003年起，笔者与一批志同道合的志愿者启动了红军爬雪山过草地行军路线考察。2005年，我们以最简陋寒酸的装备，利用大假日，在八年当中七次穿越水草地，完成了红军长征过草地行军路线的踏勘和考证，同时穿插了对红军过雪山的实地考证。2015年，红军过雪山的踏勘工作集中展开。

因是自设课题，加之过于庞大，笔者原本没有指望这个课题能够很快顺利完成，不难想象，民间学者、志愿者进行实地考察时会遇到什么样的困难：时间、经费得不到保证，工具、装备难以获取，相关资料极其匮乏……以笔者个人之财力、精力、能力，都是很难指望在有生之年得以完成的！笔者当初也是“知其不可为而为之”，打的主意是能干多少干多少，一直干到干不动的那一天。如果有一天后来的史家们能因笔者研究考察的点点滴滴而有所惊喜，后人们能对当年那些饥寒交迫而“不愿做奴隶的人们”有更多的认知，能对他们艰难跋涉过的那一片热土生出更多的关注，就足以让笔者快慰平生了。

很幸运的事情发生在2013年。

正当笔者的考察遭遇困境时，新华文轩出版传媒股份有限公司总编辑张京同志找到笔者，当即表示要大力支持。为此，笔者也从原单位调到新华文轩出版传媒股份有限公司工作，并得到相当好的研究和工作条件。时任中共四川省委宣传部副部长朱丹枫同志也很关注这个项目，为笔者创造和提供了许多外出考察的基本条件，加上四川人民出版社的积极配合，于是这个课题在三年间取得了比以往十多年总和还要可观的成果，终于2016年10月14日完成了全部实地考察踏勘任务。

虽然本课题的实地考察踏勘全部完成了，但书中的有关信息和资料仍在不断地收集、采集和考据之中，内容如果有错讹之处——笔者认为这几乎是不可能避免的，也需要不断地修订。

关于《红军长征过雪山行军路线详考》需要说明的是：

一、本书已经列入的一些雪山，就连当地地名录也找不到名称，笔者只好根据环境信息暂定，并待将来有关部门在地名普查后或予以认定，或予以修订。

二、本书给出的“红军翻越的雪山”及其数量是经过反复考据的，但未必是最完备最完整的。至少还有不少当时作战部署和计划中出现过的行军路线中要跨越的雪山，因缺乏是否已付诸实施的相关证据而无法列入，还有待于进一步考证。

三、本课题的77个标注节点，绝大部分是通过实地踏勘得来的——即“踩在脚下”确认的，但仍有个别节点如白玉的嘎多拉垭口、茂县的大神台垭口，因气象原因（大雾）或当地向导对地理标志的认知原因，未能完全达到“踩在脚下”的目标。不过这并没有影响我们通过已“踩在脚下的”地点为参照而对这两个雪山垭口作出的确认以及相对准确的地理位置标注。

四、目前能够确认的红军翻越的雪山数量，很可能还是一个“下限”，不排除还会有因史料史证缺失而没有计入的雪山。因此，在引用“红军翻越的雪山”数量时，应尽可能地使用“……以上”的表述。

五、本书标注的红军长征过雪山行军路线上的77个重要节点中，72个是海拔4000米以上的雪山，3个是诸多史籍有载的重要行军路线上的亚雪山（海拔3900~3999米）。另外，还有红军长征中到达过的海拔最高的县城（海拔4014米的理塘县）和红军长征中上行到达过的海拔最高的寺院（海拔4038米的洞嘎寺）。

本课题是在得到了诸多方面的支持下才得以完成的。其中既有官方也有民间，其以各种方式对本课题鼎力相助，有的无私贡献出自己的研究成果，有的直接参加具体考察活动。如成都市公安局的朱丹同志对红军进抵的噶曲河渡口曾进行过探究和勘误，他的一些意见已被笔者采纳。红六军团老战士刘光武同志的后人刘湘陵同志，也曾对红六军团在四川、青海的雪山路线作过多年调研和考察，为我们的考察提供了很多有价值的线索和参考意见。尤其值得一书的是海南红山之外影视公司，他们在得悉笔者正在从事的这个课题后，即以志愿者的方式参与了这个课题的随队拍摄，在没有一分钱报酬的情况下，持续两年参与考察活动，拍摄了大量珍贵影像资料——他们已然成为我们考察团队的一员。

支持和帮助过我们的单位如下：

中共四川省委宣传部、中共四川省委党史研究室；

四川新华发行集团、新华文轩出版传媒股份有限公司、四川人民出版社；

中共青海省委宣传部、中共青海省果洛藏族自治州委宣传部，中共班玛县委宣传部、班玛县文体广电局及灯塔乡党委和政府；

中共云南省委宣传部、中共云南省迪庆藏族自治州委宣传部、中共香格里拉市委宣传部及小中甸镇党委和政府；

中共阿坝藏族羌族自治州委宣传部、党史研究室，阿坝藏族羌族自治州国税局；

中共甘孜藏族自治州委宣传部、党史研究室；

中共马尔康市委党史研究室及大藏乡党委和政府；

中共壤塘县委宣传部、党史研究室，壤塘县国税局，壤塘县上杜柯乡、尕多乡、吾伊乡党委和政府；

中共阿坝县委宣传部及垮沙乡党委和政府；

中共茂县县委宣传部及松坪沟乡党委和政府；

中共黑水县委宣传部，达古冰川风景名胜区管理局，芦花镇、沙石多乡、瓦钵梁子乡、石碉楼乡党委和政府；

中共小金县委宣传部及两河口镇、达维镇、新格乡、结斯乡、崇德乡、沙龙乡、汗牛乡党委和政府；

中共金川县委宣传部及太阳河乡、卡拉脚乡、万林乡党委和政府；

中共康定市委宣传部及捧塔乡党委和政府；

中共丹巴县委宣传部、党史研究室及边耳乡党委和政府；

中共道孚县委宣传部及甲斯孔乡、麻孜乡党委和政府；

中共炉霍县委宣传部及泥巴乡党委和政府；

中共白玉县委宣传部及赠科乡、章都乡、河坡乡、盖玉乡党委和政府；

中共色达县委宣传部及洛若乡、塔子乡、杨各乡党委和政府；

中共理塘县委宣传部及德巫乡、亚火乡、君坝乡、中木拉乡党委

和政府；

中共巴塘县委宣传部及亚日贡乡党委和政府；

中共乡城县委宣传部；

中共得荣县委宣传部及日龙乡党委和政府；

海南一品天成影业有限公司、海南红山之外影视文化传播有限公司。

支持和帮助过我们的个人如下（按姓氏笔画为序）：

马绿波、王林、王金、王建军、扎西、巴登、邓永朝、邓贵祥、东卓、叶卫东、叶西达真、叶强平、头登格拉、地巴登、刘全贵、刘作民、刘、刘继生、刘湘陵、祁洪彪、贡布、严长贵、杜红、杨发君、杨浪、李赤子、李俊山、李晓彤、李福友、何闫龙、何顺发、张品成、张雪峰、阿旺·丹贝降参、陈冬、陈波、陈鸿、昂旺曲批、罗丛兵、周志斌、郑刚、泽汪初、泽旺仁真、泽旺列汝、泽翁尼麦、赵成稳、姜如奎、贺晓明、晋美、格松吉村、根秋则仁、晏明照、倪东明、徐成富、徐顺发、高戈里、唐鹏飞、益邛、黄成俊、黄宇、曹军山、董林、蒋文富、税维加、谢小波、谢斌、谭昌林、黎宾等。

在此，谨向支持和帮助过我们的单位与个人致以诚挚的感谢！